主编 祁仁东

童化教育实践建构

《童化教育实践建构》编委会名单

主　编　祁仁东

副主编　丁向华　李　骏　丁　艳　柯晓莉
　　　　周晓明　钱丽芬　程言峰

编　委　夏常明　王志洲　陆红芳　王俐佳
　　　　范志浩　周秋萍　朱烨斌　刘烨娟
　　　　张海静　陶　丽　郭霞虹　钱　波
　　　　秦晓燕　卢　燕　倪俊健　曹　琳
　　　　唐莉娜　吴玲玲

苏州大学出版社
Soochow University Press

图书在版编目(CIP)数据

童化教育实践建构/祁仁东主编. --苏州：苏州大学出版社,2024.1
ISBN 978-7-5672-4696-6

Ⅰ.①童… Ⅱ.①祁… Ⅲ.①小学教育-教学研究- Ⅳ.①G622.0

中国国家版本馆 CIP 数据核字(2024)第 013912 号

书　　　名	：	童化教育实践建构
主　　　编	：	祁仁东
责任编辑	：	严瑶婷
美术编辑	：	吴　钰
出版发行	：	苏州大学出版社(Soochow University Press)
出 版 人	：	蒋敬东
社　　　址	：	苏州市十梓街1号　邮编：215006
印　　　装	：	苏州市深广印刷有限公司
网　　　址	：	www.sudapress.com
邮　　　箱	：	sdcbs@suda.edu.cn
邮购热线	：	0512-67480030
开　　　本	：	787 mm × 1 092 mm　1/16　印张：18.75　字数：410 千
版　　　次	：	2024 年 1 月第 1 版
印　　　次	：	2024 年 1 月第 1 次印刷
书　　　号	：	ISBN 978-7-5672-4696-6
定　　　价	：	88.00 元

凡购本社图书发现印装错误，请与本社联系调换。
服务热线：0512-67481020

前 言

从教31年，我曾经作为张家港市最年轻的小学校长"执政一方"，如今，又任职于张家港市单体最大的小学——张家港市白鹿小学。随着岁月的更迭，我对教育的思索不断深入，理念越来越明晰。

中国共产党在不同历史时期所确定的"培养什么人"的总体目标、"怎样培养人"的实践路径、"为谁培养人"的根本宗旨，旗帜鲜明地回答了人民教育事业"干什么""怎么干""为什么干"的本质问题，既确定了人民教育事业的"过河"目的，也指导了选择"桥和船"的正确方式。在新时代，落实立德树人根本任务，培养德智体美劳全面发展的社会主义建设者和接班人，是学校教育的核心工作。作为一所学校的书记、校长，如何在国家课程、地方课程、校本课程的实施和高质量发展的过程中，将立德树人的根本任务落地生根？如何融合风土人物、地方文化，实现校、家、社的教育合力，使得学校的文化气质向着张家港精神与张家港市教育局打造的"教育名市"目标蓬勃生长？如何提升学校教师、儿童的本地幸福感和成长的自由感？这是我持续思考和不断实践推进的问题。

从乡镇学校到白鹿小学这所城镇学校任职，对于我来说，是机遇，更是挑战。我清晰地记得，刚到白鹿小学的第一个开学季，所有的工作有条不紊、按部就班地进行着，本以为万事大吉，可以喘一口气。谁知我下午巡视完，刚要到办公室落座，一阵喧闹声传来，某老师用力地抱着一个男孩朝校长室走来，说孩子要跳楼。我接过孩子，紧紧抱着他，把门窗拴紧，严防意外发生。我试图和孩子交流，然而这个孩子又踢又咬，竭力挣脱，根本不在乎我这个校长。这样僵持了一段时间，我想，束缚不是办法，必须给孩子心理"松绑"。经过谈心、寻访家长，我终于明白了孩子以"跳楼"来引起关注的原因。对症下药，教育引导后，这个孩子最终成长为优秀毕业生。这件事，给我内心很大的触动，白鹿小学的核心理念是"为了每一个儿童""为了一生的幸福"，而教育的触角如何像阳光雨露一样普惠到每一个儿童身上？从儿童出发，赓续"童玩""慧玩"课程理念，进行"基于儿童，发展儿童，成就儿童"新课程探索，成了白鹿小学发展新阶段的新课题。

随着时间的推移，我越来越深刻地领会到学校的第一职责，就是要呵护和培育学生的成长之美，维护他们的成长权利，保证他们"好奇、探索、发现的权利"、"在自由的时间、空间里成长的权利"和"欢乐的权利"。只要是孩子们发自内心的声音，不管正确与否，学校都鼓励他们大胆地表达出来。学校开展以儿童为主的童化教育主要基于对当前教育的反思。小学是人生的起步阶段，六年学习生涯将直接影响学生对未来生活的感受。小学教育应该留给学生精彩灿烂的童年，使六年校园生活成为他们珍贵的记忆。

从2019年开始，我们以"让儿童成为儿童"为核心思想，提出了童化教育的主张。童化教育就是创造适合儿童的教育，是遵循儿童生命发展的"次序"、站在儿童立场、关爱儿童、保护童真、激发童趣、让儿童享受童年幸福的教育。童化教育让儿童始终保持纯真、善良、好奇，富有冒险精神，促进儿童全面而自由地发展。近年来，学校先后申报成功江苏省中小学艺术教育特色学校、江苏省中小学课程基地与学校文化建设项目学校、江苏省教科研先进学校。随着办学规模不断扩大，学校办学经验在《人民教育》《中国教育报·智库》《中国教师报》《江苏教育》、中央电视台教育频道、江苏电视台教育频道等诸多媒体推广。学校的发展和师生的成长亟需一套系统化、规范化、可操作的理念手册和实践纲要，《童化教育实践建构》便在多年的酝酿中渐具雏形。

《童化教育实践建构》一书，共分为七章。第一章为"童化教育的课程理念"，主要论述童化教育的理念，介绍童化教育的研究背景和研究方案。第二章为"童化教育的图像表达"，以儿童立场为核心，从学校环境、课程构建、课堂教学、教师、学生、家庭教育等维度进行校本化、个性化的图像表达。第三章为"童化教育的课程架构"，包括课程目标、课程内容、课程实施和课程评价等要素。第四章为"童化教育的德育演绎"，介绍了如何以"童心同德"校本课程演绎德育：以学校童文化的传承为基点，让儿童在童年"六季"中参与成长节律活动课程，积极学习综合特色课程，自主选择社团活动课程，让儿童拥有不断完善自我的生长力。第五章为"童化教育的课程实践"，阐明了童化教育的具体实践路径：通过开放性的学习任务和问题，组织小组活动和团队项目，参与公益活动和角色扮演等，引导儿童积极成长。第六章为"童化教育的课程评价"，介绍了从学科、德育、特长发展三个维度建立的学科评价体系，以及它是如何实现从"育分"向"育人"的价值转向、从知识向素养的坐标转移、从单一学科向多向度融合的跨界统整。第七章为"童化教育的课程管理"，这一章关注现实的管理问题和管理行为，强调在管理过程中，以思想统一为根本，组织建设为保障，建章立制为关键。这七章内容，按照一定的逻辑体系，对童化教育的缘起、内涵、实践、评价等做了系统的解读和阐述。

这本书是对白鹿小学16年来办学精神、校园文化的一次梳理和阶段总结。从平定良校长、阚晓茵校长、吴秀萍校长到我这任书记，白鹿小学课程与文化建设不断迭代升级，童化教育传承了"童玩"课程、"慧玩"课程、"童创"课程以儿童为中心的基本理念。它的提出受到各级各类领导的指导和关怀，江苏省教育学会常务副会长马斌、江苏省教育科学研究院基础教育研究所所长倪娟、王彦明博士、喻小琴博士，苏州市教育局基础教育处各级领导，对白鹿小学的课程与文化建设从顶层设计到内容建构，再到实践策略予以零距离、多方位的指导和帮助，在此一并感谢。

这本书是对我30多年来教育追求的一次洗礼和检阅。从教以来，对教育教学的不断追问使我养成了天天阅读、天天思考、天天记录的习惯。在不断求索的过程中，我对于学校管理的各个层面，对于文化落地的各个层级，对于课程改革的各个层次有着比较清晰的目标、措施、评价思路。《童化教育实践建构》一书，结合新时代高质量发展的总目标，在传承的基础上创新实践，开拓出了一种比较适合时代的课程与文化建设实践路径。

这本书是近年来白鹿小学领导班子及全体师生员工童化教育实践的智慧结晶。白鹿小学校长室李骏、丁向华、丁艳、柯晓莉、周晓明、钱丽芬等成员进行了分章节梳理与汇编，白鹿小学全体领导班子成员按照分工进行了资料筛选和提炼，夏常明、唐莉娜、陶丽、吴玲玲等诸位老师对文稿进行了反复校对……可以说，本书是白鹿小学全体教职员工敢想敢做的实践经验的凝练与提升，它的汇编出版凝聚了白鹿几代人的卓越智慧。这本书是白鹿小学广大师生员工进一步推进童化教育的操作手册和实践规范。童化教育的理念引领，使得白鹿小学连获张家港市小学教育高质量发展金奖，这也侧面证明了本书是同类学校践行课程与文化建设的有益参考。

当然，由于理论功底不足，实践探索仍在路上，书中难免存在一些疏漏之处，还请专家同人们予以批评指正。

祁仁东
2023年9月于白鹿小学

目 录

第一章　童化教育的课程理念　/ 1

　　第一节　童化教育的研究回瞻　/ 2

　　第二节　童化教育的萌发生长　/ 12

　　第三节　童化课程的实施方案　/ 20

　　第四节　童化教育的文化追求　/ 30

第二章　童化教育的图像表达　/ 41

　　第一节　童化教育的环境图像表达　/ 41

　　第二节　童化教育的课程图像表达　/ 49

　　第三节　童化教育的课堂图像表达　/ 56

　　第四节　童化教育的教师图像表达　/ 65

　　第五节　童化教育的学生图像表达　/ 73

　　第六节　童化教育的家庭图像表达　/ 79

第三章　童化教育的课程架构　/ 87

　　第一节　课程架构与学校文化　/ 88

　　第二节　课程逻辑与图谱　/ 92

　　第三节　学科拓展的序列架构　/ 107

　　第四节　童趣课堂的架构与实施　/ 119

第四章　童化教育的德育演绎　/ 129

　　第一节　校本课程的建构和实施策略　/ 129

　　第二节　成长节律课程　串联缤纷四季　/ 136

　　第三节　综合特色课程　渲染七彩童年　/ 149

　　第四节　社团活动课程　助力个性成长　/ 165

第五章　童化教育的课程实践　/ 172

　　第一节　童化教育的实施机制　/ 173

　　第二节　国家课程的实施策略　/ 185

　　第三节　校本课程的实施路径　/ 204

　　第四节　学校特色课程实施案例

　　　　　　——以九色鹿足球课程为例　/ 215

第六章　童化教育的课程评价　/ 228

　　第一节　让每一位师生积极生长　/ 228

　　第二节　给学生带得走的学科素养

　　　　　　——童化教育的学科评价　/ 233

　　第三节　阳光下的幸福成长

　　　　　　——童化教育的德育评价　/ 245

　　第四节　彰显每个人的优势特长

　　　　　　——童化教育的特长发展评价　/ 251

第七章　童化教育的课程管理　/ 265

　　第一节　课程管理的模式指导　/ 265

　　第二节　课程管理的制度保障　/ 276

　　第三节　关注课程管理监督　/ 284

第一章 童化教育的课程理念

为贯彻党的二十大精神，落实立德树人根本任务，完善基础教育课程体系，发挥地方课程和校本课程育人功能，2023年5月，教育部印发《关于加强中小学地方课程和校本课程建设与管理的意见》（以下简称《意见》）。《意见》强调，校本课程建设要注重服务学生个性化学习需求，引导学生及时了解经济社会和科技等新进展、新成果，培养兴趣爱好，发展特长；注重体现综合性、实践性和选择性，丰富载体形式，建设数字化课程资源。①

根据《意见》精神要求，结合张家港市白鹿小学办学经验，传承和梳理"童玩"课程、"慧玩"课程、"童创"课程，并在此基础上进行提炼和升级，优化为童化教育。本章节主要对童化教育的理念进行论述，先是做相关文献的研究述评，对国内外儿童立场、童化教育的相关文献进行整理，厘清了研究基础和研究重难点；接下来介绍了童化教育的研究背景和研究方案，回顾了学校课程发展的思路：秉持和传承"为了一生的幸福"的办学理念和"为了每一个儿童"的课程理念，让童化教育落地生根。童化教育方案是学校实践的基本指导纲要；童化教育理念下对各种文化符号的阐述和解读，使得整个教育思想有了标志性精神形象，让童化教育的理念更加看得见、摸得着，以达到感于目、会于心的教育目的。

---

① 参见中华人民共和国教育部政府门户网站，http://www.moe.gov.cn/srcsite/A26/s8001/202305/t20230526_1061442.html。

第一节 童化教育的研究回瞻

19世纪末20世纪初，伴随着人类社会对儿童认识的进步，世界范围内开始了一场轰轰烈烈的儿童研究运动。儿童研究是教育研究中的基础性、发展性和前瞻性研究。童年是人生中最重要的时期，它不是为未来生活做准备的，而是真正的、光彩夺目的一段独特的、不可再现的生活。[①]人的成长与发展是从儿童期开始的，所有面向人的教育及研究，都需要回到儿童，儿童教育问题成为教育学世界中的原点性问题，因而是基础问题、基本问题，也是本质问题。

童化教育秉承儿童为中心的教育思想，坚持教育教学基于儿童、发展儿童、成就儿童的理念，促进儿童优质发展，为每一个儿童的人生奠定厚实基础。本文聚焦童化教育的同时，将童化教育的研究推向新的高度与深度，本节旨在对研究现状做整体把握，从历史行程、剖析关联与策略操作层面回顾与梳理、审视与反思，剖析与厘定核心概念，领悟和获取研究内涵，为当前中小学践行童化教育探索研究方向、路径与策略等。

本书分析资料从中国知网的中国学术期刊库获得，使用高级检索方法进行精确匹配，所检索资料的发布时间从1949年到2023年，共选取相关文献76篇，其中硕士学位毕业论文4篇。由此推来，挂一漏万实属难免，但我们尽力较为系统全面地认识童化教育。

一、回顾整理，追溯童化教育研究的足迹

（一）回望行程，厘清童化教育研究的轨迹

人类社会的发展需要催生了儿童研究，人才培养意识督促了儿童研究的开展与深化。梳理童化教育研究的文献，不难发现其纵向研究历程与横向多元视角相互并行，并且适时交汇。

1. 国外童化教育研究现状

联合国教科文组织开展的儿童研究与世界发展形势息息相关，其研究活动的兴衰走势体现了国际教育的变化。世界各国在联合国教科文组织相关文件精神倡导下，积极地开展儿童研究实践，这是国家发展的需要，或者说是国际形势下国家寻求发展的一个路径。在国外，没有专门的童化教育研究，大多数是儿童研究。一般情况下，儿

[①] B. A. 苏霍姆林斯基. 把整个心灵献给孩子［M］. 唐其慈，毕淑芝，赵玮，译. 天津：天津人民出版社，1981.

童研究直面的是儿童，研究者通过对儿童个体的研究发现儿童并创造儿童教育。国外儿童研究的主流观点有如下两种：

（1）教学应该回归儿童的课堂

法国思想家帕斯卡尔不仅专注课堂，而且放眼人生，他认为，智慧把人带回童年。①苏联学者季亚琴科在本体论层面上道出了教学与交往的关系：教学——这是特殊的有组织的交往，或教学是交往的特殊变体。②强调课堂要回归与儿童的交往，即拥有儿童立场的交往。美国教育心理学家布鲁纳认为，教学不能是讲解式的，不能是学生处于接受知识的状态，而应是假设式的，应尽可能让学生保留一些令人兴奋的观念，引导学生自己去发现，使之成为科学知识的发现者。③不同国家的研究者都强调，儿童作为学习主体的存在，应该被尊重、被激发。

（2）教学应该以儿童的方式构建

美国教育家杜威强调儿童本能的重要性，提出了"儿童中心论"，强调学校生活以儿童为中心是与儿童的本能和需要相协调一致的，儿童自己的本能和能力为一切教育提供了素材，并指出了起点。④施罗德和同事施测的梅耶—布里吉斯类型测验结果显示大约60%的新生对学习有着实践导向而非理论导向，学生喜欢即时的、直接的和具体的体验，而不是先学习具体的概念再来应用。⑤这与童化教育研究的理论假设是一致的，即应该建设儿童的具体、直观、可体验的学习方式。布鲁纳在经典著作《朝向一种教学理论》中，指出了学习的社会性，描述了一种"对他人做出反应、与他人共同朝某一目标奋进的深层的人类需要"，他称之为交互性，并认为交互性是一种动力源，任何教师都可用之来刺激学生的学习。⑥著名儿童心理学家皮亚杰认为，一切真理要由学生自己获得，或者由他重新发明，至少是重建，而不是简单地传递给他。⑦

国外的儿童研究有以下三方面的借鉴作用：一是教育要回归到对儿童的发现与探索上，这不仅是对儿童生命的尊重，更是对人类生命的一种自然生长的姿态的尊重；二是引导儿童、激发儿童是儿童作为教育主体的有效前提；三是具体、直观、可体验的教育方式是童化教育的有效策略。从进一步发展的角度来总结，上述研究至少还可在以下三个方面予以拓展：研究的呈现形态主要是观点表达或实验报告，未有课程形

---

① 刘烨. 帕斯卡尔思想录赏析［M］. 北京：中国电影出版社，2005.
② 朱佩荣. 季亚琴科论教学的本质（上）［J］. 全球教育展望，1993（5）：38-45.
③ 布鲁纳. 布鲁纳教育论著选［M］. 邵瑞珍，等译. 北京：人民教育出版社，2018.
④ 约翰·杜威. 我们怎样思维·经验与教育［M］. 姜文闵，译. 北京：人民教育出版社，1991.
⑤ 转引自任建波. 童化教学研究的回眸与展望：基于研究视角的若干分析［J］. 教育视界，2019（17）：61.
⑥ 布鲁纳. 布鲁纳教育论著选［M］. 邵瑞珍，等译. 北京：人民教育出版社，2018.
⑦ 让·皮亚杰. 教育学与儿童心理［M］. 杜一雄，钱心婷，译. 北京：教育科学出版社，2018.

态的呈现；研究的目标指向是教育学层面上的教育现象的研究，而非学科的儿童化发展的课程建设；研究的参与主体是专门的学术研究者，缺少一线教学人员的加入。

2. 国内童化教育研究现状

从研究的学段分布来看，国内童化教育研究主要分为学前教育、小学教育、初中教育和大学教育等几个阶段。在童化理念下开发幼儿传统节日课程，可以依托传统节日进行编织、生发、展开。编织是搜集整理传统节日活动课程的资源、素材等，生发是设计丰富的传统节日活动课程，而展开则是让幼儿传统节日课程走向丰盈。童趣课堂是开发幼儿园传统节日课程资源的一种方式，童化教育理念下的幼儿园传统节日课程洋溢着快乐的气息，充盈着童趣，能够起到良好的教育作用。①江苏省常熟市石梅小学在深入了解儿童的基础上，提出了"童化课堂"的教学主张，其内涵是让儿童真正站在课堂中央。语文课让孩子的声音"亮"出来，数学课让孩子的手脑"动"起来，英语课让孩子的所学"用"起来，体育课让孩子在课堂"玩"起来。②有初中教师鉴于语文课堂从小学到高中渐渐走向"沉默"的现状，认为必须改变初中语文课堂逐渐沉闷的现象，结合初中生心理"半成熟、半幼稚"的特征，提出"童化"教学的概念，并从童化的教学语言、童化的教学姿态和童化的教学形式三个角度建构了初中语文的童化教学生活。③有高校学者从培养小学师资的视角出发，提出应开展儿童化教育，认为儿童化教育是指通过教育使小学教育专业的师范生深入把握儿童身心成长的特点和规律，树立正确的儿童观和发展观，能从儿童的角度认识世界，并掌握儿童易于和乐于接受的教育教学方式和方法。同时，指出儿童化教育包括三个层次：儿童化视角的教育、儿童化方法的教育、儿童化语言的教育。④

从研究的样态呈现来看，有童化学习、童化教学、童化作文、童化法治等各类研究。上海大学附属嘉定留云小学将"一片云托起另一片云"作为学校的办学理念，以"流云远致，如翮高飞"这一具有文化格言色彩的表述作为校训，使每一个孩子获得"健康快乐、创思萌发"的童年，通过办学的童心、校园的童萌、课程的童真、活动的童趣，让学校走向"童化"。⑤有学者认为，在法治教育专册的教学中，教师要充分考虑儿童的身心特点，在教材解读、活动设计、课外探究等方面实施童化策略，通过童化视角、童化情境、童化实践，使学生树立法治意识、形成法治思维、开展法治实

---

① 汤俊君. "童化"理念下的幼儿园传统节日课程［J］. 江西教育, 2022（44）: 94-95.

② 顾泳. 让儿童站在课堂中央: 基于儿童立场的"童化课堂"实践研究［J］. 教育视界, 2015（21）: 59-61.

③ 宋泉汶. "童化"教学在初中语文课堂中的价值浅析［J］. 新课程（教育学术）, 2010（8）: 14.

④ 杨鑫, 杨翠. 试探高师小学教育本科"儿童化教育"的构建［J］. 教育导刊, 2012（1）: 64-67.

⑤ 唐文. 上海大学附属嘉定留云小学 让学校走向"童化"［J］. 现代教学, 2022（17）: 90.

践、提升法治素养。①

从研究的学科领域来看，有童化语文、童化数学、童化美术、童化科学、童化体育等各类研究。有学者开展童化作文的研究，认为童化作文是用儿童的精神去阐释作文，用儿童的文化去观照作文教学，用儿童的生态去构建作文课程，使小学作文成为真正的儿童作文，尝试找到了童化作文课程的建构基点、建构维度和建构模块。②在开展党史教学的过程中，应从"童化"视野出发，明确党史学习的教育目标、优选党史学习的教育资源、创设党史学习的教育情境，并不断增强党史学习教育实践，以此提升小学思想品德教育的实效性，为小学生的道德成长奠定良好基础。③有教师从数学教材选择开始，尝试系列童化行动，认为课堂导入、教法选择、课堂训练和课堂评价等环节都需要考虑学生心理诉求，给出童化设计和处置，这样才能构建多元童化数学教学认知体系，激发学生学习积极性。④有研究认为儿童化科学课堂的基本特征为"四童"：一是童情，科学课中应洋溢着儿童情怀；二是童趣，科学学习应具有趣味性；三是童生，教师的教学应立足于儿童生活；四是童长，实现每个儿童科学素养的个性化、多元化全面发展。⑤

从研究的逻辑关联来看，有以儿童语言表达、儿童课外阅读、儿童人际交往、儿童人生智慧、儿童生命立场和教师本体性知识等为逻辑起点的各类研究。有学者认为，幼儿语言教育只有与幼儿的生活对接、与幼儿的经验对接，才能实现支持幼儿发展的教育目标。审视当前的语言教育现状，教师往往较多关注语言教学活动，形式相对单一、固化，过于强调机械式记忆，背离了幼儿的生活。⑥有学者从交往的视角出发，认为对于童化作文而言，交往不是外在的工具，而是其内在的本质，交往应成为当下小学作文教学的一个不可或缺的视角。⑦有基于培养儿童数学素养的研究，从童"话"到童"画"，最后到童"化"，探索童言童语的教学方式。⑧特别需要注意的是，城镇和乡村教育基地建设水平差异很大，乡村儿童的家庭教育相当薄弱，如何提升乡村素

---

① 罗燕翔. 实施"童化"策略，培养法治素养：《我们受特殊保护》一课教学设计思路简析 [J]. 教学月刊小学版（综合），2020（10）：16-17，21.
② 吴勇. 触摸儿童言语世界中的痛楚：透视儿童写作生态中的"言语异变" [J]. 语文教学通讯，2007（33）：19-22.
③ 顾为生. "童化"视野下党史学习教育对策分析：以小学为例 [C] //中国管理科学研究院教育科学研究所. 2021教育科学网络研讨年会论文集（下）. [出版者不详]，2021：2.
④ 孔荣生. 多元构建"童化数学"，提升数学学习品质 [J]. 教育艺术，2015（11）：9.
⑤ 戴振华. "儿童化"科学课堂的实践探索与反思 [J]. 江苏教育，2015（5）：48-50.
⑥ 徐莺. "童化语言"，开启生活教育之旅 [J]. 好家长，2022（30）：56-57.
⑦ 吴勇. 触摸儿童言语世界中的痛楚：透视儿童写作生态中的"言语异变" [J]. 语文教学通讯，2007（33）：19-22.
⑧ 苏秋晓. 童"话"、童"画"、童"化"：儿童数学素养的培养探微 [J]. 文理导航（下旬），2016（5）：43.

质教育、提高其经济文化水平成了推动乡村振兴发展亟待解决的问题。因此，更需要加快乡村教育基地建设，为儿童的健康成长提供良好的环境。① 特别要提出的是，在研究小学数学教师本体性知识的缺失时，有学者将其原因之一归于教师思维的童化，即伴随教师重建儿童心智的努力而出现的本体性知识及其思维的退化，同时，也提出了相应的对策：调整、充实职前教育数学课程的内容；改进职前教育数学课程的教学方法；加强职后培训的针对性等。② 更为重要的是叶澜教授的"生命·实践"学派所主张的生命教育立场，她的《让课堂焕发生命的活力》一文风靡全国，在教育界引起巨大反响。叶澜教授的主要观点是关怀生命，让教育充满生命活力。这对童化教学研究具有来自逻辑起点的引领作用。与此一致的是，钟启泉教授也认为："好的教育一定是符合儿童身心发展规律的，儿童立场应是现代教育的根本立场。"③

国内童化教育研究主要集中在教学方面，以学科为载体，表现在以下四个方面：一是从上述研究梳理很容易看出，童化研究基本上在各学段、各学科均有分布，但是成系统地整体建构童化教育的研究较少，能够以课程形态呈现童化教育研究成果的少之又少；二是各学科的童化研究相对比较封闭、独立，学科之间、学段之间呈现割裂、孤立之势，跨学科、跨学段的融通性、整合性研究不多；三是已有的童化研究尚停留在个别案例的层面，至多是在具体案例的范围内关照儿童的学习心理机制、学习方法习得等，暂未发现从学校管理与学科建设的层面开展相关研究；四是学科教学视角的童化研究更多关注教学效率的提升，很少涉及师生的共同成长。

国内外的童化教育研究显示，儿童观是一个随时代变化而变化且不断建构的概念，其随地域、文化和经济及社会地位的不同而变化。对儿童的认识仅仅依靠传统的"主体说"是有局限的。儿童观的完善不仅是一个"变迁"的过程，还有一个"延续"的过程，应对二者进行共同研究。受到传统研究的影响，我国的儿童教育研究起步较晚，儿童教育研究存在着片面化和简单化问题，较多关注主流学科或学习问题，以及成人对儿童的影响，很少研究儿童对成人的影响。虽然起步较晚，但也能看出国内与国际接轨的勇气与胆识。因此，有必要吸收国外儿童教育研究新的成果，避免用片面的观点来解释儿童的存在和发展。社会不断变迁发展，人的发展呼唤童化教育的到来。

（二）梳理关联，探求童化教育研究的内涵

1. 童化教育研究的价值意蕴

（1）儿童

儿童的天性是儿童之为儿童的根据，是儿童特有的特征。儿童的天性会让儿童用

---

① 陈宣辰. 基于乡村振兴战略下的适童化教育基地设计研究［D］. 上海：东华大学，2021.
② 曹培英. 新课程背景下小学数学教师本体性知识的缺失及其对策研究［J］. 课程·教材·教法. 2006（6）：40-45.
③ 转引自任建波. 童化数学研究［M］. 苏州：苏州大学出版社，2016：21.

自己的眼睛看世界，用自己的方式描述世界。教师要对儿童加强引导教育，但所有引导教育都应建立在呵护儿童天性之上。儿童的天性，是好奇，是想象，是一个又一个没完没了、稀奇古怪的问题，是独特的认知方式和表达方式。天性在，儿童便在；让天性永远存活，就是让完整儿童永远存活、永远发展、永远创造。①蒙台梭利在《教育中的自我活动》一书中指出，儿童由于内在生命力的驱使和心理的需要产生一种自发性活动，这种自发性活动通过与环境的交互作用使儿童获得有关经验，从而促进儿童心理的发展。"儿童研究"是教育研究中的基础性研究和前提性研究。人的成长与发展是从儿童期开始的，所有面向人的教育及其研究，都需要回到"儿童"，"儿童问题"成为教育学世界中的原点性问题，因而是基础问题、基本问题，是绕不过去的问题。②有学者在《重新解读杜威的儿童观》一文中，以儿童的生长为着眼点，从未成熟状态、本能、兴趣和习惯四个方面解读杜威的儿童观，认为杜威的儿童教育思想中最重要的概念是"生长"，这也是理解杜威儿童观的关键概念。③

（2）童化

童化，顾名思义，就是儿童化，是基于儿童立场，遵循儿童年龄特征、心理发展规律，通过儿童的视角观察、分析世界，并用儿童的方式来表达、呈现对世界的看法。童化是一种理念，是一种视角，是一种表达方式，是一种价值追求，是一种存在智慧。教育应遵循规律，遵循儿童生命成长的规律，把儿童本真的立场、体验、收获作为一切工作的出发点和归宿，最大限度地彰显儿童个性化的特质，体现生命性和生活性的和谐统一。④蒙台梭利指出，只有工作才是儿童最主要和最喜爱的活动，而且只有工作才能培养儿童多方面的能力并促进儿童心理的全面发展。这主要是因为，蒙台梭利在"儿童之家"中目睹了儿童不喜欢现成的普通玩具而热衷于操作所设计的教具的情形，同时也确实地感受到儿童喜欢"工作"而不喜欢"游戏"。正是从这个意义上，蒙台梭利对儿童的"工作"和"游戏"进行了区分，她将儿童使用教具的活动称之为"工作"，而将儿童日常的玩耍和使用普通玩具的活动称为"游戏"。

（3）童化教育

童化教育，主张重视儿童的自我发展，重视儿童发展的敏感期和阶段性，重视儿童的活动；反对成人用不恰当的标准去干涉和妨碍儿童，希望通过确定儿童发展的敏感时期和阶段来弄清儿童心理发展的规律，并通过为儿童提供有准备的环境来保障儿童的自我活动。指向建设童化学习生活课程体系，既包括基于小学现行教材的一种童

---

① 成尚荣. 儿童研究视角的坚守、调整与发展走向 [J]. 教育研究. 2017（12）：14–21.
② 李政涛. 今天，如何做好"儿童研究" [J]. 中国教育学刊. 2018（5）：1–5.
③ 胡碧霞. 重新解读杜威的儿童观 [J]. 徐州工程学院学报（社会科学版），2008（6）：81–84.
④ 吕荣法. 教育的本真在于生命的"童化"生长 [J]. 江苏教育，2019（26）：68–69.

化开发、补充、整合的资源,也包括基于课程教学的一种童化设计、实施、调控的技术,还包括将教师、学生作为教学活动参与者的一种童化介入、互动、生成的样态。简言之,童化教育就是运用童化方式,建设令师生共同向往的校园文化生活。① 童化教育秉承"以儿童为中心"的教育思想,坚持教育教学基于儿童、发展儿童、成就儿童的理念,通过童趣课程的实施、童话校园的创建、童玩视界的实践活动等有效途径,促进儿童优质发展,为每一个儿童的人生奠定厚实基础。童化教育从课程的角度来实施教学,让教学从简单走向丰富、从零碎走向整体,形成具有个体性、动态性与开放性的课程内容。②

2. 童化教育研究的永恒内核

儿童研究作为教育研究的一个重要分支,两者的共通之处在于,都是通过研究创造知识;其独特之处在于,儿童研究是教育研究的母题,教育的一切研究都以儿童研究为基底,都要从儿童出发,为了儿童发展而研究儿童,儿童立场、儿童态度、儿童理解、儿童设计、儿童情感……教育理论研究者对这些并不陌生,教育实践者更是如此。儿童是成人文化的源头与故乡,儿童研究则是教育研究的源头与故乡。因此,聚焦儿童研究,指向发展整合的儿童实践,是期待师生同频共长的实践。

前述儿童教育的价值意蕴关联密切,虽研究指向不同,但外延与内涵存在交集。不同学者的研究表明,童化是宝贵的教育资源,既是教育的内容,也是教育的形式;既是教育目的,也是教育手段;虽会随着时代的变迁而变化,但发展性是其内在的永恒内核。教育是有规律的,儿童的成长更是有规律的,这种规律应该是学校工作的出发点和归宿。学校教育工作要让学生在生命的成长中留下深刻的、美好的回忆,同时,为儿童未来的可持续发展奠基。本书探讨的童化教育研究,区别于教育学视野中的理论研究,是行进之中的实践,是不断贴近儿童的实践。童化教育就是让儿童立于学校的正中央,让儿童成为儿童,让儿童成为学校最靓丽的一抹生命色彩。

二、批判反思,直面童化教育研究的困境

(一)审视当下,探究童化教育研究的短板

当前教育处于课程改革的深水区,基础教育改革呈递进的态势,正寻找新的突破口。为此,童化教育的理念逐渐进入基础教育工作者的视野,全面的实验研究在多地区开始试点且成绩斐然。但就整体现状而言,多数论者的研究呈学科重复状态,似乎难以取得实质性的突破。虽然暂时无法把握其中的关键问题或实质性症结,但至少从

---

① 祁仁东,李骏. 以"童化教育"促进儿童优质发展 [J]. 江苏教育,2022 (66): 60-61.
② 顾泳. 让儿童站在课堂中央:基于儿童立场的"童化课堂"实践研究 [J]. 教育视界,2015 (21): 59-61.

现有一些具体研究中可以看出某种端倪——缺少深层次的追究。

1. 理论研究：尚待完善普及

理论是行动的灵魂，理论研究是高效行动的保证。总体来看，76篇童化教育文献不够丰厚，内容分布在以下六个方面：国内研究概况介绍，介绍性的理论探讨，理念本身及其与相关理念的比较研究，单学科教学中的理念应用研究，途径与方法的对策类研究，课程建构方面的研究。这一主题的研究还没有在教育领域全员普及，仍需做大量的工作。童化教育是为了解决因忽视儿童存在与发展而采用成人化教育方式这一问题施行的系列教育措施。从实质来看，童化教育是尊重儿童、发现儿童、发展儿童，这与新课程标准倡导的目标是一致的；从外延来看，童化教育并不仅仅局限于解决学科教学领域带来的冲突和问题，它的外延更为宽泛。因此，较之儿童教育，童化教育既要解决某学科领域的交流或合作问题，还要避免儿童不断成长给其他领域带来的各种问题。

2. 实践探索：亟待开辟拓宽

基于学科教学的学生童化学习模式，为童化教育的理论丰富与实践格局建构踏出了可喜的一步。童化学习，统摄了学科学习具体路径。用学者的话说，就是学习主体的融化、学习内容的优化、学习方式的转化、学习兴趣的激化及学习生活的活化。从媒体宣传、文献介绍及一线教师的切身体会可以看出，童化学习促进儿童优质发展，为每一个儿童的人生奠定坚实基础。目前，童化学习多为学科教学类且数量极少，童化教育理论指导下的实践探索还不能满足当前各级各类学校发展的需求，特别是广大农村中小学，没有形成全校理念。童化教育尚需要更多的各级各类学校共同参与、共同寻求，开辟和拓宽适合自己发展的童化教育路径。

（二）把握方向，探寻童化教育研究的趋势

1. 块状板结，童化教育研究呈"平缓停滞"态势

童化教育研究的总体趋势，并非朝着正确目标直线发展。也就是说，童化教育研究的深刻性似乎与时间的推移不成正比。童化教育研究在如今显得冷清，似乎能够说明初期的理论研究关注的人极少，且还没有达到指导开展实践的程度，相关观点尚未达成共识，与较热闹的实践活动相比明显滞后，甚至出现停滞现象。随着新课程标准的颁布与实施，童化教育的研究在理论上与实践上都有了更多积极的、可贵的探索。在课程改革的历史长河中，童化教育始终以一种平缓的态势存在并发挥影响，接受实践的考验，经受时间的洗涤，一如既往地吸引着教育研究者，且越来越受到青睐。

2. 一脉相承，童化教育研究临"蓄势待变"界点

童化教育研究在基本观点的表述上趋于完善，呈一脉相承状态。其中，影响最大的当属吴勇的童化作文实验研究。童化作文研究在理论与实践方面，都有丰厚的积累，

从其影响与发展来看，现可能面临瓶颈，蓄势待变。在此期间，童化教育研究相对沉寂，也许是受到新一轮基础教育课程改革（简称"新课改"）的影响，相对延缓了自身的常态发展，其为了人的发展的宗旨与新课程标准的精神是相通的，与其说是对新课程标准理念的有益补充，不如说新课程标准是对其理念精神的继承。而后童化教育研究及实践活动开始有突破的迹象，并呈逐步上升的态势，其实践面临的问题趋多，这是事物发展的必然现象。量变引起质变，这也是事物发展的必然规律。参与研究的学校多起来，参与的人动起来，相关研究蓄势待变。

3. 自觉建构，童化教育研究缺"概念体系"主线

从组织层面上看，教师参与童化教育的研究是自发的，没有统一的行政指挥与调控，只有理论学习与指导；从认识层面上说，教师参与是自觉的，是在对教育追问下自我意识的觉醒，是对童化理论的自觉践行，或者说是有良知的教育者的责任意识与历史使命感使然。关于童化教育的76篇文章大致关注了如下问题：童化教育的含义、特点与意义，功能与类别，原则与方法，策略与途径，师生关系，教学模型。作为核心关键词的"童化"在不同学者眼中有不同的解释，童化教育作为一个专属概念，相关研究还需要形成整体体系。如何以知识树的形式建构童化教育的主线，这当是理论研究者正在面临且亟待解决的问题。

三、注重实践，拓展童化教育研究的进路

（一）纵向贯通，传承童化教育研究的脉络

1. 文化积淀，熏陶童化教育的新型师生

学校文化是学校的灵魂，它凝聚了全校师生共同的价值观、共同的信念、共同的愿景、共同的努力方向。因此，学校文化起着统领、规范、激励、熔炉的作用。是否存在这样的一所学校：校长来了，成了善于管理的好校长；教师来了，成了知书达理的好教师；学生来了，成了品学兼优的好学生？如存在，那应该是这所学校的文化使然。学校文化不是一朝一夕能够建立起来的，而是靠几代人的努力积淀起来的。学校文化建设也不是几个人的事，需要全校师生的积极参与、共同策划、细心培育，使学校文化充满活力，常新常青。对此，陶行知有一个精辟的说明："鄙人谓教育能造文化，则能造人；能造人，则能造国。"[①]在陶行知那里，人是文化影响的结果，而这个文化需要教育去创生。可见，教育自身必须是一种类型的文化，教育还应该发展和创新文化；教育对于文化的创造，正是教育力的根据。师生精神的自由成长当是童化教育的终极追求。

---

① 梁伯琦. 陶行知教育名篇评述［M］. 杭州：浙江工商大学出版社，2022：125.

2. 扬弃传承，促进童化教育的诗意栖息

学校文化建设应当充分体现儿童特色、体现生长方向、体现文化建设的特点和优势，生动而又感染人。学校要实现培养全面发展的人这个目的，就必须以积极的态度，牢固树立全局观念，充分整合、利用本土文化资源，把其优秀的成分吸收进来。童化教育历经考验，其关于"人的发展"的理念必将引起更多教育人的关注和践行。如何促进学生的精神成长，让学生以"人"的姿态诗意地栖息，这是从事童化教育研究的研究者必须直面与思考的问题，也是当下童化教育研究的紧迫任务。要从单一的对知识的关注回归到关注儿童生长，追求儿童真实、主动、健康的发展。教师成为儿童成长的促进者，关注儿童的体验和感受，并且要把儿童的主体经验当作课程资源，寻找教育内容与学生生活的结合点，沟通学生的自我世界与学科世界，将符号化的教学内容还原为生活。要关注教育的价值过程，教育回归儿童经验，也就意味着不能只看教育的结果，而应该时时关注儿童当下的感受，追求儿童真正的成长。

(二) 横向融通，形成童化教育研究的合力

1. 学科推进，扎根童化教育的主要阵地

当下的童化教育研究应当以持续推进学科发展为抓手，关注课程意义与学科价值，扎根童化教育的主要阵地。在学科教学资源开发的进程中，基于儿童的立场，建构立足课标、呼应教材又回归课堂的整体课程建设体系。在学科教学实施的过程中，基于儿童的立场，建构追求课堂生态、适合课程要求，具有关联性、动态性的课程实施技术体系。在师生共同参与童化学习的过程中，基于生命成长的立场，建构教师、学生共同为之着迷的学习生活。此外，在童化教育研究中，持续推进学科教学时，理应关注课程的目标指向与内容设计：从课程建设的视角出发，发现、梳理、总结国家课程、地方课程和校本课程三者之间的关系，推进学科课程体系的完整建构，着力寻找与教材相匹配的新的课程建设空间；突出儿童生命立场，真正让儿童站在课堂学习的正中央，构建尊重儿童、适应儿童、发展儿童，且让儿童安全、儿童喜爱、儿童追寻的学习方式，着力探索与儿童学习生活相匹配的新的教学设计空间；彰显师生教学相长的课堂教学本真，构建令师生共同为之着迷的学习生活，着力探索师生生命共同成长的教学评价新标准，进一步发展和完善学科教学的课程评价建设。

2. 项目实施，打造童化教育的特色学校

教育已经不再是单一的学校教育，而是家庭、学校、社会等多方面的教育共同构成了一个完整的教育体系。在这个教育体系中，校、家、社协同育人起着至关重要的作用。家庭是孩子最早的教育场所，学校是孩子的第二个家，社会则是孩子的第三个家。校、家、社协同育人的意义和价值在于，能够全面地培养儿童的品德、智力、体魄、美感和劳动技能，使儿童在成长过程中得到全面的发展。校、家、社协同教育，不是标新立异，而是同中求异、存异求同。"异"的基础是建立在教育规律上的，是

基于儿童身心成长的，是切合本校办学实际情况的，"同"是提高办学质量的，是提升学生综合素养的，是促进学生精神成长的。真正的校、家、社协同教育具有优质性、稳定性、整体性、独特性、发展性、公认性等特征，既满足学校追求自身独特性的需要，又满足学生个性化成长的需要，且惠及多数学生甚至所有学生。校、家、社协同育人需要家庭、学校、社会之间紧密合作，只有这样才能够让儿童得到全面的发展，才能够促进社会的和谐发展。总之，追求校、家、社协同教育的特色建设是以"童化教育"为灵魂的，并只有以项目研究的形式才能够深入、长久、显特色、出成效。

第二节 童化教育的萌发生长

"双减"政策实施之后，学校的管理越来越细致，不少学校几乎把学生进入校园后的每一个时段都安排得满满的。学生一走进校园，就进入了学校为他们设计的程序当中，除了课间有限的几分钟，几乎没有自己可以安排的时间。这种严格细致的教育管理，把学生大课间的活动内容也一一做了安排，学生很少有自主选择的余地。学生在校时间被学校安排，双休日的时间被家长安排，家长和教师都希望自己的理想和愿望能够在孩子身上得以延续，所以往往用成人的标准要求孩子，从而把小学阶段的孩子转化成一个个小大人。

成人似乎都忘了，儿童成长除了必需的课程学习，也需要快乐的玩耍，这些自由的玩耍和学校课程对儿童的成长同样重要。学校的第一职责，就是要呵护培育学生的成长之美，维护拓展学生的成长空间，保证学生好奇、探索、发现的权利，在自由的时间、空间里成长的权利和欢乐、幸福、成长的权利。只要是学生发自内心的声音，无论正确与否，学校都鼓励他们大胆地说出来。为此，学校搭建不同的平台，让学生学会发出自己的声音。学校开展的这种童化教育，主要基于对当前教育的反思。小学是人生起步阶段，这六年是否精彩，直接关系到学生对未来生活的感受。小学教育应该留给学生精彩灿烂的童年，使六年校园生活成为他们珍贵的记忆。

一、童化教育的学理探索

法国著名哲学家卢梭说过："大自然希望儿童在成人之前就要像个儿童的样子。"[①]教育本该是呵护儿童的教育。儿童的发展应当顺应天性，始终保留一份童真，拥有一颗纯洁的童心。学校因儿童而存在，应该树立"儿童本位"的观念；学校为了儿童而存在，应该为了儿童而行事。儿童迫切需要的是什么？有人说是爱，有人说是尊重，

---

① 让-雅克·卢梭. 爱弥儿：精选本［M］. 檀传宝，傅淳华，陈国清，译. 北京：中国轻工业出版社，2016：49.

也有人说是陪伴。其实，还有一样东西不可或缺；那就是对儿童更深的理解。但有些时候，学校教育往往忽略了儿童本身，而是一味地追求分数，使得儿童被禁锢在无边无际的题海中，渐渐失去了天真烂漫，失去了童真童趣。童化教育，需要成人对儿童有着不一样的认知和理解。

（一）感知儿童的心理特征

儿童，充满热爱，热爱一切自然的东西，热爱身边的亲人与朋友；儿童，天真烂漫，好幻想，好玩耍，好模仿；儿童，天生好奇，对任何美的、神奇的事物都保持着强烈的好奇；儿童，自然自在，不刻意、不矫情、不做作，顺遂心声、自由飞翔。

在学校、家庭、社会的熏陶下，儿童的自我意识、个性品质及道德观念逐渐形成。儿童的个性得到全面发展，性格可塑性大。父母和教师的言行对儿童性格有重要影响，良好的教育可以使他们养成勤奋、积极上进、坚毅勇敢、有责任心、守纪律等优良的性格特征。儿童的行为特点是对事物富于热情，情绪直接、容易外露，但情感波动大，小小的成绩进步可使他们得意忘形，小小的挫折又可使他们垂头丧气。儿童好奇心强，辨别力差，对新鲜事物感兴趣，喜欢模仿。

小学阶段，是儿童期的关键阶段，儿童期是智力发展最快的时期。感知的敏锐度在提高，求知欲旺盛，逐渐具有感知目的性和有意性。有意注意在发展，注意的稳定性在增长，但还不够稳定；记忆力从无意记忆向有意记忆发展，容易记住具体的、直观的材料；口头言语迅速发展，开始掌握书写言语，词汇数量不断增加，对词义的理解、语法结构的掌握都有了长足的进步；思维的发展从具体形象思维逐步向抽象逻辑思维过渡。

（二）理解儿童的学习品质

1. 具有天生的学习能力

研究者设计了一个森林场景，其中有很多的动物隐藏在里面。研究者对参与的儿童给出了三种程度不同的指示语，第一种，描述情境与问题；第二种，在第一种的基础上再给出解决问题的示范；第三种，在前两者的基础上予以拓展，再提醒儿童其他的可能性。研究结果超出了我们的常识判断。在第一种没有任何提示的情况下，儿童找到了最多的动物，而在教师们干预的第二、三种情况下，儿童的表现都不如第一种。这种情况值得我们深思。在学校教育情境中，教师使用较多的是后两种行为，虽是出于对课堂效率的追求，但同时也有对儿童独立学习能力的不信任，教师往往会给儿童做出示范，好一些的教师，也会鼓励儿童想其他的解法，但极少有教师在一开始就完全开放地鼓励儿童自由地探索，所有的探索都是在教师的控制下"有条不紊"地展开的。

研究证据表明，人的大脑并不是天生一张白纸，儿童在出生的时候已经具有了一些认知能力。身体构造、神经结果、感官和运动方式都决定了他们如何认识世界。认知是身体的认知，心智是身体的心智，离开身体，儿童的记忆、认知是不存在的。真正科学而有效的方式在于儿童的亲身经历，以及与教师、父母、同伴分享这种经历。教师和父母应当学会与儿童进行互动式的交流，鼓励儿童增长关于世界的常识性知识。虽然儿童的有意记忆在不断发展，但更本真的记忆附属于儿童的身体运动和经历。因此，不能将知识以纯粹讲授的方式教给儿童，更不能通过补习班的方式突击，这样反而会起到反作用。

2. 学习品质的萌芽奠基

学习不仅涉及学生对学习内容的掌握，运用学习能力去掌握新的知识与技能，还涉及学生是怎样学习的，是快还是慢、是有序还是无序、是遇到难题就放弃还是会坚持不懈。学习的方式和过程都是学生的学习品质的反映。

学习品质可以大致分成两大类：一类表现为好奇心、探索欲、想象与创造等引发主动性的学习品质；另一类是以自我控制为核心的，以执行功能为生理基础的学习品质，表现为以自我控制为核心的专注性、坚持性、计划性、独立性等。在不同的学习任务中，所需要的学习品质是不同的，这两类学习品质需要富有张力地在儿童学习中发挥作用。

3—12岁正是这些学习品质萌芽、奠基的重要时期。在小学低年段，确实比在幼儿园更需要儿童的自我控制，很多的学习习惯都强调儿童专注地听、读、看等。但是，这种自我控制需要度的把握，以避免抑制儿童的主动性。学习品质是可以在学校教育情境中得以发展和培养的，儿童要学会安静地控制自己的行为来更好地坐、听、看，要有灵活的注意分配能力和转换能力，要学会分享、学会等待，了解与他人交往的规则，更好地进行时间管理，学会在遇到困难的时候调整自己的情绪和策略等。这些能力都需要相当多的时间，在大量的不同任务情境中，在与他人的合作互动中习得。

3. 学习情境的科学设计

不管是儿童的学习能力还是学习品质，都是在与人、工具、符号的互动中得到发展的。儿童"学业无能"的表现，不是儿童真正的无能，而是教育者没有理解儿童学习能力所赖以发展的"情境"。街头的孩童小贩，能够轻易地完成买卖中涉及的非常复杂的换算、找零凑整等算术任务，但把同样的东西放在数学课堂上，以数学算式的方法呈现，这些孩童小贩可能就算不出了。现有的学校教育情境是以适应于工业时代的劳动者为标准设计的，强调孤立的知识、单一的智能，害怕出错与挑战，在这种情境下，大多数儿童都不可避免产生影响学习的理解方式。

呵护儿童的天性，激励儿童的潜能，教育者需要重新设计学校教育的物理情境、语言情境、人际互动与文化情境，这样的情境旨在建立起儿童的日常朴素概念与科学概念之间的桥梁，增强儿童对多元智能的体验，更多地引发儿童的成长性思维。这种对学习情境的设计还需要更多地挖掘儿童的学习能力、品质与情境间互动的规律。如果没有这种认识，原先在知识背景中看起来是善意、有效的教学行为却可能伤害儿童的学习。成人可以在大脑中自由演练可能进行的操作步骤，而儿童一定要自己动手尝试，儿童的这种即兴创造的性质，事实上既体现了儿童的思维特点，也是在不断发展他们的智能。与儿童的自由探索相比，当有教师参与指导的时候，儿童很容易放弃尝试，更重要的是，他们产生了一种挫折感，而这种累积的挫折感对他们后续学习的好奇心和坚持性等学习品质的形成会产生消极影响。

现在看来，教育者需要重新思考，这种看似有序、方向明确的探究设计，是否反而抑制了儿童的探究能力和坚持性？儿童巨大的学习潜能需要教师怎样的任务设计与言行来挖掘？这正是需要教育者着力探索的。

4. 寻找缺失的天然能力

辛格博士在20世纪90年代初写成的《想象之屋：儿童的玩耍与想象力》一书中提出，想象的能力是大部分儿童天然就具备的能力，他们被同样的事情吸引：玩水、爬树、滚铁环、弹弹珠、玩打仗、躲猫猫，他们充满想象力。[1]而在今天，他们有多少时间和空间去做自己喜欢做的事情？以及是否有人愿意守护他们玩的天性和权利？

玩从一种自发的创造性活动，变成了一种消极的消费行为。中国儿童中心等机构在2012年发布的《中国城市儿童户外活动状况调查报告》显示，北京、广州等城市的小学生，每天户外活动不足1小时的超过27%。相反，平日每天看电视、玩电子游戏的时间超过2小时的占12.45%，寒暑假的时候这一比例激增到61.4%。[2]从家长角度来看，给他们买大量的玩具是对减少孩子户外玩耍的一种补偿。儿童拥有的玩具数量之多，很难再让他们觉得玩具特别或者珍贵，因为不具备个人意义或重要性，也就很难再让他们产生遐想。更何况，玩具大多是流行文化的衍生品，孩子们不再编说自己的故事，而是模仿电视里的台词和表情。他们不再手拿树枝假扮海盗，而是手握光剑扮演星球大战。此刻的玩具则变成加强社会接纳与自尊心的工具，当"玩"变成了消费、消遣、炫耀，"玩"的本意便逐渐消失。

曾经，一代又一代的儿童在世界不同的角落，将这些游戏融入自己的生活。但似乎就在很短的时间里，这种文化消失了。"人法地，地法天，天法道，道法自然"，只有儿童返璞归真，教师回归童年，师生回归自然，才能寻回当初的想象，回归为自然而完整的人。从学校教育的角度来看，就亟需开发和设计适合儿童生长的课程，以顺应儿童天性的自然回归。

5. 重新拾起的达·芬奇密码

"游戏说"认为，人的文明创造力很重要的一个动机是游戏，是玩。千万不要看

---

[1] 转引自阚晓茵，黄红兰. 把"玩"的教育意义释放出来［M］//《现代教育论丛》编写组. 学习方式新思考. 上海：上海教育出版社，2016：245.

[2] 三川玲. 教育，就是找到一个人的"生命方式"［J］今日教育，2015（5）：1.

不起儿童的游戏和玩,因为所有的学习都是在游戏和玩中出现的。有目的性的教育只有压迫的感觉,逃都来不及,可是当教师带儿童去玩的时候,学的东西都是最好的,缘于那时的人处于完全放松、完全自由的状态。达·芬奇一生都在玩东西,一生留下许多密码。他想知道,空气的压力究竟是怎么回事,他就把一张纸丢下去,把石头丢下去。他在探究空气里石头和纸反应有什么不同的过程其实就在玩。他老是玩这玩那,去思考很多奇怪的东西。他可以在黑暗的房间里,划一根火柴,说光应该有速度,在自己站的位置和在墙角的位置看到的光应该有时差,可是光太快,没法计算这个速度。在知识领域里,玩带领出的创造力,比得出的结论要重要得多,所以要一再强调玩的这个过程,过程比目的重要。我们今天把石头和纸的重力加速度变成考试,忘记了这个过程本身就是学习,只剩下这个答案,达·芬奇密码不是密码,他的密码就是玩。

玩,是一种自然的学习。玩本身是人类非常重要的文化。我们办学初期所探究的"童玩"课程,让儿童从各种"玩"当中学习到身体的可能,学习到智慧的可能,学习到人世间所有的关系。它是一种展露天性的、极具安全感的心智释放与迸发,它毫无压抑和强制,只是顺着心灵的走向,自然绽放。

6. 打造自由的生长乐园

课程开发和建设,必须把握儿童身心发展的规律。但教育者不能仅仅把儿童作为"儿童"来看待,更应该把儿童当作"人"来看待:现在的人、未来的人、社会的人。这样,学校培养出的才是有根基的人,适应社会发展和需要的人。最好的教育,就是帮助每一个孩子,去找到自己的生命价值。从事自己喜欢的工作,过自己想要的生活,这就足够了。理解学生的学习品质是课程开发建设重要的一部分,课程开发建设不仅包括有效地传递、让学生理解学习内容,更重要的是改进学生的学习品质,让学生更投入地学习、更有计划性地学习、更专注地学习,渐渐凝练成一种对学习的倾向性。

张家港市白鹿小学,在建校之初就提出了"个性化、现代化、国际化"的办学思路。学校办学者在实践中深刻认识到,必须把"个性化"作为学校的整体办学特色,贯穿于发展全过程。大力推行个性化育人,其终极目标是最大可能地为学生拓展个性发展空间,适应更多学生的潜能发展。2019年,学校办学者提出了"让儿童成为儿童"的童化教育理念,并围绕儿童文化开展了系列教育教学变革,努力让教育回归原点,让学生感受成长的快乐。

二、童化教育的理念梳理

16年来,白鹿小学本着"为了每一个儿童"的理念设计课程,发展每一个孩子的智慧潜能,办一所真正属于孩子们的学校。2022年,学校申报江苏省课程与文化建设项目。丰富的校本课程能点亮教师的课程意识,改变教师的工作样态,让他们享受教育研究的快乐,让更多教师成为"一岗双责"的特长教师、特色教师。基于学校办学特色的进一步彰显，教师综合素质的进一步提升，学生学习主体地位得到进一步落实。

（一）校本课程的开发与实施研究是学生发展的需要

张家港市白鹿小学基于儿童立场，提出"为了每一个儿童"的课程理念，童化教育基于儿童文化的个性化教育办学理念主要体现在"三个基于"之中。

1. 基于儿童、发展儿童

儿童是课程的中心，每个儿童的个别差异与需求均应受到尊重，课程应依据儿童的兴趣、能力、动机等进行设计。"基于儿童"首先是"让儿童成为儿童"，教育要以儿童自然天性为起点，让儿童在校园中拥有游戏玩耍、好奇探究、遥想憧憬、专注执着和同伴同乐。学校要努力让班级成为学生心灵的栖息地，让校园成为学生终生眷念的地方。"发展儿童"就是倡导教育要回归儿童本体，关注儿童的生命价值。

2. 基于分数、超越分数

现今的教育脱离不了分数，但分数不是教育质量的全部。人的综合素养不是一个简单的分数可以测量的，教育不应该仅仅是对知识的机械识记，或是为了分数的应试教育，而应该是面向全体学生的素质教育，是能够促进学生个性发展和为未来打基础的教育。张家港市白鹿小学的课程实施，颠覆传统学校的模式，注重学生个性化的成长。

3. 基于个性、培养特长

儿童的发展是现代教育核心价值的定位，儿童立场应是现代教育的立场。一个人的特长得到很好发展，对个人来说，最大的收获不是技能上的，而是精神上的鼓励，是自信力的增长，是阳光心态的养成。这种内在的东西具有强大的正能量，能够牵动一个人抵达多元智能的顶端。所以，学校基于个性来发展学生的特长，看重的是个性品质。特长发展不是目的，而是手段。

（二）校本课程的开发与实施研究是学校发展的需要

正是源于"三个基于"的认识，张家港市白鹿小学从童话校园、童趣课堂、童化课程三个层面积极建构基于儿童文化的个性化教育，推出一系列童化教育的举措，注重在教育过程中基于儿童发展的内在需求和个性特点选择适合儿童的教育内容和方法。

1. 童话校园

基于儿童文化的校园文化建设是一种尊重儿童的教育行为，班集体是以儿童为主体的班级成员共有的信念、价值观和态度的复合体。学校很多班级以各种富有寓意的事物为象征，成立中队，引领着班级文化的建设。比如蜗牛中队，寓意要像蜗牛一样善良、厚道，拥有永不放弃的执着精神；小蜜蜂中队，寓意要像蜜蜂一样勤劳、努力，拥有团结协作的合作精神。童话校园以儿童为本，葆童真、激童趣，营造儿童世界，让每一位儿童快乐学习、幸福成长。教育融汇着童化，才能显现教育的纯真，焕发生命的活力；教育融汇着童化，才能塑造教育的民主，产生教育的理想。

2. 童趣课堂

学校在教学中倡导"兴趣比知识重要,过程比结果重要,信心比分数重要",让学生在充满乐趣的探索活动中,体验知识的形成和应用过程,水到渠成地习得基础知识和基本能力,培养和保持学习的兴趣与信心。童趣课堂的评价,学校坚持"不封顶、不精确、不着急"的指导思想。"不封顶"就是保持教学内容的开放性,不拘泥于既定的知识边界和统一的教学步调,鼓励学生个性化学习,满足学生不同的发展需求;"不精确"就是发展学生丰富的、多样化的理解和表达,不过分追求精确、程式化的学习规范训练;"不着急"就是允许学生按自己的认知水平、步调学习,不强求学生在规定的时间节点达成同一目标。

3. 童化课程

学校基于儿童立场,强调课程的选择性与丰富性。教育应该使每个人的特长得到充分发展、潜能得到充分挖掘。作为学生发展"跑道"的课程是学校教育的核心,它直接决定着人才培养的模式,决定着富有个性特长的创造性人才的培养。坚持儿童立场就是要尊重儿童的整体认知方式。儿童的认知是没有边界的,所以学校的教学也是开放的。课程实施中,学校不预设特定的知识点必须让学生在什么时间点掌握,而是因势利导,将国家课程校本化,统领学校节日课程和校外拓展课程,让学校课程更具有丰富性和选择性。学校力求以丰富的课程资源,多彩的校园生活,满足儿童多样化发展的需求。因为学校坚信,只有从适应儿童成长特征的角度出发,丰富课程资源,才能使儿童的学习活动得到主动发展,使素质教育真正落到实处。

学校教育的神圣使命就是追求儿童的精神幸福,不仅要着眼于儿童未来的幸福,更应该重视儿童的现实幸福。学校教育必须真心诚意地尊重儿童、走进儿童,这也是学校不断努力和探索的方向。长期以来,张家港市白鹿小学秉承"以人为本"的教育理念,锚定"为了每一个儿童""为了一生的幸福"的育人方向,让儿童天天快乐,让教育处处精彩,全力营造和谐校园,倾力打造童话校园,努力构建童趣课堂,着力培养灵动少年。

三、童化教育的核心价值

从2019年开始,张家港市白鹿小学以"让儿童成为儿童"为核心思想,完善了童化教育的主张。童化教育就是创造适合儿童的教育,是遵循儿童生命发展的"次序"、站在儿童立场、关爱儿童、保护童真、激发童趣、让儿童享受童年幸福的教育。童化教育是让儿童始终保持纯真、善良、好奇,富有冒险精神,促进儿童全面而自由发展的教育。

(一)童化教育的目标

童化教育的目标,是培养"纯洁灵动、勇敢睿智"的白鹿好儿童。

好儿童的"好",主要体现在全面发展和个性发展。全面发展是儿童共性的基本方面的发展,注重的是素质与能力发展的普遍性和全面性,主要指德、智、体、美、劳等方面的充分发展和普遍提高。根据马克思主义关于人的发展学说"全面而自由的发展",儿童在全面发展的基础上必须实现自由发展,达到个性发展,注重的是个性的充分完善和潜能的充分发挥,这符合儿童的天性、兴趣和需要。全面发展是儿童发展的基础阶段,个性发展是儿童发展的卓越阶段。当儿童受到来自成人的尊重和认可,他自己就会努力表现,"做越来越好的自己"。

(二) 童化教育的路径

童化教育的路径,包括自主多元、精神陪伴、立体育人。

自主多元主要指向儿童自身。教育应以儿童为本,发展儿童的主体性和创造性,激发儿童内心深处对自我发展的需求,让儿童做学习的主人。儿童的发展理应是多元的、全方位的,多一把尺子量孩子,允许儿童各个方面的发展,而不是一个模式。教育要尊重儿童的个性差异,注重培养多元智能,为儿童终身发展奠基。我们认为,学校没有坏孩子,只有不同"材料"的孩子,不论是长成参天大树,还是长成一棵低矮的苹果树,或者是长成歪歪扭扭的葡萄树,都是社会上不可或缺的有用之才。

精神陪伴主要指向成人。儿童的教育过程首先是一个精神成长的过程,他们的成长不仅需要物质享受,更需要教师和家长的精神陪伴。尤其面对学习有困难、父母离异、迷恋网络、行为散漫、有心理障碍等情形的特殊儿童,需要成人蹲下身来平视他们,与他们平等对话,走进他们的精神世界,耐心倾听他们内心的声音。对于儿童的错误,成人要给予包容;对于儿童的不足,成人要给予激励。有了成人的精神陪伴,儿童才能感受到被尊重,体验到幸福与快乐,焕发出自信心,从而激发潜能,获得最优化发展。

立体育人主要指向于综合教育。儿童的成长是一个社会化的过程,是各种因素共同影响的过程。童化教育必须从校内向校外延伸拓展,构建学校、家庭、社会"三位一体"的协同教育网络,积极实施综合教育,努力提高整体育人功能,才能确保童化教育取得实效。

(三) 童化教师的影像

童化教育对教师的诉求,从理解和爱出发。教师爱孩子比较容易做到,但在理解基础上爱孩子,却变得比较困难。要做到"让儿童成为儿童",教师爱孩子的前提是理解儿童,能站在儿童的立场,给予儿童精神的关怀,这才是真正意义上的爱孩子。教师为师的最高境界是把自己变成一个儿童,怀有一颗纯真的童心,拥有儿童般的情感和兴趣,甚至还具有儿童般的思维,这就是理解儿童、教育儿童的密码。许多著名的教育家对此都曾有过经典的诠释,如蒙台梭利称"自己是作为教师的儿童",陶行知先生说"我们要变做小孩子",陈鹤琴希望"重新做一回儿童",李吉林自认"我是一个长大的儿童"。教书育人，育人永远是第一位的。韩愈认为"师者，传道授业解惑也"，鲁迅认为"首在立人，人立而后凡事举"。教师要学会从儿童的视角看学校的教育，怀一颗童心走近儿童、理解儿童，蹲下身来，尊重儿童、呵护儿童，以"儿童的姿态"开展儿童的教育教学。

（四）童化儿童的期盼

童化教育对儿童的期盼是做越来越好的自己。法国著名哲学家卢梭说："大自然希望儿童在成人以前就像儿童的样子。"童化教育的"童化"这一理念包含以下四个层次：第一，把儿童当成一个人，儿童享有做人的权利和法律赋予的自由；第二，儿童是一个"小人"，儿童需要抚养和呵护，需要包容和提醒；第三，儿童就是儿童，不能按照成人的标准去教育，不能抬高要求，应让儿童活在当下，体验成长的快乐；第四，实施儿童应有的教育，用"基于儿童"的视界，"在儿童中"落实，才能达成"为了儿童"的目标。

"让儿童成为儿童"思想的价值在于以下几个方面：儿童是纯真的，儿童常有新鲜的体验和独到的发现，创造由此产生，而且原汁原味，教育者应鼓励儿童创造；儿童是发展的，儿童发展有阶段性和起伏性，教育者理应包容儿童发展中的错误；儿童是独特的，每一个儿童都是一个生命的奇迹，是独一无二、无法复制的，教育者应因材施教，帮助儿童培养个性特质，实施多元评价；儿童间发展是不均衡的，发展具有差异，教育者应有教无类，等待儿童的成长，让儿童活在当下。

第三节　童化课程的实施方案

斯普朗格说："教育的核心是人格心灵的唤醒。"①教育就是在民主平等下，对人格心灵的唤醒、引导与激励。唤醒孩子潜在的心智结构，激励与引导孩子积极、努力向上，开发智慧能力，完善人格。杜威认为，教育即生活。他说，教育是生活的过程，而不是将来生活的准备。要让教育教学生活化、情趣化，要让它成为师生快乐之源，让课堂成为师生共同的"幸福乐园"。

一、童化课程实施原则

（一）国家课程中融入童化文化

以儿童为本，重视与儿童生活世界的联系，将儿童的学习、生活与游戏巧妙地结合起来，追求内容与形式的生动有趣，寓教于玩、寓教于乐，形成富有特色的、适合

---

① 邹进. 现代德国文化教育学［M］. 太原：山西教育出版社，1992：190.

儿童的、儿童喜欢的童化课程体系：国家课程融入童化文化的校本开发；拓展知识、激发学习兴趣的知识拓展型课程。具体包括学科研究性学习、学科专题教育、地方历史与文化教育等；也包括培养兴趣爱好、修身养性的体艺特长课程，如体育、艺术、健康教育、生活技艺等；还包括寓教于乐、寓教于玩的实践活动类课程，如选择儿童乐于参与的德育活动课程，以及信息技术、劳动技术、科技活动、调查研究、社会实践等。

（二）校本课程中融入童趣元素

构建童趣课堂要突出童真，体现"玩"，即多点游戏成分，在玩中学、做中学。一是要追随童思，即构建围着学生转的课堂，眼中是学生，关注学生，从让学生跟着教师的思路，转向教师跟着学生的思维走。二是要紧扣童趣，即构建围绕学生感兴趣的、教材核心的问题探讨交流的课堂，以学生感兴趣的形式设计教学问题，开展探讨交流。三是要呵护童化，即构建充满期待和鼓励的课堂，第斯多惠曾说："教学的艺术不在于传授本领，而在于激励、唤醒和鼓舞。"①四是要引导童爱，即构建关注学生互学互助的课堂，儿童知识的习得和学习品质的形成是基于教育情境中与他人（同伴、教师）的合作互动。

（三）童化课程中融入基本流程

课堂教学基本流程如下。

预习（前置预习）——体现先学后教、自主体验；

互学（小组学习）——体现互学互助、合作探究；

交流（组间学习）——体现同伴、师生合作互动；

练习（检测巩固）——体现对学习目标达成的重视。

上述流程可以从三个方面试行：尝试先学后教（不仅仅体现在重视预习，也体现在课堂问题提出后，给学生一定的独立学习、思考的时间）；尝试合作学习（每节课都组织一次小组合作学习）；尝试课堂中练习（巩固练习，反馈检测）。

二、童化课程实施方案

（一）单位基本情况和立项优势

1. 基本情况

张家港市白鹿小学地处白鹿村，所在地名源于吴王畋猎偶遇白鹿的传说，因此充满了童话色彩。

学校建于2007年，占地百亩（约6.67万平方米）。学校先后获评全国青少年校园

---

① 徐晓林. 中外教育名人名言[M]. 北京：企业管理出版社，2019：143.

足球特色学校、江苏省教科研先进学校、江苏省中小学艺术教育特色学校、江苏省健康教育促进金牌学校、江苏省语言文字规范化示范校；苏州市首批教育科研基地学校、中小学生品格提升工程项目示范学校、义务教育教学改革实验校、新时代苏州有效教学研究项目成果获奖学校、国际理解教育示范学校、国际理解教育特色品牌项目学校、中小学家庭教育课程项目学校、体育传统（特色）项目学校、艺术教育特色学校；张家港市课程建设先进学校，以及在德育、体育、艺术特色等方面的几十项荣誉称号。

2. 立项优势

（1）拥有基于儿童快乐成长的扎实的课程基础

张家港市白鹿小学坚守"为了一生的幸福"办学理念，先后致力"游戏、开放、多样、体验"的"童玩"课程和"慧玩、慧学、慧创、慧享"的"慧玩"课程实践探索，儿童在"玩"中学会学习，享受学习的快乐。十几年间，学校聚焦"童"文化，从未间断过研究，始终践行以儿童为中心的课程架构理念，为童化课程的建构实践打下了坚实基础。

（2）不断探索基于儿童深度学习的教学范式

学校致力让每一个儿童感受到课程的关怀，深化课堂教学改革，初步形成了从关注"教师教"走向关注"学生学"为特征的教学样态，让每个儿童找到适合自己的学习方式。为深化"学科素养"和"关键能力"的培养打下了坚实基础。

（3）初步搭建基于儿童全面发展的资源平台

人力资源：市名师工作室、校名师工作室、学科共同体三级资源平台，为课程研发提供理论指导和实践支撑。

环境资源：以展示童化教育为主题的"童话园"，以展示学科教学成果为主题的展示台（馆、所）已具雏形。

活动资源：积累了"童玩""慧玩""童化"社团系列活动的教学材料，为童化课程基地积累了丰厚的课程资源。

（4）积极推进基于儿童终身发展的评价方式

为了促进儿童自由、自主发展，学校不断完善、升级评价内容与方式，以"嘉年华"为主要形式，先后进行了评价变革三次提档升级：先期聚焦个性展示，用闯关游园的形式"童化"考试，释放儿童天性；接着聚焦核心素养，学生、家长志愿者融入评价主体，唤醒儿童内心的自信；然后关注协作创新，鼓励小组协作和团队闯关，引导儿童发现团队中的自我。

（二）项目建设目标与内容

1. 项目建设内涵

童化，是指儿童积极成长变化的良好状态，也指校园生活、学习方式的儿童化建构，是活泼的生活、学习、成长状态。

童化课程，是指基于白鹿小学原有课程基础，结合"双减""增质"的时代需求，聚焦立德树人根本任务，整体建构童化物型生态、建构童化课程体系、探索童趣课堂教学范式、优化童化育人评价体系，基于儿童成长需要，促进儿童积极变化的课程。

2. 项目建设解决的问题

（1）解决课程建构以教师为中心的问题

改进以教师为中心的课程建构模式，转向以儿童为中心。基于儿童发展需要，指向儿童成长的目标，将"满足儿童成长需求"和"儿童主动参与课程建构"作为学校课程改革的两个重要主张，让儿童可持续成长。

（2）解决课堂教学以知识为中心的问题

着力于课堂教学从以知识为中心向以素养为中心的转变。以素养为出发点和落脚点，探索建立以问题设计为关键、自主学习为基础、探究合作为核心、展示交流为特征的新型教学主张，让儿童好学乐学、能学会学、积极向学、幸福成长。

（3）解决校园空间建设以学科为中心的问题

致力校园空间价值的重新定义，为儿童生活与生长重塑空间，充分发挥每一处空间的综合育人功能。为儿童自由、健康、快乐成长服务，让育人资源无限接近儿童，让校园成为唤醒、激励、鼓舞、陪伴儿童成长的空间。

（4）解决儿童教育以学校为中心的问题

把儿童放在中央，以儿童积极生长为纽带，积极建构学校、家庭、社区和社会新协同教育场域，把课程的触角尽可能地伸向社会，扩宽广度和延长深度，实现儿童全方位、全时空、全场域积极成长。

3. 项目建设目标

通过建构童化课程体系、童趣课堂教学范式、童化育人生态、童化教育社圈，形成学校童化育人文化。具体目标如下：

（1）优化课程结构，建构童化课程体系

基于儿童立场，遵循儿童年龄特征、心理发展规律，运用儿童方式表达、理解儿童，在实践过程中探索出课程实施的科学方式，形成具有学校特色的童化课程品牌，建构学科基础课程、成长节律课程、特色综合课程体系。

（2）优化教学方式，建构童趣课堂范式

提炼"趣教趣学"的童趣课堂教学主张，生成"以趣促学，发现儿童，以学定教，发展儿童"的教学范式。教师生动有趣地教，儿童满怀兴趣地学，提升教师教学力和学生学习力。

（3）优化教育时空，建构童化育人生态

建构儿童向往的童话校园环境，让校园成为流动的教科书，成为师生健康成长的乐园。建立学校、家庭、社区的融通渠道，使得儿童生活、学习之间有互相连接的筋脉，激活共生共享文化。

（4）关注综合素养，构建童化评价模型

完善升级嘉年华4.0版评价体系，关注综合素养，加强学科融通，培养"立"起来的儿童。

4. 项目建设内容

通过打造童化物型生态、建构童化课程体系、探索童趣课堂教学范式、优化童化育人评价体系等实践内容，致力让课程成为儿童的课程，让成长遵循儿童的节律。

（1）打造童化物型生态：以童话的名义，让儿童与更多美好相遇

努力建构立体多维童化物型生态，让校园一草一木、一场一馆对儿童充满吸引力。着重打造"五园"场馆，为课程实施提供良好的基础条件。

童话园：遇见自由。一个满载"童话"的园，每天让儿童遇到童话、融入童话。开放式的设计，可以让儿童随时自由选择、自由重构、自由展现喜爱的童话作品、童话形象、童话作家，让儿童在和自己心意相通的童话世界里自由生长。

科创园：遇见惊喜。一个充满"魔幻"的园，有创客营地、小工匠俱乐部、模型集会、小发明家实验室、三维探索空间、炫酷激光小屋、百变剧场等入驻，为儿童的社团活动提供重要资源，让儿童在"做中玩"时不断遇见惊喜。

农学园：遇见欢乐。一个亲近"自然"的园，有五亩农田，为"小种子"课程、"绿野寻踪"课程、"我爱二十四节气"课程等提供实践和探索的生态场，让儿童在与自然对话中遇见生命成长的欢乐。

体育园：遇见活力。一个欢腾"节奏"的园，每天运动一小时，三大球、田径、自行车、棋类、趣味运动任你选；每周一次"小白鹿"杯运动项目比赛，运动员、啦啦队常常相见。欢声不断、呐喊不断、汗水不断、激情不断，让儿童在运动中遇见生命的活力。

榜样园：遇见敬意。一个陪伴"成长"的园，有榜样的精神引领，是前行的灯塔。每个班级推选榜样代言人，如科学家、劳模、艺术家、中国好人、身边的好人、身边的榜样……用"童言童语"介绍、用"童言童语"致敬。这里是开展学榜样、做榜样、争榜样活动的空间，让孩子遇见敬意、陶冶童心、传递美德。

（2）建构童化课程体系：以童心的视角，让儿童与更多童趣相随

以童化课程理念为统领，根据课程内容、教学方式和实施特点的不同，将学校课程体系划分为学科基础课程、成长节律课程和综合特色课程三大类。

第一大类：学科基础课程，建构充满"童言童语"的童趣课堂。

童趣课堂以基础课程为载体，从儿童的身心发展规律和认知特点出发，尊重每一句"童言童语"，从而推进课堂教学方式的变革。

童趣课堂以趣学趣教为理念，以"五学四教"为基本范式，以"自主预学、激趣引学、探究共学、拓展延学"为基本流程，致力引领儿童经历学习的过程，让课堂对儿童充满吸引力。在趣学的滋养下，释放儿童求知天性，让课堂更加富有趣味、滋味。

在趣教的行动中，教师的教更贴近学生的学习需求、成长心理。

课堂流程建构和实施力主"童趣"：

自主预学：重在鼓励儿童提出好奇的问题；

激趣引学：重在激发儿童发现有趣的线索；

探究共学：重在呵护儿童启动天真的思考；

拓展延学：重在支持儿童踏上求知的旅程。

课堂内容的教学和拓展体现"童化"：依据不同的学科特点进行系列童化课程开发，如十个"小红帽"童化故事的拓展，十个"小快鹿"的序列健身游戏的开发等。

第二大类：成长节律课程，串联充满欢声笑语的缤纷四季。

成长节律课程是依托儿童成长节律，结合学校文化积淀与发展特色，形成的一种活泼的童化活动。儿童在生命的节律中渴望不断成长，小学六季成长课程，欢度"三礼三节"，每一季的课程都是对童心的召唤：一年级"欢乐入学季"，实施入学课程；二年级"诗意梦幻季"，实施梦幻课程；三年级"风雨彩虹季"，实施彩虹课程；四年级"博学成长季"，实施成长课程；五年级"绿野寻踪季"，实施农学课程；六年级"追梦毕业季"，实施毕业课程。

第三大类：综合特色课程，支持充满欢声笑语的七彩童年。

儿童天性好奇，有着无限的想象力与创造力，无限的实践探求答案的欲望。综合特色课程通过创设具有童创性的空间与资源，让儿童在自主探究实践中成长，树立自信心，激发求知欲，获得敢于创新实践的品质。

"红色主题"课程：童话里的八礼四仪将"礼仪"教育与"童化"活动相结合，组织开展读、画、唱、编、演童话、童谣等一系列丰富生动、吸引力强的道德实践活动，深层次地挖掘童话、感悟童话，学习童话中的真、善、美。

"童话里的价值观"课程：通过教学、活动、家庭、媒体等多种渠道，用"童言童语"讲述身边传递社会主义核心价值观的故事的实践活动，旨在让社会主义核心价值观的精神内涵深入到每一位学生心中，成为他们"心灵的罗盘"和"前进的航标"。

"金色榜样"课程："童话里的追光少年"活动以培育新时代好少年为主线，以"爱学习、爱劳动、爱祖国"为总要求，强化教育引领、实践养成、典型示范。通过九色鹿广播、校长颁奖日等途径宣传"新时代好少年——鹿鹿榜样"评选要求，鼓励全体学生寻榜样、学榜样、做榜样，引导学生做善良、勇敢、智慧并懂得感恩父母、拥有回报祖国志向、能够走向世界的现代人。

劳动的"创享实践"课程：编制校内劳动、家务劳动36技成长手册，阶梯式开展校内劳动和家务劳动，让学生在技能训练中习得劳动方法，在主题活动中激发劳动兴趣，在项目实践中体现劳动价值，用劳动创造幸福。

"绿色研学"课程：从自然、社会、自我三个维度出发，将"小白鹿港城行"春游活动与自然研学课程相融合，通过开展低年级"叶子博物馆"、中年级"花的密码"、高年级"湿地科普"主题研学课程，有机融入科学、艺术、语文等学科特点，将实践活动与研学课程统筹整合，让学生体悟生态的重要和生命的律动。

"七彩社团"课程：充分利用学校少年宫、课后延时服务有效时间，开设多样的社团活动，为儿童提供丰富的"自助餐"社团菜单。关注校园里有特别需求的儿童，帮他们进行课程的私人订制、团体订制，尊重和理解差异，如"身体小秘密""成长的小烦恼""情绪的小主人"社团等。

（3）搭建童化育人平台：以成长的邀请，让儿童与更多资源相融

童化课程资源立足儿童素养发展需求，将各种资源整合到童化课程中，既能激发儿童学习的兴趣和热情，又能拓宽儿童的视野。开发并利用好童化课程资源，对于提高教学的效率、提高儿童学习的兴趣和学习质量有着非常重要的意义。搭建童化育人平台主要包括队伍建设、校外平台建设和线上平台建设三个方面。

队伍建设：学校特聘省内外专家、学者组成课程建设、教学改革专家指导组；学校邀请本市骨干教师、本市儿童教育专家、特长家长及市名师工作室、市四有好教师团队组成学校课程工作指导委员会；学校成立教师成长中心、学科共同体、白鹿教学联盟等研发实践团队；学校聘请家长成立义工团，利用"家长进课堂""白鹿讲坛"平台，开设家长课堂、家长讲座，发挥家长专业特长，为学生提供丰富的学习资源。

校外平台建设：学校利用博物馆、艺术馆、文化中心等区域研学资源，开展参观体验、项目式学习等馆校研学活动；学校与市融媒体、棋院、业余体校、中等专业学校、校外具备资质的培训机构合作，将走出去与引进来相结合，利用校外专业资源，为学生提供丰富的课程资源；学校以国际教育项目为平台，与美国、英国、新加坡、日本等国家中小学结成友好学校，开展境外游学、文化体验与交流等线上线下国际理解教育。

线上平台建设：基于儿童展示需要，建设并完善校园网站、微信公众号等网络平台，有效激发儿童主动展示的积极性，同时也为课程开发与实施积累过程性资料；基于儿童互动交流需要，搭建学习与生活互动交流平台，便于儿童自主、灵活地开展个性化学习与交互活动，实现方法互鉴、思维碰撞、情感交流；基于儿童趣学启智的需要，建设人工智能互动平台，开展丰富多彩的智学趣教，实现以儿童为中心的因材施教和个性化指导，让儿童学习增效减负。

（4）优化童化评价体系：以未来的召唤，让儿童与更多希望相拥

评价最重要的作用不是证明，而是改进和发展。在学校原有嘉年华3.0版评价体系的基础上，升级完善嘉年华4.0版评价体系，关注综合素养，加强学科融通，培养"立"起来的儿童。

根据评价主体的不同，可以分为以下三类。

一是儿童个体自评和伙伴助评。在学科基础课程、成长节律课程、综合特色课程中，为儿童设计多维评价标准，引导儿童在自评互评中实现学科学习、实践创造、社

会参与等综合能力的提升。

二是教师多向度综评。伴随着儿童整个学习探究过程，针对不同儿童的不同表现，及时有效地开展有针对性的评价，评选"每周之星""每月一星""学习标兵""学习进步者"等。

三是家长、社区支持性督评。采用问卷调查、家校联系卡、访谈、在线交流等方式及时与家长联系沟通、评价。社会工作人员和社区教育工作者本着激励和指导原则，给儿童中肯的意见和评价。

根据评价内容的不同，可以分为以下三类。

一是国家课程评价。"童悦嘉年华"将学科素养、综合能力考核融入儿童游戏中。

二是校本课程评价。开发个性化德育评价手册《男孩手册》《女孩手册》，对儿童一至六年级的学习生活进行跟踪评定、指导。

三是兴趣特长评价。积极建构"2＋X"积分评价体系，采用案例制，建立特需档案，施行过程性评价。

5．项目建设方法

在课程基地项目建设中，主要采用行动研究方法（图1-1）。基于项目总目标及实际问题的需要，在校级层面建立项目领导小组，进行顶层设计，研究制定建设方案，规划项目实施的路径、方法及分析可行性等，并请专家反复论证。方案确定后，即进行全员动员、推进，在推进中以过程性评价和结果性评价相结合的方式，评价目标的达成情况。根据推进中发现的问题，研究问题解决的方法，并修订计划、跟进行动。以"目标—计划—行动—评价—修改计划—行动—评价"的路径解决实际问题，达到既定的目标。

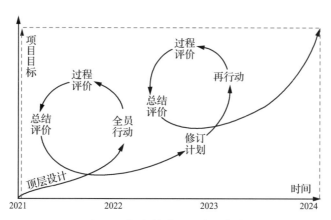

图1-1　课程基地项目建设方法

（三）项目创意、效能分析及预期成果

1．项目创意

童化课程基地建设，指向立德树人的根本任务，坚持童化育人的办学道路，遵循儿童身心成长规律和学习规律，让儿童在积极变化中获得自由充分的成长，体现了学校朝向未来、自我革新的执着追求。

凸显以"儿童中心"建设课程的主张，充分发挥儿童在课程建设中的参与功能，让每一门课程为儿童发展服务。基于儿童发展需要，整合、完善、提升已有课程资源，与时俱进地建设具有校本特色的、丰富多彩的融合性课程，"童化"教育生活，展现教育生活新样态。

彰显以培养"综合素养"为中心的课堂教学理念，充分发挥儿童在课堂教学中的主体地位，基于儿童学习规律与特点，实施"教与学"，同时变革新策略，探索新时代课堂教学变革新途径、新方式、新评价，"童化"学习生活，提升课堂质量。

突显"培养未来儿童"的新协同教育特色，积极探索家庭、学校、社会、学生、教师、家长新协同教育共同体的实施内容、途径、方法，"童化"儿童生命成长的经历，呈现儿童生命的活力。

2. 效能分析

（1）有利于实现课程改革的目标价值

一是促进学生发展。童化课程的建构，让每个儿童活泼地生长，每个儿童每天都有积极成长的变化，努力成为德、智、体、美、劳全面发展的时代新儿童，为一生的幸福积淀丰厚的基础。

二是促进教师发展：童化课程的建构，引领教师专业发展的新探索，使教师和课程建构一起成长，实现教师群体专业素质的整体提升，为教育高质量发展提供优质的师资保障。

三是促进学校自身发展。通过童化课程的建构，开发新的课程资源，建构特色课程体系，彰显学校办学特色，助推学校向更高层次、更高品位发展，办百姓家门口的好学校。

（2）有利于促进校园建设向教育回归

在童话校园环境进一步改造的过程中，坚守"为儿童成长"服务的理念，坚持为学科素养提供实践平台的主张，突出儿童参与设计的策略，把校园环境建设成为童话般的校园，让每一个儿童在校园环境中接受润物细无声的滋养，体现校园空间潜移默化的育人功能，让校园成为儿童更加喜欢、更加向往的地方。

（3）有利于提升教育辐射的效能

童化课程的建构实践，将童化课程的理念，转化为真实可见的、可操作性强的、可以推广的实践经验，以校本化的方式，解决普适性的问题，可以进一步带动白鹿小学联盟各成员学校、苏北五所挂钩实验学校共同开展项目建设，形成区域内的示范效应，更可以为全省课程建设提供一个视角，为文化建设提供一个样本，可以对其他课程平台建设发挥辐射示范作用。

（4）有利于形成协同育人的新格局

童化课程的建构实践，紧扣新时代教育立德树人的根本任务，充分发挥家长、社区、社会各方教育资源的优势，建立新时代协同育人新机制，探索新时代协同育人新途径，融合新时代各类教育新资源，运用协同教育新评价，形成协同育人新格局，为办新时代高质量教育形成新合力。

（四）预期成果

1. 形成合纵连横的童化课程体系

以儿童为中心，依据课程内容、教学方式、实施路径特点，构建横向联通、纵向衔接的学科基础课程、成长节律课程和综合特色课程。通过课程实施与实践，培养学生基本的学科知识结构和学科思维能力及在此基础上的综合运用能力；培养学生的自主探究意识、实践创新能力，促进学生在课程滋养下活泼生长。

2. 形成趣学趣教的童趣课堂范式

以趣学趣教为理念，以学习为中心，形成"五学四教"课堂教学基本范式、"自主预学、激趣引学、探究共学、拓展延学"教学基本流程，以及基于学科特点的教学变式，使教学方式优化、课堂结构合理、教学规程科学，实现课堂高效、学科育人的目标。

3. 形成多向多元的童化评价体系

以"学生发展"为原则，建立要素综合、主体多元、向度多维的评价体系，迭代升级"嘉年华"学生综合素养评价体系，呈现学科与学科统整、学科与生活融通、能力与素养并进的立体评价模态，培养"立"起来的儿童。

4. 形成时空聚能的童化育人环境

以"儿童中心"为指导，建设全时空、全场域支持学习与生长的校园环境与文化生态，建设功能多样的物型课程空间，优化全程育人的校本课程结构，搭建内外联合的资源平台，为儿童全面和谐的发展提供适切的生态环境。

（五）项目保障、社会支持及时序进度

1. 项目保障

（1）组织保障

为规范加强课程基地建设，特成立该项目课程基地建设组织机构，进一步完善建设管理机制。

（2）基础保障

学校从人、财、物等多方面落实保障措施：列出项目研究专项经费，用于项目调研、专家指导、师资培训和设备添置；合理安排教师工作量，减少工作头绪，确保教师在项目研究上的时间和精力；优化课程改革的环境，加强软件、硬件建设。

（3）制度保障

建立项目研究的例会制度、展评制度、成果激励制度，改革学校的教育管理结构，使之能适应和促进童化课程实践的优化实施，为项目研究提供规范化、常态化的制度环境，激励教师积极参与项目研究。

（4）资源保障

建立以儿童为中心的学习资源平台，归纳、整理各类学习资源，为教师的项目研究、课程的实施提供支持，形成完善的童化课程实践网络结构。

2. 社会支持

建构班级和学生成长共同体，引导学校、家庭和社会的力量共同参与，设计行之有效的家长进课堂、儿童进社区、定期访基地等育人机制，搭建志愿服务、社区管理、社会体验等协同平台。

统筹规划6所联盟学校，以共同发展愿景为纽带，从学校管理、队伍建设、教育科研、学生活动等方面强化互动交流，实现资源共享，优势互补、互惠共赢，为童化课程的深度建构注入新鲜血液。

3. 时序进度

本项目研究初定以两年时间为一个周期。

2022年2—3月为项目实施的调研准备期。这一时期主要分析学校已有基础和"十四五"期间发展方向，学校管理、文化建设、课程建设的特点及发展需求等，构思项目基本框架，初步建构童化课程实践纲要。

2022年4—9月为项目实施的试点探索期。这一时期设立试点年级、班级，推进童趣课堂教学改革，为童化课程的推进积累基本经验，分析和构思深化改革的策略。

2022年10月—2023年12月为项目实施的全面深化期。这一时期深入推进童化课程建构，优化各类资源平台和育人空间建构，梳理童化课程成果。

2024年1—2月为项目实施的深化总结期。这一时期持续童化课程建构，同时对项目实施进行深度分析和总结，依据目标进行成果归纳，为后续的建构和优化提供基础。

第四节　童化教育的文化追求

童化教育是当前社会中备受关注的教育理念之一，强调儿童与成人之间的平等和尊重，以及为儿童提供尽可能多的自主选择和发展空间。张家港市白鹿小学对童化教育的文化追求体现在对儿童自由发展的重视上，其所追求的文化主要包括尊重儿童的个体差异、培养儿童的创造力和创新能力、营造自由和和谐的教育环境，以及关注儿童的情感需求。

一、办学理念及解读

(一) 办学理念：为了一生的幸福

办学理念是学校总的价值取向，是学校每一名教职员工共同的理想和价值追求。学校的办学理念是学校运营和管理的核心宗旨，反映了学校对师生的关爱、培养目标和教育教学方式。教育既要着眼于师生当下的幸福，也要着眼师生未来的幸福，即教育是为了全体师生一生的幸福。这是指引和匡正办学过程中一切行为的核心理念，也是教育者应尽的责任和义务。张家港市白鹿小学办学理念"为了一生的幸福"表明了学校教育的价值取向及对师生长远发展的关注。

幸福有三重境界：首先，它是一个物质的概念，是人作为一个生命体自身存在的幸福，它需要一个人拥有健康的心智和独立生存的素质与能力；其次，它是一个生活的概念，它需要一个人学会学习、学会合作，具有适应时代、社会不断发展变化的基本素养和生存能力；最后，幸福的最高境界是思想和精神层面的，它需要一个人具有服务他人、服务社会，实现人生最大价值的理想和能力。

一生，既包括当下，也包括未来。应当摒弃急功近利的教育功利主义，反对牺牲当下幸福的做法。以童化教育的理念，达成教师和学生追求一生的幸福的愿望。实现这个目标包括追求个人的快乐和满足，建立良好的人际关系，拥有积极的生活态度，同时也需要关注社会问题，参与公益事业，推动社会进步。在学习、工作和生活中让师生当下幸福，让师生的一生幸福，具体可以分为三个层面：为了学生一生的幸福、为了教师一生的幸福、为了家庭的永恒幸福。

何谓"为了学生一生的幸福"？首先，学校办学理念中的"一生的幸福"是指学校教育的终极目标。学校教育不仅仅是为了学生在学校的学习成绩，更为重要的是培养学生在今后的学习生活中面对各种各样的挑战时的能力。学校希望通过教育让学生拥有积极的人生态度，拥有良好的健康习惯，拥有适应未来社会发展的能力，以及拥有快乐和幸福的人生。其次，学校办学理念中的"为了一生的幸福"要求学生在学校的学习过程中培养全面的能力。白鹿小学重视培养学生的创新精神、实践能力、团队协作意识和社交技巧等。这些能力将成为学生未来发展道路上的重要支持，帮助他们更好地适应社会需求和自身的成长需求。通过多种教学手段和课外活动，学校为学生提供发展全面能力的机会和平台。例如，学校开展各类社团活动，培养学生的兴趣爱好和特长，培养他们的领导能力和组织能力。最后，学校办学理念中的"为了一生的幸福"强调了学校的社会责任。学校不仅仅是教育机构，还是社会的重要组成部分。白鹿小学通过教育引导学生树立正确的价值观和道德观，在学生中弘扬爱心、互帮互助的精神，培养同情心和关爱他人的能力。学校还定期组织学生参与公益活动，如社区服务、环境保护等，让学生亲身体验社会活动，并激发他们对公益事业的兴趣。

何谓"为了教师一生的幸福"？白鹿小学为在校教师提供良好的工作环境和条件，如宽敞明亮的办公室、舒适的教室和现代化的教学设备等；为教师提供晋升机会和具备竞争力的薪资待遇，让教师获得工作上的满足感和成就感；提供专业发展和培训机会，让教师能够不断地更新教育理念和知识，提高教学水平；鼓励和支持教师的创新精神，提供创新的教学方法和教材，让教师体验到教学工作中的成就感。建立教师之间良好的交流和协作机制，鼓励教师之间互相学习和分享经验，从而提高教师的工作满意度。强调人文关怀和心理健康，给予教师充分的教育心理支持和关怀，帮助教师保持积极、健康的状态。

何谓"为了家庭的永恒幸福"？它强调学校与家庭的合作。学生的幸福不仅仅取决于学校的教育，也与家庭的教育密切相关。白鹿小学与学生家庭形成良好的合作关系，共同关注学生的成长和发展。学校定期组织家长会，与家长沟通学生的学习情况和问题，共同制定解决方案。学校还开展家长培训，为家长提供有关教育的知识和技能，提高家长的教育水平。通过学校和家庭的合作，为学生提供更全面和贴心的教育服务，促进学生的成长和幸福。

二、"三风一训"及其解读

（一）学校校训：尚德启智

尚德启智，即崇尚美德，开启心智。崇尚美德与开启心智是相互联系、相互促进的。

对教师而言，学高为师，身正为范。在品行上为人师表，做道德的楷模；在业务上，走智慧之路，追求科学有效的教育教学。白鹿小学学校的校训"尚德启智"概括了学校培养教师的理念和目标，指出了教师应该具备的美德，指明了他们应该如何开启自己的心智，进一步提高自身教育水平。崇尚美德是指教师应该具备和发扬良好的品德和道德规范。教师是学生的楷模和榜样，他们的言行在很大程度上会影响学生的成长。因此，教师应该坚持道德底线、懂得廉洁自律、严守职业道德，诚实守信，与学生建立信任和亲近的关系。同时，教师还应该具备克己奉公的精神，无私奉献，积极参与学校和社区的公益活动，培养学生的社会责任感和公民意识。

开启心智意味着教师应该持续学习、不断更新他们的知识和教育观念。教师是教育的推动者，应该时刻关注教育领域的最新发展和研究成果。教师应该不断提高自己的学科知识水平，不断更新教育教学方法，灵活应对学生的需求和变化中的教育环境。同时，教师还应该注重自我反思和自我评估，不断审视自己的教学方式和效果，及时调整和改进自己的教育方法。学校为教师的培养提供了明确的指导和目标，鼓励教师努力发扬良好的品德和道德规范，以身作则，成为学生学习的榜样。同时，学校引导教师持续学习、不断提高自己的教学水平，灵活运用教育教学方法，培养学生的创造力和思维能力。通过崇尚美德和开启心智，教师能够更好地教育学生，为他们的全面成长和未来发展做出积极的贡献。

对学生而言，校训意味着合格的公民素养，高尚的道德品格，高雅的审美情趣，善学好问、自主创新的学习品质。

校训引导学生树立正确的人生观。校训的"崇尚美德"部分强调了学校在教育中注重培养学生正确的价值观和人生观。学校通过培养学生的美德追求和道德行为，引导学生成为有道德品质、社会责任感和公民意识的人，为社会发展做出积极贡献。

校训培养学生的学习能力。校训的"开启心智"部分强调了学校注重培养学生的学习能力和创新精神。学校通过提供宽广的知识渠道，培养学生独立思考和创新意识的能力，培养学生的学习兴趣和主动学习的能力，使他们具备长期学习和适应变化的能力。

校训培养学生的综合素质。校训的两个部分相互关联，共同目标是培养学生的综合素质。通过培养学生的美德追求，学校希望学生具备道德品质、道德感和责任心。通过开启学生的心智，学校希望学生具备创新精神、独立思考的能力和批判性思维。这些综合素质将有助于学生在社会中发挥作用、解决问题和面对挑战。

校训"崇尚美德，开启心智"体现了学校对学生全面发展的要求。学校希望通过培养学生的美德和道德品质，引导学生树立正确的人生观和价值观；同时，通过开启学生的心智，培养学生的学习能力和创新精神，使他们具备独立思考的能力和批判性思维，全面发展为有德、有智、有能力、有担当的人才。

（二）学校校风：和乐进取

学校校风"和乐进取"中的"和乐"指的是交流融通、和谐合作，让教育教学活动彰显生命的活力，追求幸福的生命过程；"进取"指的是，积极向上、敢于争先，追求事业的卓越。

和乐进取，即在和睦友爱的氛围下坚持积极向上的奋斗精神。它的内涵是多方面的。学校强调和谐友爱的关系。和谐友爱是人际关系的基石，也是构建良好校风的重要环节。学校倡导学生之间互相帮助、关心和理解，鼓励同学之间互相尊重、包容和团结。学生形成了一个大家庭，相互之间的交往和沟通都充满了和睦的氛围。这样的校风让学生感受到学校是一个温暖的家，使他们更加愿意和欢喜地去学习和生活。

和乐进取要求学生保持积极向上的奋斗态度。学校注重激发学生的自主学习能力和创造力，鼓励学生积极投入到各种学习和实践活动中去。学校还积极开展各种形式的竞赛和比赛，鼓励学生挑战自我、不怕失败、敢于追求卓越。这种进取的校风让学生懂得了努力和拼搏的重要，培养了他们的自信心和毅力，使他们能够勇敢面对困难和挫折。

和乐进取强调了精神文明和道德修养。张家港市白鹿小学不仅注重学生的智力培养，更注重他们的德育教育，让他们在和谐友爱的氛围中传承和发扬良好的道德传统，自觉践行社会主义核心价值观。同时学校注重培养学生的道德品质和良好的行为习惯，让他们懂得尊重师长、团结同学、感恩父母、遵纪守法、诚实守信等。这种强调精神文明和道德修养的校风让学生明白了正确的道德观念和价值取向，培养了他们的良好品德和行为习惯。

和乐进取倡导全面发展和多元化的教育。学校注重培养学生的全面素质和个性发展，为学生提供良好的学习、实践和发展平台。学校积极引进和开展各种兴趣班、社团活动和实践课程，满足学生多元化的发展需求。这种注重全面发展和多元化教育的校风让学生有机会发展自己的特长、提升综合能力，培养创新思维和团队合作意识。

"和乐进取"的校风设定，可以看出学校倡导和谐友爱的关系、积极向上的奋斗态度、倡导精神文明建设和道德修养培养及全面发展和多元化教育。这种校风促使学生在和谐友爱的氛围中快乐成长，培养了他们的自信心和积极向上的精神，形成了学习和进步的好习惯，为学校创建了良好的教育环境。

（三）学校教风：厚德、睿智、敏行

厚德，指道德高尚者能承担重大任务。《易经》有坤卦，其"大象"曰："地势坤，君子以厚德载物。"坚守师德操守，有事业心、责任感，爱心育人，乐于奉献。睿智，指善于学习，勤于思考，遵循教育教学规律，慧心育人，走智慧教学之路。敏行，指勉力修身，勇于创新，积极参与教育教学实践。《论语·里仁》云："君子欲讷于言而敏于行。"

教风是指一种教育的理念和方式，也是一种教育中的价值观。白鹿小学教风以厚德、睿智、敏行为核心，要求教师具备高尚的道德修养、持有理性的思维方式并能够积极行动。

厚德是指教师应该具备良好的道德品质和道德修养。白鹿小学教师在教育教学过程中，应秉持良好的道德操守，坚守教育的正道，严格遵守教师的职业道德规范。教师不仅在言辞和行动上具备高尚的道德情操，更在教育工作中发挥着榜样的作用，引领学生树立正确的道德观念和价值观。

睿智要求白鹿小学教师具备理性的思维方式和丰富的知识储备。作为知识传递的源泉和学习的引导者，学校教师应具备广博的学识和深厚的专业知识。只有具备睿智的头脑，才能够正确地判断和应对教育教学中的各种问题，帮助学生认识事物的本质和规律，培养学生的理性思维和创新能力。同时白鹿小学教师的睿智还表现在对学生的审慎和准确的评价上，能够准确地分析学生的优势和劣势，因材施教，给予学生正确的指导和鼓励，帮助学生实现自我发展和全面提升。

敏行所指的是教师应具备积极行动的能力和执行力，要有敏锐的观察力，能够及时发现学生的问题和需求，并采取相应的措施因材施教。同时教师要具备良好的沟通能力，能够与学生进行有效的交流和互动，还要有强烈的责任感和使命感，能够全身心地投入教育教学工作，关心学生的成长和发展，激发学生的学习热情和动力。

厚德、睿智、敏行的教风对于学校和学生的发展都具有积极的影响。教师以良好的道德修养为基础，以理性的思维方式和丰富的专业知识为支撑，为学校和学生的发展做出积极的贡献。只有以厚德、睿智、敏行为指引，教育才能更好地服务于社会发展和学生的全面成长。

（四）学校学风：勤学、善问、尚美

勤学，指专心好学；善问，指勤于思考，善于钻研，勇于质疑；尚美，指崇尚美好的事物和品格，有高雅的审美情趣和能力。

学风是指学习的风气和态度，是一种学习的文化和价值观念。张家港市白鹿小学的校风是勤学、善问、尚美，旨在让学生在一种良好的学风中，积极主动地学习；使教师热心地教学，促进整个学校的教育高质量发展。

勤学是学风的重要基础。勤奋是成功的基石，只有勤学才能够保证学习的效果和质量。勤学不仅仅是指在课堂上认真听讲，做好笔记，还包括自主学习的能力。一所学风好的学校，学生应该具备主动学习的意识，积极向教师请教问题，主动寻找学习资料，注重规律的学习生活，遵守学校的学习规定等。

善问是学风的组成环节。白鹿小学的学生应具备勇于提问的勇气，在遇到问题时及时向教师和同学请教。善问不仅可以帮助学生解决困惑，还能够培养学生批判思维和动手实践的能力。对于教师来说，他们应该鼓励学生提问，给予耐心的回答和指导，使学生敢于质疑和思考。

尚美也是学风的追求目标。尚美不仅仅是指学生外貌的美观，更多的是指内在的修养和思想境界。在一个学风好的学校，学生应注重仪表端正、言行大方，注重修养、尊重他人，有良好的礼仪和道德观念。同时，学生也应该具备艺术修养和文化素质，可以通过参与各种艺术、体育和文化活动来培养自己的审美能力。

张家港市白鹿小学以良好的学风提高学生的学习效果和质量，培养学生全面发展的能力。学生和教师都注重培养良好的学风，为学校的发展和自身的成长做出积极的贡献。

三、校歌、校徽及其解读

（一）学校校歌：《未来我担任》

张家港市白鹿小学的校歌《未来我担任》，2017年由任文浩作词，江建军作曲，歌词严谨华丽，文化底蕴浓厚。校歌表达了学校对学生全面发展的期望与承诺，强调了学校教育的价值观和目标。歌词阐释了白鹿小学提倡全面素质教育的理念，注重学生的学术和品德培养，同时也传达出学校对学生的期望及学校的未来发展目标。歌词内容如下：

  文章本天成，白鹿代有读书声。
  勤学习、善提问，践行美好立根本；
  百年计树人，白鹿学子聚莘莘，
  贤其贤、亲其亲，尚德启智润心身。
  持之以恒，学做真人，
  同学们，未来我担任。
  从善如流，永葆赤诚，
  天行健，未来为担任。

  "文章本天成，白鹿代有读书声"表达了在学校"文章"是传承与创新的源泉，它能够展现人的天赋和才华。"白鹿"代表了学校，而"读书声"则象征了学校中学子们勤奋学习的一面。这句话引出了下文关于学习、提问和品德的表述。

  "勤学习、善提问，践行美好立根本"是对学生及其学习态度的要求。"勤学习"表示学校鼓励学生努力学习，不断提升自己；而"善提问"则表明学校希望学生勇于探索、善于思考和解决问题。"践行美好"则强调学生要注重品德修养，以道德为根本，行小善、养大德。整体歌词表达了学校长远发展的理念和重点。其中"百年计树人，白鹿学子聚莘莘"表明了学校的发展目标是通过培养人才来造福社会。"白鹿学子聚莘莘"则展示了学校内学生数量众多，意味着学校受到了广泛的认可和支持。

  "贤其贤、亲其亲，尚德启智润心身"进一步阐述了学校愿意培养出德、智、体、美、劳全面发展的优秀学生，并强调了学校希望学生能够为家人、朋友和社会贡献智慧和力量。"持之以恒，学做真人，同学们，未来我担任。从善如流，永葆赤诚，天行健，未来为担任"表达了学校对学生的殷切期望和对未来的信心。"持之以恒"，是指学习的坚持和毅力；"学做真人"，是指学生全面发展，具备道德行为和高尚品质；"从善如流"，是指学生善于听取正确的意见，不断自我修正。

（二）学校校徽（图1-2）

图1-2　白鹿小学校徽

  白鹿小学校徽由两笔勾画而成。简单两笔绘成了一只飞奔的鹿及其倒影，同时融入了白鹿小学的拼音首字母"B",具有鲜明的白鹿小学特色。

整个校徽由绿色和橙色构成。绿色和橙色是非常鲜明和醒目的颜色,它们使校徽在视觉上更具有个性和辨识度。这样的颜色组合能够吸引人们的目光,并让他们更容易记住。同时色彩映射出学校的价值观:绿色代表着自然、健康、平衡和和谐;橙色则用以表达活力、创造力、热情和乐观。校徽这一配色代表学校重视自然环境和健康生活方式,并鼓励学生发挥活力、创造力并保持乐观的态度。

校徽图案既表达了学校对发展的渴望,也体现了学校对个体成长的关怀和呵护。

鹿是白鹿小学的代表形象,同时,它又是一种美丽、敏捷而神秘的动物,具有高贵优雅的形象。它被认为是祥瑞,象征着幸福、富饶和长寿。飞奔的鹿的形象意味着学校追求进步和发展的动力,象征着学校积极向前的精神,展示了学校奋勇向上的态度和决心。鹿的倒影则象征着学校对传统文化的尊重和继承,表示学校对过去的回顾和思考,对传统文化的独特理解和演绎,同时,也象征着对未来的展望和探索。学校希望能在传统的基础上开拓创新,为社会发展做出更大的贡献。

校徽中的鹿和倒影之间形成了一种互补和对比的关系。鹿的飞奔象征着学校积极向前的精神,而倒影则展示了学校对过去的思考和对未来的展望。这两者相辅相成,共同构建了学校的发展理念和教育目标。同时,飞奔的白鹿是学生追求知识和成长的象征,象征着学生积极向前的态度,不断超越自我的勇气。而倒影则是学生内心世界的反映,象征着学生对自身的思考和自我发现。

(三)学校吉祥物:小白鹿

张家港市白鹿小学起源于白鹿村中的白鹿传说。白鹿,为校址所在地的地名,一方水土养育一方人,白鹿可视为学校文化之根脉。

白,含纯正、纯美之意,象征教育指向纯正高尚之品德、纯美高雅之志趣,是校训"尚德"之源起。鹿,含聪慧、灵动之意,象征教育指向心智康健、活泼灵动,是校训"启智"之发端。白鹿,为儿童喜欢的聪灵活泼之动物。独具个性的卡通设计可凸显学校文化特色。在动物界中,鹿常常以群体形式出现,互相呼应,彼此保护,共同对抗外界的威胁。因此,白鹿也可以理解为儿童彼此之间的团结和支持。通过活动和合作,儿童相互帮助和成长,共同面对学习和生活中的挑战。

学校艺术团体名称为"九色鹿"。"九色"可以理解为多样性、丰富性和全面性。社团的名字中使用"九色",意味着社团将涵盖多个领域,拥有不同的活动内容,旨在给社团成员提供一个广阔和多样化的发展平台;尊重儿童的个性和兴趣,鼓励他们发展自己的独特的才能和爱好;通过提供多样化的活动和课程,帮助儿童发现自己的潜力,并培养他们的兴趣爱好。与鹿相结合,象征着社团通过丰富多彩的活动和主题,传达各种积极向上的情感和精神状态,同时也希望社团成员能够拥有丰富多样的人生体验和情感体验。

四、毕业生形象及解读

白鹿小学的毕业生形象鲜明,"纯洁灵动、勇敢睿智"是白鹿学子的整体特征。白鹿学子懂得尊重他人、尊重规则,勇于面对挑战和困难,富有智慧和创新能力。

在童化教育理念下,白鹿小学关注儿童的全面发展与成长,不仅仅强调知识的传授,更注重培养儿童综合素质和能力的全面发展,以儿童为中心,依据儿童的年龄特点、兴趣爱好和发展需求来设计和实施教育内容和教学活动,使儿童能够在积极的环境中不断充实自己、发挥潜能,实现自己的人生价值。保护儿童的童年,培养白鹿学子的艺术才能和创造力,关注白鹿学子的情感和心理健康,培养白鹿学子的社会责任感,让白鹿学子成为独立、有爱心、有社会责任感的人。

白鹿学子必须是一群"纯洁"的儿童。他们具有良好的道德品质,懂得尊重他人、助人为乐、积极向上,对于社会和自然环境保持着敏感的触觉。白鹿学子对世界和人生充满好奇和热爱,保持着一颗纯真的心态,追求正直、善良和诚实,以自己的榜样力量来影响和感召身边的人。这将成为白鹿学子继续发展、完善自身的品质和能力的基础。

白鹿学子是一群"灵动"的儿童。灵动,指的是活泼,有灵气。传说60年才能出现一次"白色"的鹿,白鹿的出现,是祥瑞的征兆,是吉祥如意的象征,能给众人带来好的运气。在白鹿小学的培养目标中,"灵动"除了包含"白鹿"意象的活泼、有灵气,还特指积极向上的精神风貌,乐于互助的团队素养,健康勇毅的体格特征等。

白鹿学子必须是一群"勇敢"的儿童。他们面临学习上的挑战、面对困难,克服困难,不怕犯错,积极尝试新的知识和技能,勇于思考和尝试新的方法解决问题,勇于表达自己的创意和独特的观点。他们相信自己的能力和价值,勇敢地展示自己的才能和特长,对自己的想法和选择有信心。面对挫折和困难时,他们勇敢地坚持下去,不放弃努力,相信自己能够战胜困难,面对困难和挑战时不退缩,对于改变和进步有着积极的态度,敢于挑战自己的极限。无论是在学业上还是在人际交往中,他们都能勇敢地表达自己的观点,并且勇于承担责任和接受惩罚。他们不畏惧失败和挫折,因为他们明白失败也是成功的一部分,他们会从失败中吸取教训,追求更好的自己。

白鹿学子必须是一群"睿智"的儿童。小学生在六年的学习涯中,习得并掌握了一些基本的科学、数学、语言和社会知识,具备一定的学习能力和基本的学科知识,同时也在小学学习过程中形成了良好的学习习惯和学习方法。他们具备良好的学习方法和习惯,学会合理规划学习时间,有计划地完成作业和复习任务,善于总结和归纳知识,形成了一定的自主学习和解决问题的能力,并养成良好的学习习惯。白鹿学子具备批判性思维和创新能力,有一定的分析问题的能力,会主动质疑和思考,善于提出问题、分析原因、寻找解决办法和评估结果,同时具有一定的创新能力,会发散思维，勇于尝试新的想法和方法，并能在解决问题中发挥自己的创造力。白鹿学子能较好地掌握自然科学、人文科学和社会科学知识，能够以智慧的眼光去审视世界和人生。

纯洁灵动、勇敢睿智是张家港市白鹿小学毕业生的形象标签。白鹿学子以纯净的心灵和高尚的品质来影响和感染身边的人，勇敢地面对挑战、勇于尝试、相信自己，坚持追求自己的梦想，用自己的智慧去审视世界和人生。

五、学校楼名及其解读

（一）学校教学楼：知远楼、知风楼、知微楼

学校教学楼的楼名简洁明了，富有艺术感和文化内涵，体现学校对语言艺术和文学素养的重视。

楼名传达了一种温暖而和谐的氛围，同时也表明学校对教学有一定的规划和体系。三幢教学楼的楼名出自《论语·里仁》："君子之道，淡而不厌，简而文，温而理，知远之近，知风之自，知微之显"。君子之道，平淡却富有意味，简略而具备文采，温和而自成条理，由近知远，由风知源，由微知显。楼名提醒学生要有全局观念，从细微之处看问题，从中寻找问题的根源，以达到思考问题的深度和广度。

张家港市白鹿小学教学楼的楼名激励学生培养君子之道，追求平淡生活背后的深层意义，同时发展他们的艺术素养和思考能力；希望学生具备全局思维，从微观事物中寻找线索和源头；表达了白鹿小学教育的核心理念，即培养学生成为君子，具备高尚的品德和修养；平淡却富有意味，传达学校对学生学习的期望，希望他们在平凡的日常生活中能够发现并体会到深层次的意义。

（二）科学实验楼：格物楼

"格物"二字出自《大学》"八条目"：格物、致知、诚意、正心、修身、齐家、治国、平天下。其中的"格物"指的是通过质疑和分析事物，去探究事物真正的规律和本质。

要求学问必先踵常理而行，保持理智，不能盲从。格物是对知识的探究和提炼，必须先有常理为基础才能发现万物本质和规律。格物楼的命名，以思考、教育、创新为理念，在这样一个科学实验楼中，师生可以放飞思维、畅想未来、追求真理、获得知识，培养应用能力，为社会发展做出贡献。

（三）体艺中心：行健楼

行健楼的楼名有三层寓意。

一是弘扬健康精神。体艺中心是学生进行体育锻炼和培养体育兴趣的场所，也是艺术表演和文艺活动的场地。体育活动对于学生的身体健康和心理健康有着积极的影响，以"行健"来命名体育艺术馆，希望学生能够通过体育和艺术的锻炼和发展，培

养全面发展的能力。

二是倡导积极向上。以"行健"鼓励学生通过体育和艺术的活动来锻炼身体、丰富精神世界，培养积极向上的心态和生活态度。通过提供丰富的体育和艺术活动培养他们的体育和艺术能力，让学生享受他们的童年。

三是强调勤奋努力。"行健"也可以理解为身体健康、精力充沛。在名字中强调了健康，象征学生勤奋学习、努力奋斗，以保持健康的状态，为未来的发展做好准备。以"行健楼"命名体艺中心，既凸显了体育与艺术的重要性，同时也传达了学校对学生健康、积极向上、勤奋努力的期望和鼓励。

（四）学校食堂：五丰楼

五丰楼中的"五丰"代表着五谷丰登，也可以理解为食物的丰富。这表明学校食堂提供了多样化的、丰富的食物，能够满足学生的口味需求和营养需求。学校食堂是学生日常生活中的一部分，提供经济实惠的饮食选择可以帮助学生享受丰盛的饮食，提高他们的生活水平和幸福感。"五丰楼"作为学校食堂的名字，传达了提供丰富多样、健康营养的饮食选择，以及帮助学生享受经济、实惠、丰盛的饮食的寓意，同时也强调了健康饮食和维持身体健康的重要性。

一个富有激励意义的楼名可以激励师生积极向上，树立远大目标，追求卓越。学校楼名与学校童化教育的办学理念、教育目标相契合，给师生带来正能量和鼓舞，是校园文化的一部分，传达出了学校的价值观，培养学生的文化素养和社会责任感。

张家港市白鹿小学让童化教育理念深入师生的心灵，指导教师的教育教学工作和生活，也通过各种方式保留儿童的纯真、天真和孩子气。

第二章 童化教育的图像表达

教育的图像是指教育所传递的理念、价值观和目标的视觉表达形式。它可以是具象的或抽象的，也可以是文字、图片、符号、图表等形式。教育的图像通过视觉元素的组织和传达，帮助人们理解教育的含义和目的，激发他们对学习和知识的兴趣和热情。教育的图像可以体现教育的个性与风格，也可以呈现教育的进步与变革，是教育传播和交流的重要手段之一，能够有效地引导、激发和影响受教育者的思考和行为。

童化教育的图像表达是指围绕"为了一生的幸福"的办学理念，以儿童立场为核心，从学校环境、课程构建、课堂教学、教师、学生、家庭教育等维度进行校本个性化图像表达，彰显学校教育个性与风格，呈现学校教育的进步与变革，引导和影响学生、教师、家长发生积极变化，成为各自生长的思考者与践行者，实现学校教育、家庭教育乃至社会教育的和谐发展，最终实现立德树人根本任务。

第一节 童化教育的环境图像表达

环境是一种教育力量。有教育家曾提出：要让学校的每一面墙都说话。学校的每堵墙壁、每块绿地、每个角落都成为会"说话"的教师，使学生随时随地受到感染与熏陶。当校园环境形成一种精神氛围，那么一草一木、一山一石等都会成为学生无声的好伙伴，都会无声地浸润学生的心灵，弥补人为教育的不足，达到"润物细无声"的效果，赋予学生积极上进的力量，激发他们开拓进取的精神。

白鹿，是校址所在地的地名，缘于吴王畋猎，偶遇白鹿的传说。张家港市白鹿小学赋予了这一物象以文化意涵，作为纯洁灵动、勇敢睿智的白鹿学子的精神特质。学校以"尚德启智"为校训，以"为了每一个儿童"为办学理念，让每一处都是看得见、摸得着的育人元素，都是用得着、易施行的显性课程，都是教育的资源。（图2-1）

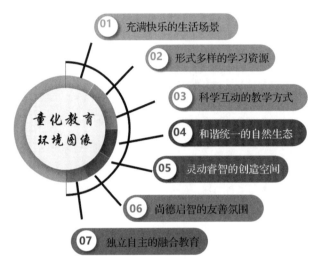

图2-1　童化教育环境图像结构

一、充满快乐的生活场景

学校景观建设是文化建设的载体，是环境育人的重要组成部分。为了让校园的每一个角落都能遇见美丽，让每一个角落都成为教育的资源，让学校成为儿童的乐园、精神的家园，张家港市白鹿小学用心雕琢着每一个儿童触及的空间。四季变化的中央大道，师生共创的文化廊墙、精心设计的假山叠瀑、人人可以参与的梦想小舞台……"动静相宜、书香浓郁、生趣盎然"的校园风格渐渐凸显。草坪里的动物、家禽摆件，哗哗的流水声，充满童趣的地贴图案……其中还隐藏着丰富的童话韵味：两只躲在石凳上的铁蜗牛，草坪上一只鸭妈妈带着三只小鸭，几只蚂蚁奋力地抬着托盘，灵动的小白鹿和鹿妈妈在轻声细语着什么……这些给儿童带来了无限的想象力与探索欲。

学校的景观设计以儿童需要为出发点，以体现学校个性文化为着力点，展示白鹿之美。学校做好了校门入口景观、主题庭院景观、校园绿化景观三大工程，对原有"心灵驿站"咨询室、童心剧场、美术专用教室、音乐综合教室、课程专家工作室进行了改造与完善；未来教室工程项目已完成了设计、配置方案。学校还丰厚了校园环境内涵，创设、挖掘小白鹿农庄文化——这里是四季有绿、四季有花、四季有果的小农庄，是青树翠蔓、游鱼细石、瓜果飘香、秋千摇曳的田园课堂。此外，学校精心布置温馨的厕所文化，营造健康成长的食堂文化，进一步完善廊道文化，倡导共建"和乐进取"的办公室、社团文化等。学校用"儿童的情怀、生命的良知、教育的智慧"

做亮美丽校园工程，让学生在美丽校园内自然、自由、自在地成长。学生在温馨愉快的环境中学习和玩耍，笑容灿烂，涵养出童真的快乐与幸福。（图2-2）

图 2-2　童话校园环境

二、形式多样的学习资源

学习不仅仅局限于固定的教室，还应基于学生个性化的学习需求，因地制宜地选择、整合和开发资源，为学生提供丰富且高质量的学习资源。

学校拥有独立图书馆，占地面积较大，配有明亮宽敞的阅览区和图书展示区。馆内配备了舒适的座位、桌椅和阅读灯，为师生提供了舒适的阅读环境。图书馆拥有丰富的图书资源，涵盖了各个年龄段和各个学科。馆内有大量的儿童图书、青少年图书、文学作品、科普书籍等，读者可以根据自己的兴趣和需求选择适合的图书阅读。图书馆门前就是白鹿亮眼的童话义集区域，这里每年都会主办小白鹿童话义集活动，既是学校的诚信特色活动，也是童化特色活动之一，义集上所有物品都是学生自主捐赠，义卖所得的爱心基金除了用于资助白鹿联盟各学校的贫困学生，还用来支持联盟学校购买童化书籍、开展童化系列活动。

学校配备了充足的音乐专用教室，满足小学音乐与唱游课程教学要求，配备了满足学生聆听、欣赏、演奏、创作、排练所需的乐器、教具等课程资源，培养学生欣赏音乐、感受音乐和表现音乐的能力。学校还打造了具有智能化、安全性、人性化、开放性、审美性等特征的多间科学教室，配备了地震模拟演示仪、机械传动装置、温差发电机、水轮机、竞速轨道等科学探索装备，同时还匹配主流版本教材，配备了智能实验桌等。这些既着眼现阶段学校科学教育的基础需求，又在此基础上回应创新型科学教育的需求，从实验器材到课程配套，全方位满足学校关于科学教育的提升需求。

学校还拥有强大的室内外体育场地和设施，如风雨操场、350米8跑道的大操场、篮球场地四片、排球场三片、足球场一片、铅球投掷区和三级跳远区各一个、室外体操区及乒乓球区若干，还有室内篮球场馆。此外，还有美术专用教室、绘画工作室等丰富多彩的学习场所，充分满足不同领域不同学科的学习、活动的资源需求。

三、科学互动的教学方式

张家港市白鹿小学积极探索童趣课堂的教学变革，形成了"以趣促学，发现儿童；以学定教，成就儿童"的课堂教学理念。通过童趣课堂教学变革的实践，引领儿童体验学习的真趣味，提升课堂教学质量。在教与学的深度滋养下，教师更加富有童心，儿童更加释放童真，家长形成共育合力，更加富有儿童趣味、教育滋味。

课程目标的落地，学科素养的培养，关键能力与必备品格的形成，主要途径是课堂教学。学校聚焦课堂教学变革主阵地，把课堂教学改革作为推动学校持续发展的动能，把课堂教学变革实践作为师生发展的域场。从"童玩"到"慧玩"，再到童化课程的构建，学校始终站在儿童立场，遵循儿童规律和教育规律，着力发展儿童核心素养，赋予学校教育更生态、更本色的价值追寻，改变教与学的方式，让儿童的校园生活有意思、有意义。课堂实践变革是一个开放且有层次的体系，学校每学期都会组织"白鹿杯"系列活动——青年教师微课评比、优课选拔赛、校级骨干课堂教学评比活动，多样的研讨氛围，激励全体教师积极参与教学改革。教师在教学实践中，得以根据学科特点和学习内容不断调整和完善，从改进学习目标、实现路径（尤其是课堂流程）和关键问题入手，随时反思自己的教学行为，从而在课堂实践中实现对自我的超越。

四、和谐统一的自然生态

大自然也是丰富的课程资源，在大自然中，学生可以感受阴晴圆缺、日出日落、春夏秋冬。在大自然中，学生可以听风看雨，观云赏星，听海爬山。在大自然中，学生可以听虫鸣、观植物、察动物……大自然是一本奥妙无穷的教科书。

亲近自然，赏春踏青。每年四五月份，学校都会举行"小白鹿文明港城行"活动，这既是一场与自然亲密接触的体验之旅，也是一次涵养身心的精神之旅。如"红领巾长征行"活动，六年级学生从学校到暨阳湖，模拟红军长征路线，来回徒步十千米左右。学生在红旗的引领下昂扬行进、锻炼身体、磨炼意志、缅怀先烈，弘扬长征精神文化。尽管路程并不远，但对于当下的学生而言，这样的行走，是一场精神的洗礼。

欲治其性，先修其身。每年全体五年级学生都会走进张家港市青少年实践基地，开展为期三天的研学活动。（图2-3）身体素质向来是学生茁壮成长的基础，研学之路上也不乏一些身体素质拓展与挑战。渡网桥、走钢索、踩木桩……学生前进道路上的所有困难都在自身不懈的努力与充分的合作当中一一化解。

图 2-3　学生参加张家港市青少年实践基地活动

在这里，流下的是汗水，收获的却是信心与毅力。工坊内、田野间，出现了学生勤劳的身影。拉起木锯、扛起农具，他们俨然化身为一个个"小工匠""小农夫"。劳作的过程中，学生学习了农业与手工业的相关知识，感受这些新鲜知识带来的乐趣，更知广大劳动者的艰辛与不易。一碗美味的馄饨，一杯浓醇的豆浆，到底是如何诞生的呢？学生在教师的指导下，分工明确，有条不紊，参与了美食制作的全过程。学生个个热情高涨、齐心协力，忙得不亦乐乎，既感受着团队合作的力量，也体会到了手工馄饨那鲜美的味道与手磨豆浆那香甜的口味。通过精彩丰富、妙趣横生的研学，学生拓宽了自身的眼界，磨炼了自己的心性与能力。

五、灵动睿智的创造空间

学习需要空间与情境。学校努力为儿童打造舒适的学习、生活空间，为他们提供适切的学科情境，在具有感染力的空间里，让儿童调动已有知识、技能与经验，表达自己的理解、想象与创新，围绕"人文底蕴、科学精神、学会学习、健康生活、责任担当、实践创新"六大素养，培养"纯洁灵动、勇敢睿智"的白鹿学子。

以童化课程为抓手、落实"五园"的物型课程建设，促进创新思维的培养，培养儿童的创意和创新能力，带动儿童积极发展。

文学院中有着声、屏展示平台（展播电台录音、童话剧等），童话剧小舞台，展示图书、光盘等学生作品的展柜，童书阅读图书阵地，校园文学小院士展示角。文学院以童话活动为抓手，通过读、写、演、辩、讲等途径，培养学生的文学素养，激发

学生的文学创作热情，培养学生的创造性思维与综合素质，为学生的终身发展打下良好的基础。（图2-4）

图2-4 文学院场景

农学院以"奇遇园"为基地，通过对动植物等进行项目化实践研究，培养学生的科学精神与综合灵活运用已有知识、技能、经验的能力，提高学生的创造能力。以创育劳，从小引导学生参与劳动，懂得科学养殖种植，并能利用现代技术手段提高管理水平；培养学生遵循自然规律，观察、分析、综合判断动植物的劳动素养。（图2-5）

图2-5 农学院场景

榜样园是以榜样为主题，建有榜样展示廊（民族英雄、劳动模范、学校师生和家长榜样、张家港榜样的事迹）、学校重大荣誉、重大活动展示墙，以榜样培养"责任担当"意识，用民族英雄、劳动模范、学校师生和家长榜样、张家港榜样等事迹材料为师生树立榜样，激发师生不断革新自己，确立正确的世界观、人生观、价值观。

艺术园拥有升级版梦想小剧场、创意艺术展示墙、创意艺术展示柜等，为具有艺术才能的学生提供表演、展示平台，通过举行个人展演、主题艺术展览等方式，培养

学生的艺术创新能力，陶冶学生的审美情趣，提高学生创造美的能力。（图2-6）

图2-6　艺术园场景

体育园里有着校队体育小明星展示墙（人物简介，奖项）、奥运项目介绍、学校体育特色项目介绍、创意体育（体育节）视频展示、重要赛事奖杯和奖牌陈列柜，为具有体育才能的学生提供展示的平台，通过学校体育特色、传统项目的展示，小小体育明星的展示，学校创意体育的环境布置等措施，浓郁校园体育氛围，促进学生身心健康发展，为他们的终身发展打好身体素质的基础。（图2-7）

图2-7　体育园场景

每个独特的园子都是学科课程实践的地方，都将成为学生美好童年的回忆，从而成就他们幸福的童年！

六、尚德启智的友善氛围

（一）尚德启智，奠基根本

张家港市白鹿小学秉持"为了一生的幸福"的办学理念，遵守教育规律，坚守儿童立场，持续推进课程改革，丰富文化内涵，营造儿童幸福成长、教师和谐发展的学校教育生态。建设童化物态环境、优化童趣课堂教学、丰富校本社团课程、创新童玩主题活动，通过建构童化课程实施体系，更新教育理念，改进教学方式，满足儿童多元多样、高效高质的学习需求，助推学生全面发展和教师专业成长。文化是学校独具的灵魂气质，是一所学校的隐性教育资源。学校紧扣"基于儿童，发展儿童，成就儿童"的童化育人理念，架构童话校园、童趣课堂、童玩视界文化体系。通过环境文化滋养人、课程文化教化人、精神文化引领人，形成内隐与外化交融的校园文化特质，促进学校全面发展、自主发展、特色发展。

（二）营建童话校园，根植童话基因

在物化环境建设中突出童话主题，营造童话氛围。学校从环境育人的立场出发，把每一处童话景观打造成为教育的资源，让校园成为流动的教科书。一个温馨美丽而富有意蕴的校园，就是一张孕育和诞生美好梦想和未来的温床。百亩校园，处处是童话，处处有奇遇，童话像榕树的根一样渗透在学生每一天的校园生活中。儿童生活的时空，总伴随着与童话的遇见和对话。

（三）深耕课程文化，锤炼童趣课堂

学校积极探索国家课程校本化、校本课程特色化、特需课程个性化、童玩课程主题化的实施策略，围绕立德树人根本任务，深化课堂教学改革，探索实践校本化教学范式，完善教学评价体系，提升教学质量。

（四）培育制度文化，强化精神铸魂

学校以"让每一个师生幸福生活、和谐发展"作为价值追求，不断完善管理机制、培育精神文化。学校以制度文化引领行动文化，以先进榜样辐射全员发展，以多元评价传导正向激励，以优秀文化丰厚学校内涵，发挥文化凝心聚力价值，营造优质发展的和谐人文环境。学校的氛围融洽友善，展示着学生之间和学生与教师之间的尊重、关爱和合作。

七、独立自主的融合教育

为贯彻落实党中央"全面推进融合教育"，努力实现让每个儿童都能享有公平优质教育的目标，学校立足于本校实际，着眼儿童发展，积极申报融合教育发展项目。学校申报融合教育发展项目，并不是针对一个或者少数儿童，而是面向每一个儿童，让每一个儿童最终享有公平且有质量的教育。学校融合教育资源应充分发挥示范引领作用，进一步提升学校教师的专业能力水平，共同服务特需儿童；应遵循儿童发展规律，丰富融合教育内涵，服务好每一个发展着的儿童。

坚守"为每一个儿童设计课程"理念，以国家课程为主，构建了丰富多彩的课程资源，形成了具有校本特色的课程资源群。利用丰富的课程资源教育儿童已经成为学校办学的核心要素。结合特需儿童的需要，学校扩充、统合教育资源，提供整合教育人力资源，编制适合个体的融合教育课程，促进每一个儿童的积极成长，为未来幸福奠基。

总之，童化教育的环境图像应该呈现出充满快乐、互动、创造力和和谐的氛围，促使儿童在充满乐趣的学习环境中全面发展。

第二节 童化教育的课程图像表达

实践证明，教育目标的达成，是通过课程来实现的。培养什么人、怎样培养人、为谁培养人，这是学校课程目标首要关注的问题。也就是说，课程要充分体现教育功能以达成育人目标，课程目标的确立需要关注儿童的成长与发展。课程目标是目的与手段的统一，它不应该是事先设计好的，而应该具有一定的弹性和开放性；也并不是一成不变的，而是要根据历史、现实及学校文化等来变迁的。

学校课程目标需要回顾历史、审视现实、前瞻未来，遵循"六性"，即价值导向性、科学性、文化属己性、实践操作性、悦纳性、社会认同性，课程目标应成为学校文化的图像再造。学校课程的培养目标坚决贯彻落实《义务教育课程方案（2022年版）》中的培养目标：要在坚定理想信念、厚植爱国主义情怀、加强品德修养、增长知识见识、培养奋斗精神、增强综合素质上下功夫，使学生有理想、有本领、有担当，培养德、智、体、美、劳全面发展的社会主义建设者和接班人。[1] 张家港市白鹿小学以吴王畋猎遇见白鹿的童话色彩为底色，以童文化为核心，构建童化课程，以纯洁灵动、勇敢睿智为学校的毕业生形象标签，在文化属性上做研究，挖掘学校文化资源背景，采用个性语言表达，运用独特图像再造，执着坚定地走有特色的道路，形成既符合新课程育人目标要求，又形成别人"拿不走"的学校课程体系。

一、研读白鹿小学办学历程，坚守学校儿童中心立场

张家港市白鹿小学创建于2007年，一贯秉持"为了一生的幸福"办学理念，致力"让每一个儿童感受到课程的关怀"的实践探索，深化教学改革，以课程（项目）研究实践推动学校内涵发展和教育教学质量提升。办学以来，学校历经"童玩"课程、"慧玩"课程、"童创"课程研究的深推和迭代，不断探索童化教育的课程内涵，积淀童化教育的产出成果。

学校坚持以国家课程为主干，跨越学科、时空、角色、技术等的壁垒，探索教学改革，研究出了理解为先、内容融通、活动统整、物型重构、角色体验、生活联通等

---

[1] 中华人民共和国教育部. 义务教育课程方案（2022年版）[M]. 北京：北京师范大学出版社，2022.

实施策略，组建了10个"学科+"教学研讨载体，研发了60余组主题校本学习课程群，创设了"五园"活动平台和多重展示平台，建立了关注兴趣值、方法值、意义值的"童"字评价体系。具体大致从以下三步实施。

（一）聚焦兴趣培养，"童玩"课程改革阶段（2007—2017年）

"童玩"课程致力促进学习样态的转变，是国家课程校本化、校本课程特色化的实践，课程设计以开放性、游戏性、多样性、选择性为基本元素，淡化技能训练，注重情感体验，呵护兴趣培养，不断树立自信，在"童玩"中学会学习、享受学习，重点突出四种能力（生存能力、学习能力、实践能力和创新能力）、四种素养（文化素养、公民素养、科学素养和审美素养）的培养。

（二）聚焦思维提升，"慧玩"课程教学改革阶段（2017—2019年）

"慧玩"课程是基于核心素养理念，结合国家立德树人根本任务，探索以学生为中心，以实践为舞台，以共同学习、开放创新为特点的学校教学新样态的课程实践研究。"慧玩"课程以"会玩激趣、汇玩分享、慧玩启智"为主要实施路径，开释儿童的自然潜能，融通儿童与自我、儿童与自然、儿童与社会关系所建构的学校整体课程。

（三）聚焦课堂变革，童化教育整体推进阶段（2019年至今）

基于学校以学生为中心的立场，在"玩""创"课程开发的基础上，童化教育继续传承学校办学理念，以立德树人为根本任务，以"为党育人，为国育人"为根本目标，以创设新型学习环境为特征，以改进课程内容实施方式为重点，以变革课堂教与学的方式为核心，以增强实践认知和学习能力为主线，以提高综合创新能力为目的，促进学生在自主、合作、探究中提高学习效能，发掘潜能特长。

纵观学校发展历史，始终以"儿童"为中心，积极探索学校课程的构建，深化课堂教育教学的变革，努力为每一位学生的积极而有意义的生长而不断探索，走出了一条在实践中传承历史，又敢于超越历史的道路，给学校的发展提供了源源不断的力量。

二、叩问文化传承性与可行性，坚定童化教育课程理念

学校坚持以课程建设为抓手，与时俱进地引领学生学会学习。"童玩"课程侧重培养儿童"愿学"，"慧玩"课程侧重培养儿童"会学"，"童创"课程侧重培养儿童"真学"。在新时代，学校教育应回应时代教育发展的命题，引导学生走向"享学"，必须从课程学习走向课程教育，用校本化的教育内容与方式培养出适应时代发展要求的未来儿童，促进每一个儿童过一种积极而有意义的教育生活，由以儿童为中心的课程教学走向以儿童未来幸福生活为目的的童化教育。这是培养未来完整社会人的一次有意义的探索，既有厚实的办学历史经验，也充满无限的想象力与可能性，值得为之努力。基于此，学校设立了以下目标。

（一）童化教育要探索实践出校本化的课程体系——童化课程

从国家课程和校本课程两个维度，构建适合儿童成长需要的丰富课程资源，解决课程资源与学生发展需求不匹配的问题。

（二）童化教育要探索实践出校本化的课堂样态——童化课堂

充分利用国家课程，立足常态课堂教学，把课堂变成有效率地学习的"学堂"，解决常态课堂教学效率不高的问题。

（三）童化教育要探索实践出校本化的特色活动——童化活动

划分儿童成长中不同年龄阶段，设计能够促进儿童生命健康生长的系列活动，解决活动育人针对性与有效性不强的问题。

（四）童化教育要探索实践出校本化的评价体系——童化生命

形成儿童能够参与、多元对象能使用的，以滋养生命生长为目的评价内容、方式、维度，解决评价内容、方式与生命健康生长不适切的问题。

三、持续探寻童化教育内涵，立足校本，勤于实践研究

（一）在实践思考中探寻童化教育内涵

首先，学校从国内先验中探寻。

您若变成小孩子，便有惊人的奇迹出现：师生立刻成为朋友，学校立刻成为乐园；您立刻觉得是和小孩子一般儿大，一块儿玩，一处儿做工，谁也不觉得您是先生，您变成为了真正的先生。①

陶行知的这段话要求教育者要站在儿童的角度，用儿童化的方式开展教与学的重要性。白鹿小学上下达成了这样的共识：

您若变成儿童，便有惊人的奇迹出现：师生立刻成为朋友，课堂立刻成为乐园；您立刻觉得和儿童一般儿大，一块学，一块思，一块交流，一块做中学、用中学、创中学，谁也不觉得您是老师，您便成了真正的教师。

因此，白鹿小学上下一致认为，要把学校办成真正意义上的儿童化学校，必须让教师首先成为儿童，儿童则要成为真实的儿童。

陶行知又说："我们应该跟我们的学生学习，不拜儿童做先生，就做不好先生……"②这句话要求教育者首先要成为儿童，向儿童学做儿童，这是培养好儿童的前提。陶行知还说过"幼稚园教师便须明白他们的使命：不是随随便便的放任，乃是

---

① 陶行知，朱永新．陶行知教育箴言［M］．福州：福建教育出版社，2014：270．
② 陶行知，朱永新．陶行知教育箴言［M］．福州：福建教育出版社，2014：42．

要运用好孩子化坏孩子，运用坏孩子的好处化好孩子的坏处"①。从中可以得出：做教育就要利用身边一切可用的资源去化孩子，当下与未来就要利用一切可利用的课程资源去化育好儿童。

其次，学校从真实儿童中探寻。

教育的对象是儿童。儿童到底是如何想的？他们的心目中对老师的渴望又是怎样的？学校经常通过问卷来了解儿童的真实想法。在数以千计的问卷中发现了一个共同的地方——"我喜欢懂我们的老师，能够和蔼可亲地与我们交朋友，能懂得我们的快乐和烦恼……"从这些问卷可以得出：在教育过程中，教育者必须蹲下身子，平视儿童，从儿童的眼光看世界，用儿童化的方式开展教与学。

最后，学校从国外教育思想中探寻。

苏霍姆林斯基、杜威、皮亚杰等教育家的著作告诉教育者，要教育好儿童先要了解儿童，从儿童成长的需要去组织教育生活；要用儿童的思维去观察了解世界，用适切的方式方法开展教育教学工作；要善于与儿童一起学习、生活，用科学的方式激发每一个儿童成长的潜力，让每一个儿童自由主动全面地发展。

经过不断探寻与思考，白鹿小学决心要追求一种为儿童一生幸福奠基的教育样态。这种样态应该是教师与学生的自然融合，学生与学生的友善相处，学生对学生生活的一种依恋。这种样态应该是师生的一种积极阳光向上的心态，对学习与生活充满无限想象的状态；这种样态应该是一种为未来民族复兴敢于奋斗、善于担当的状态；这种样态应该是儿童自我化育的状态，能够成为终身学习者的"染色体"。童化理念自然而然被白鹿小学创造、发现，并继续探索，以求实现对教育的美好追求。

童化，既是教育理念，又是教育目的；既指用儿童化的方式开展教与学，又指利用丰富的课程资源化育儿童。童化课程，以儿童为中心，以适合每一个儿童成长的需要为目的，构建适合的课程资源，它是用学科文化、中华民族的优秀传统文化、丰富而有意义的童年生活、具有挑战意义的实践活动化育儿童的校本化课程。童化教育要利用好一切有助于儿童积极生长的课程资源，用儿童化方式开展的一切教育教学活动，培养德、智、体、美、劳全面发展的社会主义建设者和接班人。

（二）在实践行动中形成童化教育样态

1. 构建童化教育多维的内容体系

在实践过程中，白鹿小学逐渐形成了基于儿童成长需要、促进儿童积极变化的童化课程；基于指向理解，聚焦儿童核心素养培养的童化课堂；基于儿童身心特点规律和发展需要，体现成长节律的童化生活的童化教育内容体系。（图2-8）

---

① 陶行知，朱永新. 陶行知教育箴言［M］. 福州：福建教育出版社，2014：275.

图 2-8 童化教育内容体系

2. 厘清童化教育的课程逻辑

根据"为了每一个儿童"的课程理念和"为了一生的幸福"的办学理念,白鹿小学把总课程体系设计为童化课程;通过对童化课程的实施,培养纯洁灵动、勇敢睿智的"小白鹿"。(图 2-9)

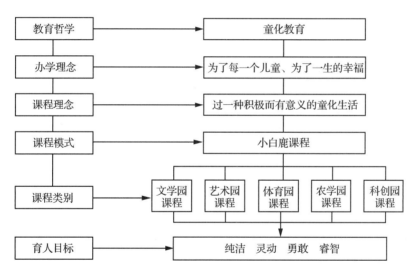

图 2-9 童化教育课程逻辑

3. 完善童化教育的课程结构

在实践中,白鹿小学围绕国家课程、地方课程、校本课程科学完善童化教育课程结构(图 2-10),用丰富的课程资源化育每一个儿童,全面落实立德树人根本任务,培养德、智、体、美、劳全面发展的未来儿童。

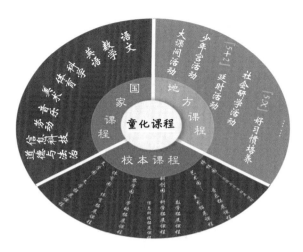

图 2-10 童化教育课程结构

4. 构建童化教育课程体系

童化教育基于儿童立场，遵循儿童年龄特征、心理发展规律，运用儿童方式表达，理解儿童，在实践过程中探索出课程实施的科学方式；精准细化育人目标，统整融合关联要素，构建序列课程群，优化课堂教学方式，创建呵护兴趣、培养乐趣、激励志趣的儿童内生机制，激发师生内在潜质，促进积极变化，实现全员、全程、全方位育人。形成了"一体二翼三维度五领域"的童化课程体系，为化育好每个儿童提供丰富的课程内容。（图 2-11）

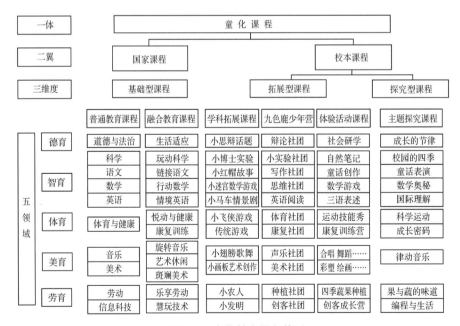

图 2-11 童化教育课程体系

5. 童化教育个性化的行走样态

(1) 教师的行走样态

学校主张"团队"一起向前走,分别组建了10个学科共同体,分别是语文、数学、英语、科学、体育、音乐、美术、信息技术、德育、儿童哲学,共同体采用"1＋N＋X"组建模式,引领学科团体成员共同发展。"1"代表一个核心人物(一般是苏州市级以上学科带头人),"N"表示若干个骨干成员(一般指张家港市学科带头人),"X"表示学科全体教师。采用"1＋2＋3"的活动方式,推进共同体的行走步伐。"1"代表一个学年围绕一个主题开展学科教学改革研究,"2"代表一学年召开2次学科组的分享交流,"3"表示学科组一学年不少于3次校级以上教学研究活动。采用年度"学科主题研究"经验汇报的方式开展优秀共同体的校级评比,激发各学科的思考力、实践力、科研力。开辟"阅读分享"微信栏目,引导全体学科教师勤阅读、勤思考、勤实践、勤变革,不断提升自身的综合素养。

(2) 学生的行走样态

学校坚持每一位学生全面完整发展的主张。为此,学校认真做好体育课程的实施,坚持引导学生每天锻炼一小时,常年开展篮球、足球、田径、自行车、棋类等体育项目的教育教学工作,让每一位学生学会至少两项体育运动技能。每天认真组织大课间活动,引导学生积极开展家庭体育锻炼,增强学生体质。认真做好艺术课程的实施,在上好每一节美术、音乐课的基础上,常年开设室内乐、舞蹈、课本剧、国画、彩塑等社团活动,每学年开展好文化艺术节,全方位培养学生的艺术素养。认真做好劳动课程的实施,把培养劳动精神、劳动技能融入校园一日生活、家庭一日生活中,让学生参与日常可做的劳动中,在做中学会劳动,掌握必备的生活技能。通过劳动36技手册,引导学生自我评价劳动技能的掌握水平,激发学生的劳动热情,培养学生良好的劳动习惯。充分利用学校小农庄,结合劳动教材与地方特点,组织学生学种果蔬,体味劳动的乐趣。认真做好语文、数学、英语、科学等课程的实施,突出学生在学科学习中的主体作用,培养学生的预学、共学、延学的终身学习能力,在学习中培养好奇心、想象力、探索欲。认真做好德育课程的实施,充分利用德育阵地,抓住有效时机开展具有校本特色的德育活动,通过"八礼四仪"的专题活动,传承中华民族的优秀文化,养成良好的文明素养,依托成长节律活动课程,让每一位学生都获得参与、欣赏、表现的机会,激发他们积极向上、团结进取的精神。在白鹿小学,每一位学生行走在"五育"并举的康庄大道上,过着积极而有意义的校园生活。

(3) 家长的行走样态

学校坚持"家庭是学生一生的学校,家长是学生的第一任老师"的主张。为此,学校充分利用"家长学校"有效平台,每学年引导学生走进学校,共同交流教育的理念、方法,达成育人的共同追求。利用"家长讲堂"有效平台,引导家长走进课堂,成为学校新生课程资源的开拓者。利用家育手册有效载体,引导家长与学生一起阅读、健体、劳动、聊天、社会实践，营造良好的家风，形成家校共育的良好氛围。利用社会育人资源，引导家长利用节假日开展社会研学活动，让社会资源成为育人的营养素，让学生了解社会、融入社会。

四、畅想：指向童化教育的未来

自学校建办以来，张家港市白鹿小学师生一起学习、一起思考、一起实践，在童化教育的教学改革征途上不懈努力。在今后的日子中，学校将继续坚守儿童本位，强化理性思考和问题反思意识，努力洞悉教育教学的本质，弄明白教育"为何出发""去向何方""如何到达"，用童化的方式，坚守童化教育三重境界：教育要为人的就业与生活谋利益，使人拥有一技之长，获取物质财富，解决一日三餐、养家糊口的物质需要，满足人最基本、最底层的需要，这是教育的"生存境界"；教育还要唤醒人的尊严与价值，培养真实个性与独立人格，既能利己，也能利人，让人有滋有味、有情有义地生活，能在社会中保持清醒的认识与不泯的人性，拒绝庸俗功利，这是教育的"生活境界"；教育的原点是爱，是厚德载物，是把人性深处最真、最美、最善的因素最大限度地释放出来，教育使人拥有洞察世事的超然悟性，无论处于何种境地，都能使人诗意地栖息在大地上，使人趋向最本质的真、最真实的善和最纯粹的美，活出人的价值和尊严，这是教育的"生命境界"。张家港市白鹿小学用个性化的方式，童化教学、童化生活、童化生命，激发儿童的好奇心、想象力、探求欲，化育好每一个儿童，办中国式现代化高质量好学校，为实现中国式现代化目标做出应有的贡献！

第三节 童化教育的课堂图像表达

实践证明，课程是教育目标实现的关键，课堂教学是课程目标实现的主阵地。可以说，有什么样的课堂教学，就有什么样的课程实施水平，从而决定有什么样的学校教育水平。因此，张家港市白鹿小学自办学起，始终以课堂教学改革为抓手，不断创新学校的课程架构与实施，提升童化教育的质量。童趣课堂教学改革始终贯穿在学校教育变革过程中，从未间断。以趣化育儿童，一直是童化教育中的一个重要理念。

一、童趣课堂的内涵表达

（一）童趣课堂的内涵

童趣课堂是从儿童的身心发展规律和认知特点出发，以课堂教学变革为主要路径，涵盖学生在校学习活动诸多方面的教与学方式的精化、优化、趣化，致力完成"三大转变"：由重视教师的"教"转化为重视学生的"学"，由注重知识传授转化为重视素养习得，由重视单学科推进到重视多学科全方位融合，以此为根本目标的，开展对师生具有学习吸引力的课堂教学实践活动。童趣课堂以促进学生的全面发展为基本理念，以整体优化课堂教学为主要目标，充分发挥课堂教学主渠道作用，深入推进教育教学高质量发展。

（二）童趣课堂的宗旨

童趣课堂的宗旨是让每一个儿童过幸福完整的学习生活。儿童是课堂学习的主人，学习应该是完整的、有意义的，更是可以体会到学习的幸福感的，这样才可以激发内驱力，形成终身学习的愿望与动力。倡导自主学习、自主探究的学习方式，让学生学会学习、学会合作、学会生存、学会发展；加强学生自主学习能力培养，为学生终身发展服务。这就要求转变教师的教学观念，变革教师的教学方式，全面提高教育教学质量。

（三）童趣课堂的特征

童趣课堂的特征是以趣促学，以学促思，以思促行。兴趣是最好的老师，也是内驱力形成的前提，带着兴趣学习促进思考；良好的思维能力是课堂培养的核心能力，培育每门学科的良好思维能力是学生综合素养形成的关键；知行合一是学习效果的最好体现，知与行的脱节不是真正意义上的学习者应该体现出来的一种状态。

二、童趣课堂的目标、原则和理念

（一）童趣课堂的基本目标

以"一二三三"工作思路为指导，即围绕一个中心、两条主线、三个转变与三个依据来推动学校课堂教学的全面改革。

一个中心：以"学科育人，立德树人"为中心，实现课堂教学科学性、艺术性、人文性的有机统一，打造体验课堂、和谐课堂、有效课堂。

两条主线：围绕两条主线进行改革，一是教师教学方法的变革线，二是学生学习方式的变革线。

三个转变：由重视教师的"教"转化为重视学生的"学"；由注重知识传授转化为重视素养习得；由重视单学科推进到重视多学科全方位融合。

三个依据：依据国家课程标准、学生实际水平和发展的需要编制学案，增加学习趣味、明确学习目标、梳理知识体系，加强学习方法和学习策略指导，提供检测学习效果的分层次的习题，促进学生的有效学习。

（二）童趣课堂的实施原则

1. 儿童立场原则

确立儿童的主体地位，充分发挥儿童的主体作用。课堂中充分展示儿童积极参与课堂活动的状态，促进儿童快乐、好奇地展开学习，充分引导儿童参与讨论、互动。课堂中儿童与儿童、儿童与教师亲切互动，一起游戏、交流、合作解决问题，儿童与儿童、儿童与教师之间关系密切，情感交融。

2. 自主探索原则

童趣课堂提供儿童开展各种自主实践探索的活动，提供表达自主学习和个性思考问题的机会，培养适合每一个儿童自主学习的方法。同时，运用丰富多样的教育资源，营造浓郁的学习氛围，促进儿童多元发展和保持浓厚的学习兴趣，让各种学习资源发挥育人的效能。

3. 合作分享原则

创设儿童之间合作互助、分享学习成果的环节，提供课堂享学的机会，培养儿童解决问题、互相倾听、交流和阐述自己观点的良好素养；充分调动师生的主动性和创造性，鼓励儿童敢于发现问题、提出问题、解决问题，培养儿童的创新意识、创新精神和创新能力；在课堂教学过程中，始终关注儿童的兴趣、情感、态度、价值观，以及方法、思维、习惯等方面的整体生长状态，让每一个儿童都获得最好的发展。

（三）童趣课堂的遵循理念

1. 以趣促学，让课堂对教师和儿童充满吸引力

白鹿小学致力引领儿童经历学习的过程，在教与学的深度滋养下，教师更加富有童心，儿童更加释放童真，家长形成共育合力，更加富有儿童趣味、教育滋味。教学过程是师生交流合作、共同发展的过程，教师应将微笑带进课堂，将鼓励带给儿童，创设民主、和谐、积极的课堂教学氛围，做儿童学习的指导者、合作者、帮助者。

2. 以学定教，变教案为导学案

改变以教定学的教学策略，确立以学定教、以教导学的教学策略，先学后教、生学师导。改变以"教"为中心进行教学设计的思路，确立以"学"为中心进行教学设计的思路，将导学案建设成引导学习的有效载体。课堂教学要以学生为主体、以教师为主导、以训练为主线，为理解而教、教学生学会、教学生会学。

3. 自主学习，转变教学方式和学习方式

有效实行自主、合作、探究式教学方式，科学运用讲授式教学方式。以教学方式的转变，引导学生学习方式的改变，培养学生自主学习的能力。教学过程是引导学生经历、感受和体验知识生成的探究过程。学生能自己做到的，教师不包办代替，让学生成为"跳起来摘桃子"的人，而不是"盛桃子的筐"。

4. 尊重差异，关注每一位学生的学习状态

尊重学生个体差异，赏识学生的独特感受、体验和理解，引导、鼓励不同层次的学生个性化学习和发展。以抓好课前预习（基础）和当堂训练（学情反馈）为切入点和着力点，以"五学四教"教学法为基本模式，结合学校原有课程改革及常规管理优

点，结合学科和课型的特点，创新课堂教学环节，优化课堂教学结构，把预习、展示、反馈作为新授课课堂教学的基本环节。变"教师以教为主"为"学生以学为主"，逐步推进。

三、童趣课堂呈现的样态

《义务教育课程方案和课程标准（2022年版）》指出，要为每一个适龄儿童、少年提供适合的学习机会。顺应儿童学习发展的需要，遵循教与学的规律，构建具有校本特色的童趣课堂教学新样态，让儿童在有趣好玩的学习活动中亲历学习的过程，感受学习与成长的滋味，是课堂教学不懈的追求。

童趣是童年生活的情趣，童趣课堂是让每一个儿童亲历学习过程、感受到学习趣味的课堂。在这样的课堂中，教师有儿童立场，学生有童真童趣，对学习有探索兴致，学习内容有生活气息，学生成长呈现可持续发展态势。这样的课堂，既优化了教与学的方式，又提高了学生的学习兴趣与效率，培养了学生的学习品质与能力，促进了每个学生的全面发展。教师兴趣盎然地教，学生兴致勃勃地学。在"童趣"课堂中，教师能发现儿童、发展儿童、成就儿童，让每个儿童过幸福完整的学习生活，止于至善。

（一）循"趣味"，让课堂好玩又高效

教师要坚持讲练结合，突出科学施教；坚持讲在学生的疑惑处、内容的重难点处、方法的指导处、情感的激发处、评价的恰当处；坚持让学生练在重难点处、举一反三处、思维培养处、知识技能灵活应用处、健康思想情感点燃处。

教师要坚持协同学习，促进共同进步。强化命运共同体意识的培养，培养学生合作意识。大力开展小组学习，制定不同学科合作学习的规则与方法，努力培养学生小组学习、交流合作、实验探究、归纳整理、拓展引用、创新的能力，培养学生主动学习的品质。同时，强化个体的预习、复习能力，听、说、读、写、评等共性关键学力的训练与培养，为协同学习打好坚实的基础。进一步强化学生综合应用素养的培养，推行校级层面主题项目化学习的实践研究，有效整合各类课程的实施，提升课程实施的效果。

教师要坚持技术融合，提升应用有效度。在用好传统媒体的基础上，发挥现代技术媒体的作用，改变"屏幕替黑板"机械应用的状况，避免资源浪费。大力提升智慧平台的实际操作应用能力，提升个性化教学课件的制作水平，提升共享资源建设能力。利用好"空中课堂"优质资源，积极推进智慧管理、智慧教研、智慧数据应用，发挥现代技术治理教学的特殊功能。

（二）抓"要点"，让师生投入又协调

1. 提高学生的学习品质和关键能力，让课堂投入

培养良好的学习品质。教师在注重培养学生的一系列学习习惯（及时整理学习用

品，正确的走姿、坐姿、读姿，预习与复习等）的同时，还要注重培养学生正确的学习态度，端正学生对课程学习、教师、班级、学校等的态度。在此基础上，关注培养适合每一位学生学习的方法，扎实培养预习、复习、听、说、读、写、演等共性的方法，培养适合个体的个性化学习的行、思、议等学习方法，尤其注重培养学生良好的学习情感、浓厚的求知欲与好奇心，激发其学习兴趣。学生在这个过程中不断获得成功的体验，增强学习自信心，培养科学的态度，包括保持好奇心、尊重实证、批判地思考、尊重生命和环境等。

滋养学生的关键能力。教师在多形式滋养各学科学习的共性关键能力（听、说、读、写、演、评等）的同时，注重培养学生学科的关键能力。例如，语文、英语学科的识字（词）、阅读、表达、写作等能力；数学学科的抽象概括、空间想象、推理论证、运算求解、数据处理、应用创新等能力。在此基础上，进一步培养学生合作探究的能力，在多形式的教学活动中，引领学生守规则、会思考、会操作、会表达，全方位培养学生的探究能力，重点培养学生发现问题、研究问题、解决问题、应用拓展的能力，以及良好的评价能力。

2. 提升教师专业素养和教学水平，让教学有为

提升教师的专业素养。通过三年过"三关"（备课关、上课关、编题关）的考核，加快对青年教师专业素养的培养。引领全体教师强化"四项能力"（研究学生的能力、研究教材的能力、教学设计与组织的能力、命题解题评题的能力）的提升实践工作。提高教师科研的能力，通过科研促进教育质量的提升。每位教师带着问题开展日常教学实践，人人成为研究者、实践者、创新者，形成校内人人有微型课题、市内各学科备课组有研究专题、大市内各教研组有研究主题、省内学校有立项规划主课题的良好局面。为提高教研能力，在课堂教学中，教师要带着自己的教学主张、教学中发现的问题，积极开展教研组、备课组的研究活动，提升自己的思考力、实践力、创新力。

提高教师的教学水平。努力提高教师的课堂管理能力，注重学生良好习惯、学习态度、合作学习等关键素养的培养；努力提高教师听、说、读、写、制作教具等能力；努力提高教师的信息技术应用能力；努力提高教师的评价水平，引导教师多角度、多形式评价学生的能力（学习习惯、方法、过程、结果、思维、合作等）。通过教师教的转变促进学生学的转变。

（三）抓"规范"，让方法简明又高效

在改革中研讨，在研讨中发展创新。童趣课堂确立"以趣导学，以学促思，以思促行"的教学模式，其基本环节和具体要求如下：

1. 以趣导学

明确学习目标：教师向学生揭示既定的学习目标。备课组提前一周做好导学方案，选准学生的兴趣点，找准教学的触发点。可以直接提出具体要求，可以化为问题展示，

揭示方式应求新求奇，有吸引力，能让学生留下深刻印象，使学生学有目标、练有方向。

指导学生自学：依据自学方案，出示预设的自学任务（针对中高年级学生），指导学生在规定的时间内研读、交流。具体包括两个步骤：第一步是指导学生独立研读，主要方式是查找资料（可在预习中进行）、阅读课本、尝试答问、提出新问；第二步是指导学生合作学习，在小组内交流答疑，互学互教，取长补短，为下一步的班内展示做好准备。

2. 以学促思

组间展示：围绕自学方案中的学习重难点，创设学生展示自学成果的教学情境，指导学生分组展示，集体研讨。各组展示的内容应有所侧重，既要展示学习困难的学生对基础知识的把握，又要突出展示学习优秀的学生的独特感受和体验。

迁移拓展：围绕预设的迁移拓展题目，联系社会生活，指导学生或通过演绎运用知识解决实际问题，或通过类比举一反三，或通过联想触类旁通，在发散思维训练中，达到知识技能的迁移强化和拓展提升。

3. 以思促行

整理反思：指导学生梳理知识体系，归纳知识要点，提炼学习规律，总结学习方法。

训练巩固：组织学生完成相应实践体验，并及时评价学生的学习情况。

与此同时，学校积极构建各学科教学基本模式，促进课堂教学有效性的提升。例如，语文学科"兴趣导入→自学文本→小组交流→全班分享"的四步教学模式，数学学科"复习导入→尝试练习→小组合作→全班分享→练习提升"的五步教学模式，英语学科"情境导入→模仿练习→小组交流→情境表演→练习巩固"的五步教学模式，等等。学科范式为各科教师进行课堂教学定标定调、有模有范，这为课堂教学的规范化操作提供了可执行的教学程式。

（四）抓"评价"，让成长温暖又亲切

教师要凸显"学生为主"的价值取向，重点评价在课堂中学生学习品质的提升，对学生学习兴趣的激发、学习方法的习得、学习能力的提高、学习效率的提升等方面予以观察、记录、评价，突出课堂教学评价的关键点。建立学生成长档案，分层实施，及时记录每一位学生成长过程中的活动表现与收获，让每一位学生"看见"自己的成长经历与进步，从而树立强烈的自信心，努力做最好的自己。

教师还要活化评价的形式，通过师评、生评、自评等多种方式，从学生学习态度、过程操作、知识技能的理解和掌握三个角度及时反馈学生的学习状态。特别是教师的评价要贯穿教学活动始终，当学生参与学习活动表现突出或回答正确时，要从内心深处给予赞赏性的评价，如"你的设计（方案、方法、观点）富有想象力，我非常欣赏"。当学生操作遭遇挫折或回答问题露出端倪时，要引导学生进一步探究，并及时给予激励性的评价，如"你的想法不错，能说得再具体点吗？"当学生思维出现不顺或错误时，要启发学生调整思路，并耐心地给予指导性的评价，如"你的意思我听明白了，你能重新说一遍，让你的话更生动一点吗"。

总之，课堂教学应从兴趣入手，向童心出发，不断优化和创新，让儿童的学习变得有滋有味。这是我们不懈的追求。

为了童趣课堂教学深入推进，学校编制了"童趣课堂教学实施细则"。（表2-1）

表2-1 童趣课堂教学实施细则

评价要素		Ⅰ级评课标准	Ⅱ级评价标准	分值
教学目标（10分）		1. 符合课程标准 2. 关注学科素养 3. 突出重点难点	1. 符合学科课程标准 2. 关注学科素养培养 3. 突出重点难点教学	10分
教学过程（80分）	慧学表现（50分）	学习习惯	学生具有良好的学习习惯	注重养成地学： 1. 培养良好的学习态度（端正学生对课程学习、学习材料、教师、班级、学校等的态度） 2. 保持良好的基本习惯（如学习用品的及时整理、课前充分准备、走姿坐姿读姿、听说读写演、预习复习等） 3. 养成专心听讲的习惯（课前做好预习，能提出问题，课上动脑动手，集中精力。高年级能及时做笔记） 4. 养成制订计划的习惯[会给自己定目标（大、小、长、短）。会梳理自身学习情况，找出问题。能合理分配时间，有针对性地制定学习任务] 5. 养成提升学力的习惯（激活脑、口、眼、手潜能，提升学习能力） 6. 养成整合知识点的习惯（能够把需要学习的信息、掌握的知识分类，做成思维导图或知识点卡片；能够把新旧知识联系起来，糅合完善知识体系） 7. 养成科学合理运用线上资源的习惯	10分
		学习品质	主动思考，大胆质疑： 1. 能发现问题 2. 提出自己的问题 3. 产生有一定质量的新问题	深度思考地学： 1. 能够在预习、学习中发现问题 2. 能够在课题与学习的主要内容中寻找问题 3. 能够在新旧知识间的矛盾与联系中发现问题 4. 能够在联系生活与已有的认知中得到问题 5. 能够在反向思考中提出问题 6. 自己能够深入思考问题，尝试寻找答案 7. 愿意和教师、伙伴共同探究问题	10分

续表

评价要素			Ⅰ级评课标准	Ⅱ级评价标准	分值
教学过程（80分）	慧学表现（50分）	学习品质	认真倾听，善于表达： 1. 能表达，有观点 2. 表达清楚，观点清晰 3. 形成新观点并清晰表达	循序渐进地学： 1. 听教师、同学讲话，坐姿端正，专心致志（边听边想：同伴说什么，说得对不对，完整不完整。等同伴讲完，举手得到同意后，才能发表自己的观点：或陈述，或补充，或纠正） 2. 回答问题，应先举手，经允许后起立发言（未点到自己名字时，不抢先答话） 3. 起立回答时，姿势、表情大方，不做出引人发笑的举止，声音清脆，不要太小声 4. 当自己答不出而又被点名时，没有抵触情绪的行为，应向教师解释说明 5. 不随便插话（如别人答错或答不出而教师继续提问时，才可以举手） 6. 能说完整的话 7. 说话自然大方，声音响亮，口齿清楚，语言亲切，态度诚恳（质疑时，学会用"为什么……""我有一个问题……""请问××老师……""请问××同学……"等句式） 8. 回答问题时，学习用"我读了这段话知道了（明白了）……""我是这样想的……""我还认为……""我有不同意见……""我补充……""我俩的意见是……"等句式	10分
		学习方式	自主学习，适当合作： 1. 合作学习有组织、有展示、有评价，参与率高 2. 合作学习时交流、倾听、质疑、争论、归纳等习惯良好 3. 基础性问题在合作学习中基本解决	协同合作地学： 1. 能够运用适合的方法，自主学习 2. 按照要求进行合作学习（两人式或四人式合作），分工明确，学习投入，人人参与，学有成效 3. 合作学习能顾及团队及他人，各种合作习惯良好，合作有素养 4. 各学科学习的共性关键能力得以培养，包括听、说、读、写、演、评等关键能力 5. 合作中学科关键能力得以培养［例如语文、英语学科的关键能力是识字(词)力、阅读力、表达力、写作力、文化力等；数学的关键能力是抽象概括、空间想象、推理论证、运算求解、数据处理、应用创新等能力］ 6. 合作中能从学习方法、过程和结果等关键能力方面正确评价他人和自己	10分
			主动探究，善用技术： 1. 熟练使用各种学具 2. 实验操作规范 3. 应用信息技术辅助学习	主动探究地学： 1. 学生能根据学科特点熟练运用各种学具，围绕具体要求规范操作 2. 能够合理搜集、梳理、整理各种信息，善于运用信息技术辅助学习 3. 能够在学具、技术、工具运用中安静观察、思考，及时发现和研究解决问题 4. 运用技术时能够团结协作，共同提升	10分

续表

评价要素			Ⅰ级评课标准	Ⅱ级评价标准	分值
教学过程（80分）	慧教表现（30分）	教学氛围	关系平等民主，气氛活跃愉快	富有情趣地教： 1. 师生关系融洽，学习气氛活跃愉快、积极向上 2. 善于激发学生学习兴趣，选择适合学生的学习方法，扎实培养预习、复习、听说读写演等共性的方法 3. 能够培养学生良好的学习情感，培养浓厚的求知欲与好奇心，激发学习兴趣 4. 让学生不断获得成功的体验，增强学习自信心 5. 培养科学的态度，包括呵护学生的好奇心、尊重实证、批判地思考、尊重生命和环境等 6. 因材施教，关注个体需求，培养适合个体的个性化学习方法	5分
		教学内容与教学策略	1. 基于学段学情精选内容，恰当应用技术 2. 依据学科课型设计任务，创新教学方法 3. 把握核心知识精讲精练，突出一课一得	聪慧灵活地教： 1. 注重"讲练结合"，突出科学施教 （坚持讲在学生的疑惑处、内容的重点难点处、方法的指导处、情感的激发处、评价的恰当处；坚持练在重点难点处、举一反三处、思维培养处、知识技能灵活应用处、健康思想处、情感点燃处） 2. 实施"协同学习"，促进共同进步 （强化"命运共同体"意识的培养，培植学生良好合作共处的品质。开展小组学习，制定不同学科合作学习的规则与方法，努力培养学生小组学习、交流合作、实验探究、归纳整理和拓展引用、创新的能力，培养学生主动学习的品质。 强化个体的预习、复习能力，听、说、读、写、评等共性关键学力的训练与培养，为协同学习打好坚实基础。更要强化学生综合应用素养的培养，推行校级层面主题项目化学习的实践研究，有效整合各类课程的实施，提升课程实施效果） 3. 推进"技术融合"，提升应用有效度 （在用好传统媒体的基础上，深入开展现代技术媒体应用的有效性研究，改变"屏幕替黑板"机械应用，避免资源浪费。大力推进智慧平台的实际操作应用能力，提升个性化教学课件的制作水平，提升共享资源建设能力。 积极实施个性化"线上学习"，利用好"空中课堂"优质资源，减少课外辅导班、有偿家教等加重学生负担的窘况。 推进智慧管理、智慧教研、智慧数据应用，发挥利用现代技术治理教学的特殊功能）	10分

续表

评价要素		Ⅰ级评课标准	Ⅱ级评价标准	分值
教学过程（80分）	慧教表现（30分）	教学评价 全程科学评价：从学习习惯、学习品质、学习方式、学习效果等方面对学生表现进行评价	全面发展地教： 1. 准确得体地评价 （对学生的评价语言准确而又得体。因人而异，具有针对性地做不同的评价，而这些评价又恰恰能给学生以提醒或纠正） 2. 生动丰富地评价 （课堂内总是生机勃勃，有多样、灵活、生动、丰富的评价语，使学生如沐春风） 3. 机智巧妙地评价 （注意情绪导向，做到引而不发，能够运用巧妙、机智的语言来纠正、鼓励学生的回答） 4. 诙谐幽默地评价 （教学信息的传导风趣而高雅，评价语诙谐幽默，恰到好处地推动了教学过程） 5. 独特创新地评价 （教师的口语表达形式多种多样，能将有声语和体态语有机结合，将预设语和随机语有机结合，根据学生的反馈信息或突发情况，临时调整原先预设的口语流程，巧妙应对）	5分
		教师素养与教学特色 1. 教态自然大方，专业素养扎实 2. 学科特性鲜明，凸显教学主张	彰显本色地教： 1. 教学样态自然亲切，专业素养扎实规范 2. 师生互动富有童趣，学科素养彰显特性 3. 个性特长有机融合，教学主张符合规律 4. 形成学段学科模式，具有推广学习价值	10分
教学效果（10分）		1. 学习目标得以达成 2. 学习经验得以积累 3. 学习方法得以运用	1. 教师有儿童味 2. 学生有童趣味 3. 学习有探究味 4. 内容有生活味 5. 成长有持续味	10分

注：85分以上为优秀；75~84分为良好；60~74分为合格；60分以下为不合格

第四节 童化教育的教师图像表达

教师是学校最重要的教育资源，是保障学校教育教学质量的硬核力量，学生的健康、智慧、性格、意志、生活、学习、精神面貌和成功幸福都在一定程度上取决于教师的工作能力、知识水平、教学智慧和教学艺术等。张家港市白鹿小学致力培养持续发展的教师队伍，通过顶层建构打造高素质师资力量，立足童化理念推动教育高质量持续发展，全面落实立德树人根本任务。童化教育的教师应具备图2-12所示特征。

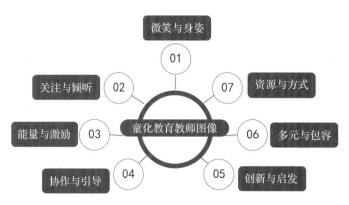

图 2-12　童化教育教师图像

一、微笑与身姿——成为学生个性张扬的促进者

童化教育的教师应具备良好的教态，熟知学生的学习特点，对学生展现出友善和亲和的态度，能够根据教学的实际情况不断地转变自己的教学手段和交流方式，从而打破与学生之间的隔阂，创造积极和谐的学习环境。

（一）富有感染力的微笑

微笑作为最重要的肢体语言之一，能够帮助教师创建一种温和柔软的课堂氛围，搭建与学生沟通的桥梁，拆除部分内向学生的沟通壁垒。微笑能化解一切尴尬和紧张的情绪。一名优秀的教师必须具备能够微笑面对学生的品质。

（二）起伏变化的声音

课堂教学的任务绝大部分还是需要通过口头语言来完成的，因此，富有情感且有起伏变化的声音往往能够将学生更好地带入一定的情景。反之，平淡而缺乏激情的教师语言则会变成强效的催眠剂，根本无法唤醒学生求知的欲望。在学生看来，教师本身都对所教授的知识不抱有热情，他们的兴趣又从何而来？

（三）适切的身体位置

在教学活动过程中，教师所处的身体位置往往起到意想不到的作用。教师应根据不同的情景需要变化自己的位置，而不是一成不变地处于某一固定的位置。尤其是在倾听学生的发言时，应根据学生的不同特点调整与他的距离。

（四）优雅的肢体语言

教师的课堂与戏剧舞台有相似性，需要教师本人具有一定的表演能力。尤其是阐释文本和说明例子，往往需要借助一定肢体动作的表演才能更好地调动学生的感官认知，从而让学生真正理解教师所要表达的内容。事实上，教师大方得体的肢体语言往往能帮助学生更好地集中注意力，同时也有利于营造生动的课堂活动氛围。

二、关注与倾听——成为学生学习心声的聆听者

童化教育中教师要想有效教育学生,首先要关注学习主体——学生的不同表现形式,创设适合不同学生发展的时空条件,了解个体发展状态,读懂学生的心,让学生在共性的活动中绽放个性的光芒。

(一)关注学生的个体差异

面部表情是学生内心的晴雨表。教师要想了解学生,就应该学会破译学生的这张晴雨表,分得清哪是求助的眼神、哪是伤心的泪滴、哪是暗自成功的喜悦、哪是骄傲的微笑……教师要捕捉、珍视教学过程中这些稍纵即逝的、极有开发价值和利用价值的动态的教育再生资源,来不断调整教学节奏,进行有针对性的引导教育,满足不同学生的需求,增加课程的人文色彩。学生会在教师的暗示中全身心投入学习活动,他们的创造力会得到最大限度的发挥。

教师的关注会给学生一种安全感。教师一个慈爱的眼神、一个赞许的微笑、一个亲切的动作都会给学生创设一种安全的心理环境,缩短师生之间的距离,消除学生心理上的疑虑和顾忌,在心理上建立师生间平等的关系。

(二)倾听孩子的心声

倾听是教师应具备的基本素质之一。教育过程中,教师应该始终作为学生的忠实听众,以一种朋友般的亲切和热情倾听学生的表达,以温暖的双手触摸学生的情感,与学生达成情感共识。作为教师,要不带任何偏见,抛开一切城府,撇开所有功利,用一种平静宽容的心态去倾听学生的诉说,让学生体会到教师那默然无声的关注。教师还要在倾听感悟中适当做出评价,与学生进行心的交流、沟通,与学生产生情感共鸣,师生共同成长。

(三)学会赏识孩子

赏识学生,就是对学生的热爱和尊重。每一个人都存在一定的长处和短处。教师的任务,就是要善于发现教育对象的优势,并通过各种教育手段,放大、发展并发挥这种优势。因为扬长可以激活学生的兴趣,极大地调动学生的积极性、主动性,使学生体验成功的喜悦;扬长可以发挥学生的个性,发挥潜在的智能,为学生将来的成功奠定良好的基础。

教师要学会关注、学会倾听、学会赏识,尊重生命个体在学习中的主体性,以一种平和的心态对待所有的学生,用心去感悟学生的一切,步入学生的世界,使学生能在安全的心理环境中,了解自己、释放自己、提升自己,奠定个性化学习的基础,为终身学习积蓄能量。

三、能量与激励——成为学生主动发展的促进者

童化教育中教师以欣赏为指导,通过肯定、鼓励、启发式的评价激活学生的主观能动性及潜在的巨大能力,帮助学生找到学习成就感,从而使学生对知识内容展开深度探索,促使学生多项能力得到提升。

(一)增强信心,鼓励学生大胆表达

传统课堂氛围较为死板沉闷,大部分学生不敢讲述自己的想法,常常附和他人或教师的讲述。因此,如何鼓励学生在童化课堂上大胆讲述、大胆表达,也是教师们长期探讨的问题。激励教育是一个漫长的过程,需要教师把握好不同的教育契机,通过长期坚持不懈的努力,让学生获取丰富的学习成就感,从而促使他们自信、大胆地表达与讲述,获取丰富的学习经验,在讲述中感受语言的力量。教师要实施常态化激励方式,观察并把握住每一个激励契机,运用激励教育激活学生的学习热情,促使他们形成能说、想说、大胆说的意识,真正地体会到学习的乐趣。

(二)适度赞赏,引导学生深度探究

教师给予学生肯定性的评价与鼓励,能有效强化学生对知识的兴趣。小学生思维发展尚不成熟,尤其是中年段的学生正处于具象化思维阶段,缺乏对知识内容的深度探索与挖掘能力,尤其在面对含义隐晦、寓意深奥的内容时,学生无法通过自己的力量获取更深层次的学习经验。教师可以适度使用赞赏的方式,在评价中提出一些问题,既要让学生获得学习成就感,还要引导他们对知识展开深度探究,在师生互动间增加对彼此的了解,同时也能营造一个更加和谐、开放的课堂氛围。

(三)真诚赞美,增强学生学习自信

小学阶段的学生思维发展尚不成熟,渴望得到老师、同伴的认可,希望得到他人的赞美,以满足自己的内心需求。基于学生的这一年龄特点,教师要善于运用激励教育,在实际教学中真诚地赞美学生,根据其表达、讲述鼓励学生,通过正向且积极的评价强化其学习信心。除此之外,不同学生有不同的性格特点,面对不同的回答及学习情况时,教师要适当调整激励方式,用不同的鼓励策略让学生大胆表现自我,从而营造一个和谐、轻松、愉快的课堂氛围。

(四)正向评价,逐步提高学科素养

素质教育及新课改理念的深入推进,要求学生成为学习的主人,将学习主动权交还到学生手中,培养其自主学习能力。据教学实践表明,大部分学生对同伴、辅导书、教师的学习依赖性较强,无法独立完成某项活动或学习任务,常常会产生"自我质疑"的情绪。因此,教师可使用"正向评价"的方式将学习的主动权交还到学生手中,对他们讲述的内容、讨论的话题给予正面、积极的评价,逐步强化学生的自我认

同感，促使他们习得自主学习、自主探索的能力，形成学科素养。

（五）创设活动，引导学生良性竞争

热闹、轻松、活泼的学习氛围更能点燃小学生的探索欲望，教师要结合教材知识创设一些活动，进一步激发学生的学习热情。在童化课堂中，教师利用"竞争活动"展开教育，使用鼓励、肯定、积极的评价开设全新的教学课堂，并对不同学生的能力进行评比，发挥出榜样示范的作用，运用激励教育引导学生良性竞争，让学生主动走进学习课堂，不断提高自身的素养。

教师应充分认识到激励教育对学生成长的重要性，结合学生能力及课程活动特点，积极探索评价方式、评价路径的创新，开展多样化评价实践，探索过程性、体验式评价方式，以科学有效的评价促进学生可持续发展。低年级开展无纸化测评让学科融合，增强创新实践能力，多元评价，实现"评价育人"价值，让评价有温度、成长看得见。

四、协作与引导——成为学生合作学习的指导者

童化教育的教师应该以合作与引导的角色出现，通过与学生共同探索与学习，启发他们的思维与创造力，培养他们的团队合作意识。白鹿小学要求教师在合作学习中做到以下四个方面。

（一）规范行为

教师要认真观察和了解每个小组的活动情况，发现个别学生不能认真参与交流，做与合作学习无关的事情，或个别小组交流不认真，教师都要及时地加以引导，提出明确的要求，确保合作学习能够顺利开展，并且不流于形式。

（二）发现火花

交流的过程是学生间思维碰撞的过程，时常会有思维的火花闪现。这个火花可能是一个富有创意的想法，也可能是一句富有哲理的话。教师要在倾听中努力去感受和寻找。当教师在学生中获取到有创意的内容时，要对学生给予充分的表扬，让学生体验这种方式带来的乐趣和效果，把学生的学习推向高潮。

（三）排除障碍

学生在合作学习中，时常会出现因为思维受阻而不能深入的情况。这时需要教师的指导，让学生很快地排除障碍。如教师发现两名学生在进行英语交流中存在单词不懂、课文不熟的思维障碍后，立即给这两名学生进行辅导，使他们能顺利地与其他同学交流。

（四）引导深化

在开始采用合作学习这种学习形式时，小组的交流和讨论往往容易出现浅层次、

表现化而忽略深层独特性的探究。这时教师应引导学生往更深层次进行思考、探索和研究，进一步挖掘学生的潜力，把学生的思维打开。

作为教师，应该在学生学习前有更多的预见性，同时掌握更多解决问题的方法，拓宽解决问题的有效途径，只有这样才能真正起到合作学习的引导作用。应以学校教导处《深化课堂教学改革，提升教学质量三年规划》为指导，有意识地创造良好的学习环境，变知识传授为能力构建，变技能强化为学力培育，深入探索基于学生素养发展的质量生长途径。让课堂教学聚焦学生好奇心、想象力、求知欲的培育，让学生动起来学习、教师静下来育人。

五、创新与启发——成为学生自我发展的引导者

在知识爆炸的时代，国家越来越重视基础教育，并将重心放在培养中小学生的创新能力方面。培养学生的发散性思维和想象力，是创新教育的重心。童化教育中的教师应建立新型的教育模式，并以创新能力作为重要的评价指标，掌握创新教育的技巧和方法，并将创新的信息向学生传递，通过引发学生的好奇心与求知欲，促进他们主动学习和自我发展。

（一）激发学生思考的兴趣

教育的宗旨，不单单是对课本知识的传授，更主要的是，在教学过程中培养学生善于思考的习惯。为了营造轻松的学习氛围，更好地实施素质教育，可将游戏元素适当引入课堂教学，为学生开辟畅想的天地。对于低年级小学生来讲，思考可促进大脑的健康发育。所以，不管是实施创新教育的需要，还是为了进一步促进小学生的健康成长，都有必要培养学生的思考能力，使学生能充分运用创造力和想象力，寻找符合逻辑的答案。

（二）启发和引导学生的创新精神

课堂教学的必要形式，包括考试、布置作业和课堂提问。对于学生的课堂回答，无论对错，教师都应给予充分的宽容和理解，而不是打击学生回答问题的积极性。小学生天生具有求知的欲望和探索的精神，教师应好好引导学生养成创新品质，在孩子没有被世俗同化之前，让孩子懂得在成长过程中，犯错是一种必然，对于错误不应畏惧，而应善于从错误中发现问题，寻找解决问题的方案，以促进自身的健康成长。小学生只有亲身实践和思考，才能更快地进步，而这些是书本知识远远给予不了的。

（三）开展形式多样的创新活动

动手实践在一定程度上体现了小学生的知识运用能力及思维的灵活性。因此适当组织各种集体活动，使学生能通过动手实践、通过联想，懂得事物之间的变化规律，对事物的本质产生更深刻的认识。将课堂教学拓展到教室以外甚至是学校以外，让学

生走进自然、亲近自然，帮助他们树立正确的价值观和世界观。

教师应坚守课堂教学育人主渠道的理念，持续探索"趣学趣教，五学四教"基本教学范式，践行"理解为先"教学设计理念，构建"自主预学、激趣引学、探究共学、拓展延学"基本教学流程，促进儿童带着积极情感"玩中学"，借助已有经验"慧中学"，通过感官行为"创中学"，互动评价"享中学"，逐步形成关键能力、必备品格和正确的价值观。

六、多元与包容——成为学生学习中真正的赏识者

所谓"龙生九子，各有不同"，天下没有两片完全一样的叶子，教育者所面对的每一位学生，都是有千差万别的。童化教育的教师应该展现出多样化和包容的形象，尊重每位学生的个体差异和特长，关注学生的智力差异，关注他们的情感和心理需求，实施有差异的教育，提高学生学习的积极性。在教学中可以从以下几个方面考虑。

（一）教学设计上考虑学生的个体差异

一个班的学生虽然年龄层次、智力发展水平都是相当的，但在这些共性之外，还要看到他们每个个体都是独特的，所以备课不仅是备教材教法，更重要的是备学生。一方面，在教学方案设计中，教师应站在学生的角度，根据学生的已有经验和知识水平，充分预想学生可能会出现的各种情况，寻找相应的教学策略和教学方法；另一方面，在多媒体课件的设计中，教师应加强课件的交互性，使得在课堂教学中，课件能顺应学生学的思路，而不是教师教的思路。用课件辅助学生的学，而不是用课件牵制学生的学。

（二）教学活动中尊重学生的个体差异

虽然，教师在教学设计时已经充分预想了学生的差异，但是，由于学生学习情境和学习过程有着动态生成的特点，必然会有一些情况在教师的预料之外。这就要求教师尽可能地采用多样化的教学方法和教学指导策略，对不同程度、不同性格的学生提出不同的学习要求。教师要以自己的课堂教学智慧，充分利用学生的差异，激发学生的学习兴趣，促进学生思维有差异地发展。

（三）作业设计以学生的个体差异为依据

在教学中，教学的反馈主要来自学生的作业。因此，作业的布置要根据学生的差异性，让学生在学完新知后都有所得。作业一般分为三大类。第一类是基础性练习，基础性练习适合全班学生，要求全班学生都必须掌握；第二类是旨在提高的发展性练习，为中等和中等以上水平学生设计的练习题；第三类是综合性较强的创造性练习，为学习能力较强学生设计的练习题，这类题目不要求人人会做，但鼓励人人思考、探索。在学生练习中，教师要注意用较多的时间关注学习有困难的学生，对他们进行帮

助、指导，促使他们获得成功。分层练习时，教师的鼓励、指导是非常重要的。

（四）教学评价中承认学生的个体差异

评价是反馈教师教学思想、教学行为的表现。学生学习行为的发展，很大程度依靠教师的评价。教师在评价学生时，不能单纯地以考试成绩为指标，要多方面考查学生。教师应准确地根据学生的实际情况，尊重学生的差异，并进行有针对性的评价，更好地推动优等生精益求精，保护学困生的自尊心，激发他们的学习兴趣，营造书香浓郁的课堂氛围。分层评价尤为重要，要对不同层次的学生采用不同的评价标准。对学困生采用表扬评价，寻找其闪光点，及时肯定他们的点滴进步，调动他们学习的积极性；对中等生采用激励性评价，促使他们积极向上；对优等生采用竞争性评价，促使他们更加严谨、谦虚，不断超越自我。通过评价，成绩进步的学生能上升到更高的层次，从而在班级中形成竞争意识，使不同层次的学生都有成功的可能。

教师必须有正确的教育教学理念，合理运用新的教学理念，优化教学方式，探求教学新样态，重塑教与学的关系，以学生为主体，用尊重、发展的眼光去区别对待学生的个体差异性，因材施教，促进学生的全面发展。从教学与评价的变革，推进课堂教学提质增效。

七、资源与方式——成为学生多样学习的帮助者

童化教育的教师应具备广泛的知识和教育资源，以便为学生提供丰富多样的学习机会和体验。学生在学习兴趣、学习风格和能力水平上存在差异，教师通过广泛的知识和教育资源，提供不同领域的学习材料和资源，利用多媒体、互联网资源、实地考察等方式，让学生参与到实际的学习体验中，更好地满足这些多样化需求。为了具备广泛的知识和教育资源，教师可以采取以下方法。

（一）持续学习和专业发展

保持学习的态度，积极参与各种教育培训和专业发展活动。参加学术会议、研讨会、教师培训课程等，以不断更新自己的知识和教学技能。同时，教师也可以通过参与学术研究和撰写教育相关的文章，扩展自己的学科知识和专业影响力。

（二）建立专业网络

与其他教育工作者建立联系，分享资源和经验。参加教师社群、在线教育平台等，与其他教师交流和合作，共同提升教学水平。通过与其他教师的互动，获取更多的教学资源和方法，从而丰富自己的教学实践。

（三）利用互联网资源

互联网提供了丰富的教育资源，教师可以利用在线图书馆、教育网站、开放式教育资源等，获取各种学科的资料和教学资源。利用搜索引擎和在线教育平台，寻找适

合自己教学内容和学生需求的资源。同时，教师也可以分享自己的教学资源和经验，为其他教师提供支持和帮助。

童化教育的教师应有新时代的气息和魅力，不但传道、授业和解惑，而且也要具有好人品、爱生心、强能力，同时还应善改变和巧互动，用亲切、关怀、激励、合作、创新、包容和资源丰富等特质与学生建立积极的情感联系，营造一个积极、包容和创新的学习环境，激发学生的学习兴趣和动力，培养学生的全面发展能力和良好的学习品质。唯有如此，教师才会与时俱进，变得越来越强大，越来越受到同事和学生的欢迎。

第五节 童化教育的学生图像表达

学校以培养纯洁灵动、勇敢睿智的白鹿学子为育人目标，始终坚持将立德树人作为第一要务，统筹德育资源，创新形式，探索课程、文化、活动等协同育人途径，通过文化润德、书香养德、仪式育德、携手弘德，提高德育实效、涵养学生美德，坚守素质教育的品格与追求，致力培植童化教育的美好样态。童化教育下的学生具有图2-13所示特征。

图2-13 童化教育学生图像

一、纯洁——做一个富有家国情怀的学生

学校以学生日常行为规范教育为抓手，加强了对学生的思想道德、行为规范和礼仪常规方面的教育，同时进行适度的改革创新，坚持突出重点，注重实效地开展各类主题教育活动，落实学科育人，弘扬家国情怀。童化教育从"小"字做起，从"小"处着眼：年龄小、抓手小、目标小、载体小、手段小，积小成大；从全学科入手：通过语文、数学、信息技术、音乐、体育、美术等学科大融合，充分挖掘各学科及家校

爱国主义教育资源，设计低、中、高年段活动，在阶梯式螺旋上升的系列实践活动中进行爱国主义教育，逐渐在学生心目中树立起"爱家、爱校、爱乡、爱国"的精神，培养出一个个纯洁的白鹿学子。

（一）低年段："日行一善育五爱"

本阶段引导学生从身边小事做起，让"善言、善行、善心"落实到日常生活的每个细节。在校园、在家庭、在社会形成健全的人格。如，在家里，每天给家人说一句感谢的话，做一件力所能及的事情；在学校，每天对同伴说一句赞美的话，为班级做一件热心的事。在日复一日的小善言、小善行、小善心里让学生体会心中有他人、心中有班级、心中有学校的爱的教育，也感受到"因为我的存在而让别人更幸福"的快乐和自身的价值意义。

（二）中年段："周知一识爱家乡"

本阶段各学科多方借力，引导学生从多渠道、多角度了解家乡，激发他们热爱家乡的情感。引导学生从日常生活中感受家乡的一草一木，感受家乡每时每刻发生的变化，始终对家乡充满爱和自豪感，并从小树立建设家乡的责任感、使命感和紧迫感。学校和各科教师借学科之力，搭实践平台，依家乡环境，让学生对"生于斯长于斯"的家乡进行多渠道、多角度的了解，从历史到人文，从环境到物产，在一系列爱家乡的实践活动中感受家乡的历史风貌、风土人情，从而增进对家乡、对祖国的热爱之情。如，语文综合性实践活动中关于"家乡环境的调查"；美术课上"我眼里的家乡"；品德与生活课中"说说我的家乡"等一系列活动都是绝好的教育机会。在开展"周知一识爱家乡"活动中，学生知家乡名人、知家乡特产、知家乡名胜、知家乡名小吃……通过"周知一识"，水到渠成地达到爱家乡的教育目的。

（三）高年段："月践一行爱祖国"

本阶段发挥家庭、学校、社会三方面力量，全学科齐发力，挖掘整合教材中丰富的爱国主义教育资源，为学生提供表达爱国情、树立强国志、力行报国行的大舞台。

1. 以课堂为激励先导

众所周知，小学各门课程中蕴含着丰富的爱国主义教育资源，所有的课程都负有文以载道的教育义务。挖掘整合教材中丰富的爱国主义教育资源，以课堂为龙头，激起学生心中汹涌的爱国情怀：语文课上，以阅读引导为龙头，教育学生家事国事天下事，事事关心；品德与生活课上，教育学生实践爱国行，勿以善小而不为，勿以恶小而为之；音体美课上，教师设计多样活动，让学生懂得不仅要强健体魄，更要德艺双馨。

2. 以活动为教育平台

高年级学生已具备较强的自我意识和实践能力，为此，应以丰富多彩的活动为平台，为学生提供形式多样的爱国主义教育。如，在"科普进校园"活动中，听一场科普强国系列讲座；在"我眼里的传统节日"活动中，清明节组织祭扫烈士陵园，中秋节体会中华民族对团圆的渴望，国庆节观看阅兵仪式，感受祖国的强大和它在全球的影响力，增强为祖国富强、人民幸福奉献力量的信心和决心，从小致力为实现中华民族伟大复兴的中国梦而努力奋斗。在不同的时间节点，有针对性地开展相应的活动，通过多种形式、多种载体的活动，让爱国情、强国志、报国行深植于学生心中。

3. 以家、社为实践舞台

爱国主义教育不仅仅是学校教育的目的和责任，更是每个家乃至整个社会的义务。爱国主义教育不仅要深植于心，更要践于行，借助社区、街道的力量，联合校、家、社，开展"小手拉大手"活动，由一个孩子带动一个家庭，从我做起，从小做起。如做一次义务清洁、搞一次社区互助行、当一天文明宣传员等，发挥家庭社会的力量，为学生提供实践舞台，让报国行真正落地有声，从而实现"时时是爱国教育之时，处处是爱国教育之处"的教育愿景。

二、灵动——做一个思维灵活的学生

童化教育重在培养灵动的学生。他们的思维灵活，条理性和逻辑性强，能够灵活应对学习和生活中的各种挑战，不仅具备探索精神和创造力，而且能主动地发展自己的学习和个人能力。

思维能力在学生的生活及学习中扮演着关键性角色，《义务教育课程标准（2022年版）》明确指出要加强学生思维品质的培养。[①] 童化教育中应充分利用学生的好奇心，调动他们的学习兴趣，使他们在学习的过程中充分发挥主观能动性，点燃学习激情，绽放思维火花。

（一）优化课堂提问机制，设计阶梯式问题链，提高思维的深度与广度

教师应完善课堂提问机制，在备课阶段着眼全局，设计教学活动，在此基础上设计出与课堂内容紧密结合的一整套课堂教学问题。同时，注意结合学生的学习能力及学习水平，对教学问题进行有难易层次的阶梯式问题链设计，即所有问题在整体关系上要层层递进、环环相扣、由简到繁，如可以从"对不对"式的浅表化问题，慢慢上升到"为什么"等理解性问题，再根据教学内容的难度提出"怎样做"等具有创新性、开放性、分析性的问题。在这一套提问机制下，学生思维活动的广度及深度能够最大化延展开来，并通过解决教师提出的开放性问题，发展与提升高阶思维能力。

（二）丰富课堂教学方法，激发学生学习兴趣，发展其创新性思维

小学阶段的学生注意力稳定时间有限，课堂教学必须充满趣味性，才能吸引他们

---

① 中华人民共和国教育部. 义务教育课程方案（2022年版）[M]. 北京：北京师范大学出版社，2022.

积极参与课堂互动，激起他们学习的兴趣与积极性。有鉴于此，教师必须丰富课堂教学方法。因为不同的教学方法对于学生思维能力的培养作用不同，所以教学方法设计不仅要多元化，而且要具有创新性及启发性，这样才能对学生的思维能力起到有效的培养和发展作用。教师在以培养思维能力为导向的教学中可采用以下方法。

1. "头脑风暴"教学法

"头脑风暴"是一种集体研讨行为，通过个体之间的联想反应、热情感染、竞争意识和个人欲望等要素的结合激发创新性思维。可以在讲授新知识或者复习时采用此方法，使学生在探究、讨论学习问题的过程中发展创新思维能力。

2. 游戏教学法

游戏教学法是寓教于乐最直接的表现，也是教师在教学中培养学生思维能力最有效的方式。学生在教学游戏中要灵活、敏捷地表达，既要保证答案的正确性，又要保证答题的速度，这既能提高他们的语言能力，又能提高他们思维的敏捷度。

3. 思维导图教学法

思维导图教学法是培养学生逻辑性思维和思维条理性的最直接手段。教师在教学中使用思维导图，能够将抽象的语言知识以具象化、趣味化、灵动化的形式呈现给学生，使他们更加深刻、快速地理解、记忆知识，从而促进他们形象思维能力的发展。

除了以上教学方法，还可以根据教学内容采用情境教学法、小组教学法、创新实践教学法、信息化教学法等，充分调动学生的思维活力，既保证教学质量，又充分尊重学生的主体地位，培养与发展其思维能力。

(三) 注重过程性评价，建立学生的学习自信，提高思维灵感可诱发度

教学评价是促进学生主动学习与思考的关键因素，也是教师教学的重要环节。教师在教学过程中要注重过程性评价，在学生回答问题后及时给出评价，以评促学。教师不能只关注学生回答问题的正确性，还要对他们的答案从多个角度进行分析并评价，从而使他们明确自己思考问题的角度是否正确，学会辩证性地思考问题，以及反思自己思考问题的角度与深度、全面性与批判性、回答问题的情绪、心理及肢体语言等细节问题。对于过程性评价，教师要以正向评价为主，激发学生参与课堂学习的积极性，建立学习的自信心。学生在回答问题后，听取教师对自己或者其他学生答案的归纳总结，促进元认知策略的发展，这在一定程度上能够提高思维灵感的可诱发程度。

童化教育不仅能培养学生的综合语言能力与语言交流能力，而且能培养他们的思维能力，提高其思维品质。因此，教师在教学过程中要在明确教学目标、深入研究教学内容的基础上，以培养学生的思维能力为导向开展教学活动，使他们在学习过程中潜移默化地提升思维能力。

三、勇敢——做一个自信、勇敢、沉着的学生

所谓勇敢，就是人在面对危险、困难、挫折的时候，能够表现得自信、沉着，能

够迎难而上、敢于冒险开拓的一种心理品质。勇敢的学生，在生活中一般具有开朗率直、果断刚毅、行为洒脱、意志坚强、勇于进取等特征。勇敢不能遗传，它需要后天的培养与锻炼。童化教育下的学生是勇敢的，能够直面困难，与不良风气做斗争，具备大胆探索、不怕挫折、敢于批判创新的精神，具有对一些不可预知的事物敢想、敢干、敢于创造的精神和行为表现。童化教育下怎样培养小学生的勇敢品格呢？

（一）采用正确的教育方式

小学生胆怯、软弱的性格与家庭教育有关，但是，与学校一些教师不讲究教育艺术，随意地指责、嘲笑胆小学生亦不无关系。教师的这些行为，有时是不经意的，并非出于恶意，甚至出发点也是好的，但它对学生克服性格弱点非但起不到作用，反而会让学生对自己失去信心。一旦学生失去了信心，要形成勇敢的品格就非常难了。因此，对胆小的学生，在教育方式上不能操之过急，而应当坚持以正面教育为主，多鼓励、多引导，帮助他们找到战胜怯弱的方法。有些孩子听到天空打雷就吓得直哭，教师就不能简单地要求学生不要怕，而要趁机告诉他们雷电形成的科学原理，以通俗易懂的语言解释雷电形成的原因，并介绍一些避雷的方法。当发现胆小学生在某次活动中有勇敢大胆的举动时，教师要及时表扬，以增强他们战胜怯弱的动力。

（二）在实践活动中培养勇敢的品格

学生的任何优秀品格都是在活动中形成的。形成勇敢的品格不能只靠说道理，更多的时候，要求教师针对胆小学生的特点，创设各种教育情境，让他们在实践活动中增加战胜怯弱的生活体验。可创设火灾情境、小偷行窃情境等，教给学生冷静处理突发情况的方法。在平时的班级活动中，教师要特别关注胆小的学生，循序渐进地给他们设置一些活动障碍，再帮助他们想办法克服困难。

（三）运用榜样的力量

榜样的力量是无穷的。教师可以有意识地跟学生讲一讲英雄人物的故事。如后羿射日、武松打虎、黄继光用血肉之躯挡住敌人的枪口、董存瑞舍身炸碉堡等英雄故事，这些都是勇敢精神的具体体现。这些故事生动感人，比单调的说理教育更能吸引学生。当然，在培养学生勇敢品格的同时，要教育他们分清勇敢与鲁莽、谨慎与畏缩的区别，同时，要让学生懂得勇敢并不仅仅表现在生活行为中，更多的时候表现为学习上那种坚毅顽强、敢于创造的个性。

四、睿智——做一个善于解决问题的学生

童化教育下的学生还是睿智的。他们勤于思考，善于探究，具有敏锐学习力和观察力，能够灵活地运用所学知识、高效地解决实际问题，具有揭示事物本质的良好素养。

课程标准中的课程目标将由"关注知识"转向"关注学生",课程设计将由"单向灌输·给出知识"转向"鼓励探究·解决问题"。学生解决问题能力的形成,不是靠多做几道习题,也不是靠教师在课堂上多讲几道例题,而是需要教师有意识地改进教学策略,有效地创设学习情境,让学生在自主探索、互助合作、亲历实践的过程中,获得解决问题的能力。

（一）关注主体性,培养自主解决问题能力

学习是一个主动的过程,学生不应是信息的被动接受者,而应是主动参与者,是学习的主人。因此,在教学中应突出学生的主体地位,为学生创设良好的学习环境,发挥潜能,鼓励大胆联想、推测、探究,引导学生独立获取解决问题的方法。教师要选取接近学生生活的素材,激励学生自主探究。把生活中的问题变为研究对象,以唤起学习兴趣,激起学生主动求知、主动解决问题的欲望。虽然学生各有想法,没有定论,但这一过程给予学生充分自主探索的时间和思考的空间,学生的钻研精神、思考能力得到培养,同时感受到学习的魅力。

（二）倡导互动性,培养合作解决问题能力

对于有一定难度,有探究和讨论价值,并具有一定开放性的教学内容,教师可以让学生合作学习。学生在独立思考的基础上,相互交流讨论,互通个人见解,共同揭示知识规律和寻求解决问题的方法。学生由被动学习变为主动学习,把个人学习与小组交流、全班讨论、教师指导有机结合起来,鼓励学生取长补短,增强合作意识,提高解决问题能力。通过合作学习,学生之间互相启发、互通有无,既感受到合作学习的快乐,又懂得如何与伙伴合作交流,在教师完成教学目标的同时,培养学生合作解决问题的能力。

（三）注重实践性,培养探究解决问题能力

学习最好的方法是亲历"再创造"过程。因此,要尽可能让学生在活动中学、在操作中学,在做中观察,在做中发现规律、在做中总结规律,在动手操作的过程中发展探究性解决问题的能力。学生在实践活动的过程中,调动多种感官参与学习活动,最大限度地投入观察、思考、操作、探究等活动,亲历"创造"过程,感受到成功的喜悦。学生在一系列有效的学习活动中,不仅掌握新知,同时掌握一些学习方法,而且积累实践活动经验,培养解决问题能力。

（四）鼓励多样性,培养灵活解决问题能力

在教学中,鼓励学生从不同角度思考问题。教师要善于创设让学生积极主动思考的学习氛围,鼓励学生竞争,激发学生寻求多种方法解决问题。可先从常规方面着手,通过变换思路,训练思维的灵活性。经过长期训练,学生的思路可以不受心理定势的影响,能够举一反三、触类旁通,从而产生自己的独特见解,造就学生灵活解决问题的能力。引导学生主动从不同的角度解读不同的信息，注重所学知识与方法的实践运用，鼓励多角度思考问题，强调解决问题过程的体验和解决问题策略的形成，发展思维，不断提高学生解决问题的能力。

传承深耕，接力更新。当前，学校正以童化教育实践丰厚学校内涵，用优秀的传统文化育化儿童、用丰盈的知识教化儿童、用充满人性的文明规化儿童。中国式现代化强国梦的实现，需要新时代中国式现代化教育去助力赋能。面向未来，信心百倍，用儿童的眼光看世界，用世界的眼光育儿童。守望教育，守望生命，守望梦想。

第六节　童化教育的家庭图像表达

曾有教育家指出，若只有学校而没有家庭，或只有家庭而没有学校，都不能单独承担起塑造人的这一细致、复杂的任务。家庭教育被看作学校教育和社会教育之间必不可少的桥梁。因为社会教育虽然是一个广泛的概念和范围，但无论如何，都需要从家庭教育开始、延伸、扩展。家庭是社会中各个机关组织赖以存在的细胞，家庭教育则成为社会教育的根本和基础。学校不能没有家庭的配合，家庭是一个人应该学习做好事的起源之地。家庭每日、每时都在和学校集体的精神生活相接触；学校不能没有家庭的配合；学校里集体主义的道德文明在许多方面，就是开在家庭里的许多花朵的果实。

张家港市白鹿小学作为全国家校共育数字化项目"家校共育"示范学校、苏州市中小学家庭教育课程优秀项目学校，始终将会家庭教育置于重要地位。学校组建了一支由苏州市家庭教育指导师、张家港市优秀班主任、兼职心理健康教育指导师组成的专业"家庭教育志愿服务队"。定期组织活动，认真剖析各年级家庭教育情况，采用问卷采集、跟踪调研，发现家长在家庭教育中的问题，有针对性地进行分析、归类、整理，依托"九色鹿好父母课堂"，采用主题演讲、互动交流、案例剖析等方式跟家长分享家庭教育科学理念和实操性家教方法。

学校为每名学生印制了《小白鹿成长迹——童化家育篇》手册（图2-14）、倡导家长认真开展阅读、劳动、实践、共聊、创想等亲子陪伴活动。学年末，学校结合童化家育手册的使用情况及家长的日常教育和管理情况评选出"榜样家长"，促使家长不断学习，在家庭教育的路上越来越自信。

图 2-14 《小白鹿成长迹——童化家育篇》手册

白鹿小学依托《小白鹿成长迹——童化家育篇》手册开展"家校共育"实践，围绕五个方面深入探索。（图 2-15）

图 2-15 小白鹿成长迹——童化家育结构

一、亲子共读，温情相伴

最好的教育是同孩子一起成长，最好的陪伴是亲子共读。学校根据不同的学段和学科，设置阅读任务和书单，让家长和孩子共同选择一本书进行阅读和讨论，假期阅读的集结号一吹响，就受到很多家庭的大力支持。亲子共读，不仅是让孩子爱上阅读的好方式，还是家长打开孩子心灵世界的重要渠道，在合适的时间，不拘泥于特定的地点。有着父母的陪伴，孩子们时而坐书桌前，时而坐沙发上，时而坐茶几旁，找个舒服的姿势，静心、专心、用心阅读的模样是世界上最美的姿态。根据学校的目标，策划适合的活动内容。白鹿小学经常安排亲子阅读分享会、讲座和亲子阅读比赛等活动。

此外，白鹿小学还邀请专业的教师、作家、儿童文学研究者等作为演讲嘉宾，为家长和孩子们提供指导和讲解，激发孩子们的阅读兴趣。通过校园广播、电子屏幕、微信公众号等途径进行宣传推广，提前告知活动的时间、内容和要求，鼓励家长和孩子积极参与。无论是在凉爽的早晨、夕阳西下的黄昏，抑或在炎热的午后，都有亲子共读的温馨画面。灯光、书本、窗外的花，你一言、我一语，这样的场景，就是家庭最好的模样！

学校注重亲子共读的效果，通过调查问卷、家长和孩子的反馈（图2-16）等方式，评估亲子共读活动的效果和影响，了解家长和孩子们的阅读兴趣和能力的提升。家长们放下手机，打开一本书，和孩子同学习、共成长，任时光从指缝间划过，尽情享受阅读的乐趣，这是最温暖的以身示范。

图 2-16　亲子共读手册

学校在亲子共读活动结束后，持续进行相关的跟进工作，鼓励家长和孩子们在日常生活中继续保持阅读的习惯，并定期组织一些阅读交流活动。一张张共读照片、一个个手工制作、一段段读书小视频，记录了亲子阅读的精彩瞬间。

二、亲子劳动，美好生活

学校印制了《小白鹿成长记——劳动篇》36 技手册，要求每位学生每学期学会 3 个校园劳动技能、3 个家庭劳动技能，帮助学生形成健全的人格。

（一）劳动参与

家长与学生一起参与家庭的日常劳动工作，倡导学生从身边的小事做起，从自己能做的事做起、人人参与家务劳动，个个争做家务小能手！教师在暑期通过家校视频联系，号召孩子们："人有两个宝，双手和大脑，多劳动，两只小手越来越灵巧，多动脑，越来越聪明。"在家里多动手、多实践、多替父母分担，获得不同劳动体验，练就劳动本领，教师家务劳动的动员让孩子拉近了和家长们的距离，锻炼了自理能力，增强了家庭责任意识。孩子们纷纷和爸爸妈妈一起查看《小白鹿成长记——劳动篇》中"家务劳动36计"，制订劳动计划。孩子们以家庭生活为劳动学习资源，主动请父母、爷爷奶奶、外公外婆等担任家庭劳动教师，学习各种劳动本领，掌握劳动技能，并积极将劳动过程与成果通过照片、视频方式与全班师生分享。通过分享记录的劳动瞬间，体验劳动的重要性，培养劳动意识和劳动习惯。（图2-17）

图2-17　亲子劳动记录

（二）动手实践

在"萌娃闹新春，亲子寻年味"活动中，家长带着孩子一起认真地了解年画的印制步骤、操作技巧、注意事项，拿起抹刷，铺上宣纸，认真拓印，体验了一回传统年画制作的乐趣。一次次这样亲子的活动，培养了学生的动手能力和创造力，促进了亲子间的情感交流。

（三）生活体验

元宵节时，除了一起制作美美的花灯，邀家人共赏，还有和家人们一起做元宵、品元宵。一个个"慧"劳动的"小白鹿们"，穿上围裙，用糯米粉搓、揉、捏、团、滚，制作出一个个创意元宵，"小白鹿"在爸爸、妈妈的指导下动手煮汤圆。他们一边煮一边观察，探索和感知生活中的科学常识，激发"小白鹿"的研究热情，劳动的乐趣洋溢在一张张笑脸上。还有一系列的生活体验活动如烹饪、洗涤、购物等，让学生了解家务劳动的重要性，培养学生的生活自理能力和家庭责任感。

三、亲子实践，凝聚情感

学校积极开展亲子社会实践活动，孩子和家长可以共同参与其中，互相合作、互相支持，增强他们之间的亲密关系和互信感，促进家庭和谐。

每年的植树节来临时，家长委员会都会组织开展有意义的校外亲子植树活动，让孩子们更好地了解植树节，感受春天的气息。家长和孩子们齐心协力为小树布置舒适的窝，然后把树苗扶正放入土坑，再用铁锹把土掩埋上，压实后给树苗浇水。孩子们都认真地写上心愿："祝小树苗茁壮成长！""希望大树越来越多！""种下一棵树，收获一份果实，我们一起长大""多一片绿叶，多一份温馨！"这样的活动可以让孩子们从小就养成积极向上、勇于担当的品质。在实践中，他们需要面对各种挑战和困难，培养坚持不懈、勇于创新的品质。这些经历可以增强孩子们的自信心和独立性，促进他们全面发展。

在丰收季节里，大自然成了孩子最广阔的教室。为了让孩子感受美丽的秋季田野，体验田间耕种的乐趣，家长带领孩子到稻田里割谷、打谷、扎稻草人，体验难得的农忙时刻，经历真正的劳动，获得淳朴的快乐，让孩子在自然美育中体会粮食的来之不易，学会相互协作，感受共同完成任务的快乐，在与自然的相处中获得新知识。让孩子和家长更加深入地了解社会问题和困难群体的现状，增强他们的社会责任感。家长可以引导孩子思考如何帮助他人，以及如何为社会做出贡献，培养出关爱社会和奉献社会的价值观。

带孩子走出学校和家庭，开展丰富多彩的亲子社会实践活动，亲身感受和体验社会的多样性和复杂性。这有助于开拓孩子的眼界，拓宽他们的思维和认知范围，培养跨文化交流能力和包容心态。此外，学校倡导孩子们利用假期时间，参与社区服务、环保活动或志愿者工作等，从中学会如何合理安排时间、如何与人合作、如何解决问题等实际技能，帮助孩子实践所学的知识和技能，培养他们的实践能力。

四、亲子共聊，守护成长

亲子共聊在家校共育中起着极为重要的作用，聊天的内容可以涉及孩子的学业、成长、兴趣爱好等方面。（图2-18）白鹿小学积极倡导亲子共聊活动，指导家长如何开展亲子共聊。

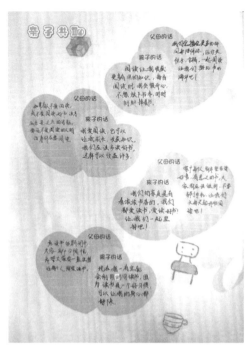

图 2-18　亲子共聊

家长可以询问孩子在学校的学习情况，了解他们的学习进度和对学习的态度，帮助解决他们在学习中遇到的问题。通过与家长的交流，学校可以了解到孩子在家的情况，有助于学校和家庭共同制定和落实教育目标，形成合力；家长可以询问孩子最近对什么事物或活动感兴趣，鼓励他们进行广泛的探索和参与，帮助他们发展兴趣爱好。通过与孩子交流，家长可以了解到孩子的兴趣、优点和潜力，并给予适当的引导和帮助，促进孩子的全面发展；家长可以询问孩子每天在学校的生活情况，倾听他们的想法和感受，建立良好的沟通和信任关系。亲子共聊的过程中，家长可以给予孩子情感支持和鼓励，让孩子感受到家庭的温暖和爱；家长可以与孩子一起讨论学习和生活的目标，帮助他们明确自己的方向，制订合理的目标和计划。亲子共聊可以增加家庭成员之间的沟通和交流，促进亲子关系更加紧密和融洽。

为了给孩子的成长和发展提供全方位的支持和引导，充分发挥德育导师的功能，学校组建了童化"育人共同体"，主要由学生、家长代表、班主任和德育导师构成，旨在关注特需学生，加强家校沟通，形成育人合力。教师们利用寒暑假、休息日，开展线上线下家访活动。线下由班主任、德育导师或任课教师走进结对学生家中，直面家教难题，为家长解惑，倾听孩子心声，为家庭教育支招；在线上，教师利用 QQ 视频、电话、微信，或腾讯会议等方式，与家长、学生说说近况、谈谈收获，关心孩子们的身心健康。

居家学习期间，学校充分发挥童化"育人共同体"的作用，由行政班子、党员教师、年级组长等一对一地对部分居家学习有困难的学生经常性地给予电话询问和帮助。学校"康乃心"心理辅导室更是第一时间制订方案，每周推出"心理巧调试"系列心理辅导微课。针对网课期间，学生在生活中、学习中遇到的困难，家长在亲子关系中遇到的难题，以"找找我的专注力""做会管理时间的小白鹿""构建良好亲子关系""家长与孩子的相处之道"等为主题，精心制作小视频，为家长和学生做好各方面的心理辅导工作，化解学生和家长的不良情绪。体育组也多措并举，关爱学生身体健康，每周在QQ群内布置每日身体锻炼内容，用直观明了的方式教学运动要点，利用"天天体育"这一平台，督促学生进行每日打卡，一周一布置，一周一反馈。

五、亲子创想，筑梦未来

学校坚持"请进来、走出去"的协同教育原则，邀请童话作家、艺术家、律师、公司主管、工商纪检部门人员等来校开展"小白鹿大讲堂"活动；打造家长志愿者品牌项目"家长进课堂"，每学期至少邀请家长志愿者参加"鹿爸鹿妈开讲啦"活动两次；鼓励教师、家长带着学生走出校门、走向社会，开展"社会研学活动"，如六年级学生以"寻访红色文化，传承中华美德"为主题，家长、学生、教师组成寻访小组，寻访张家港的全国劳动模范、中国好人、非遗文化、红色基地等，拓宽了家庭育人的空间局限，充实了白鹿小学童化教育的家庭图像。（图2-19）

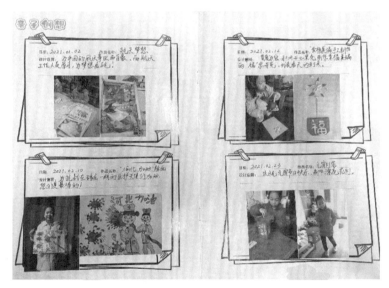

图2-19 亲子创想手册

此外，学校举办的体育文化艺术节活动，也为孩子们搭建了一个展现阳光健康风貌的舞台，促使孩子们更加热爱体育、热爱参与运动！同时，这也是一次家校沟通、协作共育的良好契机。

例如，围绕"军事强国"这个主题开展研讨活动，创新实施校、家、社协同共育机制，全方位调动学校、家庭、社会三方面力量，全力打造有精度、有温度、有深度的体育文化艺术节活动。各班家长委员会里商讨不断，学校与家庭共协商，为体育文化艺术节出谋划策，为自己班级能在开幕式上闪亮登场献计献策！家长带着学生们一起"变废为宝"，用易拉罐做坦克的轮毂，废纸板裁剪成长条做履带，大大小小的、没用的包装盒也可以变成驾驶舱……在爸爸妈妈的引领下，超级坦克、运载火箭模型、炫酷机枪等各种创意都能实现。运动激发创想，学生和教师、家长共同协作，经历方阵道具的制作过程，融合各学科知识，将白鹿童化课程与运动会相融合，以体育文化艺术节为依托，积极推动亲子创想活动的探究。

张家港市白鹿小学充分融通家、社德育实践，丰富童化教育的家庭图像。从关注儿童群体德育走向关注儿童个性化涵育，从重视"行动中的强化"走向重视"行动中的理解"，重视"五育"融合下的"同频共育"的实践。学校以童化"育人共同体"为单位，基于不同年级协同育人目标，以班主任为核心和纽带，整合、配置各类教育资源，形成"大教育"氛围，力争做到不让一位学生掉队。

第三章 童化教育的课程架构

课程架构是课程目标转化为教育成果的纽带，是课程实施活动顺利开展的依据。课程架构是课程各部分的配合和组织，是课程体系的骨架，它主要规定了组成课程体系的内容和结构。课程架构体现了学校特定的课程理念和课程设计的价值取向，通过与学校文化、环境、师生的相互作用、相互联动，形成一个完整的生态。课程架构包含课程体系的构成要素及其之间的关系，是课程的总枢纽和总集成。课程架构是课程体系的主体部分，它规定了不同课程类型和不同课程层次之间的关系，并规定了它在课程体系中的地位和作用。具体来说，课程架构包括课程目标、课程内容、课程实施和课程评价等要素。

《义务教育课程方案（2022年版）》强调构建德、智、体、美、劳全面培养的课程体系，明确育人主线，加强课程内容与学生经验、社会生活的联系，加强知行合一、学思结合等基本原则。[①] 新课程方案和新课程标准在结构上所倡导和实现的均衡性试图改变以往学生动手实践能力低下、知识体系相互隔离、所学知识远离现实生活的状况，引导学生在掌握课程内容的同时，关注生活、关注自然与社会，能够积极开展探究活动、能够积极主动地参与社会生活。张家港市白鹿小学汲取学校所在地区域特色文化，在原有课程研究基础上，探索建构新时代背景下，指向促进师生积极变化的童化课程架构，促进学校的高质量发展、学生持续全面的发展。

---

① 中华人民共和国教育部. 义务教育课程方案（2022年版）[M]. 北京：北京师范大学出版社，2022.

第一节　课程架构与学校文化

基于儿童核心素养发展，张家港市白鹿小学打破原有的课程间的壁垒，有效整合国家课程，补充相应的特色课程，开发活动课程，使之形成一套较为科学的，又是对国家课程有机延展和补充的小学教育课程体系。

童化课程体系，包含整合后的国家基础性课程和关联重构的校本课程（促进学生个性化发展的拓展型课程、指向学生生活领域的探究型课程）。童化课程体系，集课程整合融通与教育创新拓展为一体，最终指向儿童的核心素养和核心价值观。

一、文化基因：童话白鹿，幸福童年

文化是一所学校的隐性教育资源，对学校的特色内涵发展具有重要的导向作用和引领价值。文化也是学校办学理念的重要体现、办学特色的集中反映，也是保障学校可持续发展的不竭动力。张家港市白鹿小学以"白鹿"为名，有着深厚的历史底蕴。学校所在地在春秋战国时期属于吴国，相传春秋吴王在此畋猎，偶遇一只通体洁白的小鹿，"白鹿"这个地名由此传承。此后宋代建置白鹿乡，清初有白鹿山庄胜迹，白鹿山人陶孚尹组织的白鹿诗社盛极一时，时为江南名社。吴地崇文重教，文风承续，私塾官学不绝。

悠远的传说，地域的文脉，为学校培育和塑造文化提供了种子和基因，成为学校文化的母胎和源头。白鹿纯洁灵动，本身富有鲜明浓郁的童话色彩，离奇的传说赋予这一形象可爱奇幻的浪漫色彩。白鹿小学以"为了一生的幸福"为办学理念，以"尚德启智"为校训，把纯洁灵动、勇敢睿智作为学生的培养目标，传承崇文重教、养正毓德的地域文脉，呼应了白鹿传说。学校自建办伊始，就始终把儿童置于学校中央，置于包含课程建设在内的一切教育教学活动的中心。

二、课程足迹：为每一个儿童设计课程

张家港市白鹿小学建校于2007年，是一所具有浓郁现代化气息的市教育局直属学校。学校占地百亩，建筑面积29 000平方米。学校软硬件设施齐全优良，普通教室、专用教室达到或超过标准，多媒体设备、千兆网络全覆盖，"五院五园"建设逐步完善，为课程实施提供充足而丰富的软硬件资源支撑。学校秉承"尚德启智"校训，坚持"儿童立场，童在中央"，坚守素质教育的品格与追求，践行立德树人根本任务，守正创新、接力奋斗，努力朝向办一所"有文化、有特色、有影响力的素质教育品牌学校"的目标迈进。

秉持课程立校，践行"二为"的指导思想（"为每一个儿童设计课程""为了一生的发展"），致力课程研究的持续推进，以此推动学校教育教学的改革和高质量发展，进行了"童玩""慧玩""童创"系列课程的实践建构和优化提升。

2014年，"'童玩'课程实践研究"立项为江苏省教育科学"十二五"规划重点课题，研究成果获省基础教育类教学成果二等奖、苏州市基础教育类教学成果一等奖；2017年，"'慧玩'课程实践研究"立项为江苏省教研室第十二期课题，学校在苏州市"有效教学""品格提升"等项目中获奖；2019年，学校推进"童创课程"实践项目研究，并积极申报江苏省教育科学"十四五"规划课题和苏州市中小学课程基地和学校文化建设项目；2022年，学校"'童化'课程的实施建构"成功申报江苏省中小学课程基地和学校文化建设项目，同年，"理解为先的童趣课堂行动研究"成功申报苏州市基础教育前瞻性教学改革实验项目。

十多年来，秉持探索培养学生核心素养和全面完整的人的课程与教学变革，学校积累了丰富的课程资源、文化建设资源和儿童实践活动经验，建构了比较完善的校本化课程体系。

三、课程价值：科学合理的结构设置

课程是学校最重要的核心竞争力，是一所学校区别于其他学校师生能力与水平的最有力证物。一所学校如果没有科学的课程结构、合理的课程设置、适当的课程内容，那么，校园再美丽、制度再规范，也只是空中楼阁。

（一）一个核心理念——为了一生的幸福

办学理念是学校的主导精神和方向指针，白鹿小学的办学理念是"为了一生的幸福"。工厂出品的是产品，学校的产品就是课程。学校课程体现办学理念，也为办学服务。教师是课程的生产者。课程是有思想的，它决定了课程改革的方向，决定了学生发展的方向。在这一办学理念指引下，学校不断探索实施课程的校本化重构，目的就是要最大化地符合每位学生的个性需要。因此，我们在对课程改革进行顶层设计时，遵守的最核心的理念就是"为了一生的幸福"。

（二）一条主线和八个素养——小学生核心素养培育

一条主线即发展每位学生，促进每个儿童的积极变化。学校的培养目标是培养纯洁灵动、勇敢睿智的白鹿学子，也即培养小学生能适应当下、面向未来、可持续发展的核心素养（必备品格和关键能力），具体包含品德素养、身心素养、学习素养、创新素养、国际素养、审美素养、信息素养及生活素养八个方面。（图3-1）

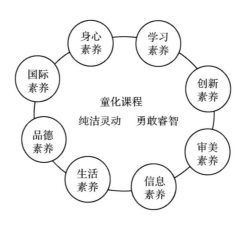

图 3-1 童化课程培养目标

（三）课程架构的基本思路

课程架构是课程目标转化为教育成果的纽带，是课程实施活动顺利开展的依据。课程架构体现学校特定的课程理念和课程设计的价值取向，通过与学校文化、环境、师生的相互作用、相互联动，形成一个完整的生态。学校童化课程架构坚持教育目标导向，与学校的办学理念、教育目标相一致，确保学生能够全面发展，培养他们的知识、技能和素养。学校课程架构的基本思路如下。

1. 校本化

根据社会变化和学生需求的变化，灵活调整课程内容和教学方法，学校将国家课程和地方课程校本化，即将之转化为符合学校办学理念、办学条件、教师素养和学生实际的课程。学校根据学生的特点和需求，设计匹配他们发展潜力和兴趣的课程，提供更加个性化的教育，组织教师参与课程设计和实施，建立科学的教学管理和评估体系，确保课程的质量和效果。追求综合性与专业性的结合（既注重学科知识的综合性，也有专业性的深入学习，以满足学生的不同需求和兴趣）、平衡性和渐进性的结合（平衡不同学科的安排），避免某一学科过于突出而忽视其他学科，以确保学生获得全面的教育。实现教育公平与包容，确保每位学生都能够获得平等的教育机会，不论其背景和特殊需求，促进学生的全面发展和个性化成长。

2. 整合化

整合化包括课程内和课程间跨领域整合。学校大力推进课程整合，基于四点思考：一是人的综合性，每个人都是知、情、意、行的综合体；二是人生活的未来世界的综合性和复杂性，我们为未来世界培养人，今天的儿童将来进入复杂多变世界时，需要一种综合的能力素养来应对各种挑战；三是教育的综合性和跨界化，未来教育越来越强调项目学习、主题学习、跨学科学习，这些教育活动越来越具有综合性、统整性和跨界化特征；四是学科育人的完整性，每门学科都是综合、整体育人的，必须改变过去学科教育侧重于知识积累的功能，而转向学科育人（既包括单学科从教知识变为育全人，也包括全学科的终极教育目标是育全人）。

3. 个性化

每个人都是独一无二的，要尊重儿童的天性和独特性。课程建设有一个很重要的方向就是给儿童选择课程的权利，但也不是小学生愿意学什么就学什么，而是给出两类选择权。第一类是必修的内容程度应该是有选择性的。因为小学阶段是儿童社会化的一个很重要的阶段，必修课为主是必然的，但必须在内容和难度上给予儿童差别化学习的选择权。第二类，在必修课程之外给儿童以弹性的、差别化的选择性学习的空间，能按照学生的年龄和发展水平，逐渐增加难度和深度，使学生能够逐步掌握更高级别的知识和技能。弹性与选择性的结合，如给予学生一定的弹性和选择权，让他们根据自己的兴趣和特长选择适合自己的选修课程或专业方向；实践性与应用性相结合，如注重实践和应用，让学生能够将所学知识和技能应用到实际生活和工作中，提高他们的实践能力。

4. 生活化

杜威在《我的教育信条》中强调，学校必须呈现现在的生活，对于儿童来说是真实而生机勃勃的生活，就像他们在家庭里、在邻里间、在运动场上所经历的生活那样。① 为什么要推进学校课程建设的生活化？其基本依据有三个：生活是课程的来源，生活是理解课程的基础，生活是课程的目的。教育最终是为儿童准备未来幸福生活的能力、就业谋生的能力、终身学习的能力。在这里，关键是未来儿童的幸福生活是以儿童今天幸福的教育生活为基础的。如果特色课程建设是为了学校办特色而不是满足儿童发展的话，这个特色不是我们所需要的。这里强调学校课程建设的特色化，其内在逻辑有三个方面：一是对人的培养价值的独特认知；二是学校资源的独特凝聚；三是学校品牌的独特塑造。

（四）课程架构对应"5W"模型

利用课程改革，解决当前课程存在的问题，即以一种标准编所有的教材、以一种模式框所有的教师、以一种思维套所有的孩子、以一根尺子量所有的学生、以一种价值观照所有的家长。学校课程建设，应该是战略性的，而不仅仅是技术性的；是整体的，而不仅仅是局部的；是系统的，而不仅仅是零散的。"愿景建立—团队建设—课程开发与实施—课程管理与评价—组织变革与文化重塑"的"5W"模型建构是学校课程的连续性、全局性的重大工程。我们在探索与调整中，着力聚焦学校课程的"5W"模型建构。

Why：愿景建立（Why are we doing this？因何而为？）。

Who：团队建设（Who will do this？谁来做？）。

---

① 约翰·杜威. 我的教育信条：杜威论教育[M]. 2版. 彭正梅，译. 上海：上海人民出版社，2017：4.

What：课程开发与实施（What are we doing? 我们在做什么?）。

Which：课程管理与评价（Which is better? 哪一个更好?）。

Where：组织变革与文化重塑（Where from, where to? 从哪里来？到哪里去？目的何在？谁来做？做什么？做得怎样？基于学校发展，我们需要如何进一步向前走?）。

这是学校课程架构和建设不断回应的一系列议题。

第二节　课程逻辑与图谱

课程内容需要依据课程理念、目标等逻辑，按照一定的顺序和层次进行组织，形成一个有机的整体。通过合理的课程逻辑，建立起课程的框架，形成课程系统。课程图谱则是课程实践的蓝图，即将课程内容以图形的方式进行呈现，形成一个结构清晰、层次分明的图像。

一、课程逻辑

一所优秀的学校，能够提供丰富的选择，满足学生差异化需求。学校也着眼于这样一种追求，让课堂教学和校园生活有更多选择、更加灵活。基于"为每一个儿童设计课程"的课程理念，童化课程逻辑见图3-2。

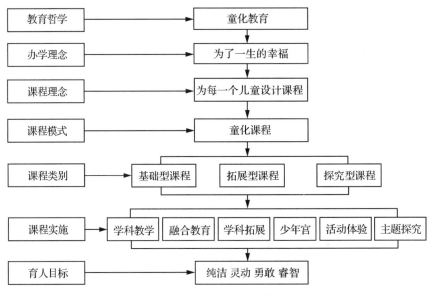

图 3-2　白鹿小学童化课程逻辑图

二、课程结构

结构决定功能，课程结构影响着人才培养的规格和质量。根据加德纳"多元智能"理论，学校以学生综合素质的全面提升，让每一个朝向积极变化为价值取向，按照基础教育的定位、儿童的成长和发展规律及学生的个性特点、兴趣特长，遵循"基础是关键、拓展是方向、探究是创新"的思路，形成内容整合又相互关联的童化课程结构化课程谱系。它包含整合后的国家基础课程和关联重构的校本课程（促进学生个性化发展的拓展型课程、指向学生生活领域延伸的探究型课程）。

童化课程重组融通了学科基础课程、校本社团活动、主题活动体验等，形成了"一体二翼三维度五领域"的童化课程体系，为化育好每个儿童提供了丰富的课程内容。每一类课程都体现着三级课程的科学整合：国家课程占60%，地方课程占30%，校本课程占10%。这种课程融整联通，不是追求形式的翻新、随机盲目的拼搭，而是根据学科自身的特点、学校教育的完整性及培养目标决定的。

"一体"即"童化课程"，是指基于白鹿小学原有课程基础，结合"双减""增质"时代需求，聚焦立德树人根本任务，整体建构童化物型生态、建构童化课程体系、探索童化课堂教学范式、优化童化育人评价体系，基于儿童成长需要，促进儿童积极变化的课程。

"两翼"含国家课程和校本课程，指国家学科基础课程的校本化实践和校本课程特色化实践，依据学科课程标准，以培养学生的核心素养为目标导向，促进儿童的积极变化，提升学生立足当下面向未来的综合能力。

"三维度"即基础型课程、拓展型课程和探究型课程。基础型课程落实学科课程的基本要求；拓展型课程满足不同学生的不同基础、不同方向和不同层次的发展要求；探究型课程，基于学生经验，密切联系学生的生活和社会实际，整合学校周边社会资源，体现为对知识综合应用的学习活动。

"五领域"指儿童德、智、体、美、劳的全面发展，是学校教育的出发点和落脚点。通过学科教学、社团活动、主题探究、实践体验等教育教学活动，在道德与品质、智能与创新、体育与健康、艺术与审美、劳动与服务等领域培养意志品质、锻炼思维方法、养成良好习惯、提高能力素养。

三、课程设置

课程设置是课程理念的具体转化，需要符合培养目标的要求，是学校培养目标在课程计划中的集中表现，要求课程结构合理和课程内容合理。合理的课程结构指各门课程之间的结构合理，包括课程开设的先后顺序合理、各课程之间衔接有序，能使学生通过课程的学习与训练，获得某一专业所具备的知识与能力。合理的课程内容指课程的内容安排符合知识论的规律,课程的内容能够反映学科的主要知识、主要的方法论及时代发展对人的要求。

根据学校的具体情况,结合学校已有的传统和优势、学生的兴趣和需要,围绕"学生需要的、学校整合的、教师能做的",开发并合理利用校内外各种课程资源,整体优化课程资源和课程实施过程,适应学生个性发展和潜能开发,以学生活动为主,尊重学生、信任学生、指导学生,真正实现"为了一生的幸福"的办学理念,发展学生个性特长,拓展学生的知识疆域和素养边界,形成学校的课程特色。除基础课程以外,学校结合多年的办学经验,按年级(表3-1)、学期优化设置。

(一) 基础型课程

基础型课程以学科知识为核心,注重培养学生的学科基础能力和知识技能。通过学习这些基础学科,学生可以掌握相关的知识和技能,可以全面发展自己的认知能力、思维能力和学习能力,为未来的学习和成长奠定坚实的基础。同时,这些课程也可以培养学生的创新思维、合作精神和实践能力,提高他们的综合素质和竞争力,为进一步深入学习和发展提供坚实的基础。

小学教育的基础性,不仅体现在学科素养或者学科思维、学科方法论方面,更重要的是体现在做人的基础素养方面。所以小学阶段,育人是最重要的,要育的是人的思维能力和德行品质,而不是知识。而对国家课程来说,"开齐开足"是政策要求,"开活开好"则必须走校本化实施的路径。

1. 基础型课程模板

张家港市白鹿小学学科基础型课程的设计实施,以具体化的学科核心素养为目标,合理设计学科课程板块、课程策略、课程内容和课程评价。通过进一步深化"五学四教"的教学模式,以课堂教学改革为重点,进一步落实减负提效,指导学生学会学习、学会合作、学会探究,侧重不同年龄段的学生实际,全面推进整体素质教育。(图3-3)

表 3-1 童化课程设置表

年级	学科教学	融合教育	学科拓展	九色鹿少年营	体验活动	主题探究
一年级	开齐开足优化整合	1. 幼小衔接 2. 身心适应	1. 童话绘本 2. 象形字的魅力 3. 数学游戏	依据该年级儿童身心特点,开设体育、艺术、创作、表演、语言表达、思维训练等课程	1. 欢乐入学季 2. 礼仪课程	1. 趣味科学小实验 2. 玩转纸飞机 3. 创意手工 4. 折纸
二年级	开齐开足优化整合	1. 心理游戏 2. 健康分享饮食	1. 汉字演变趣探索 2. 百变七巧板 3. 数独游戏 4. 英语趣配音	依据该年级儿童身心特点,开设体育、艺术、创作、表演、语言表达、思维训练等课程	1. 诗意梦幻季 2. 快乐游园	1. 童话绘本 2. 趣味折纸 3. 智力七巧板 4. 创意指印画
三年级	开齐开足优化整合	1. 情绪与健康 2. 认识并悦纳自我	1. 神话传说代代传 2. 快乐"OA" 3. 数学日记	依据该年级儿童身心特点,开设体育、艺术、创作、表演、语言表达、思维训练等课程	1. 风雨彩虹季 2. 三色花开 3. 国际理解教育	1. 童话表演 2. 神奇 24 3. 声势律动 4. 科幻画 5. 自然笔记
四年级	开齐开足优化整合	1. 乐享劳动 2. 快乐分享 3. 独立与协作	1. 民间故事传经典 2. 数学魔术 3. 24 点 4. 快乐"ABC"	依据该年级儿童身心特点,开设体育、艺术、创作、表演、语言表达、思维训练等课程	1. 博学成长季 2. 馆校研学 3. 国际理解教育	1. 神话故事汇 2. 小小发明家 3. 律动架子鼓 4. 百变衍纸
五年级	开齐开足优化整合	1. 挫折与成长 2. 包容与竞争	1. 科普故事汇 2. 头脑风暴 3. 数学步道 4. 英语情景剧	依据该年级儿童身心特点,开设体育、艺术、创作、表演、语言表达、思维训练等课程	1. 绿野寻踪季 2. 实践基地	1. 模拟联合国 2. 思维风暴 3. 建模 4. 染纸 5. 科普剧创演
六年级	开齐开足优化整合	1. 迎接青春期 2. 感恩与梦想	1. 科幻故事妙想象 2. 数学小论文 3. 数学步道	依据该年级儿童身心特点,开设体育、艺术、创作、表演、语言表达、思维训练等课程	1. 追梦毕业季 2. "长征"行	1. 辩论与演讲 2. 魔方 3. 三维打印 4. 编程

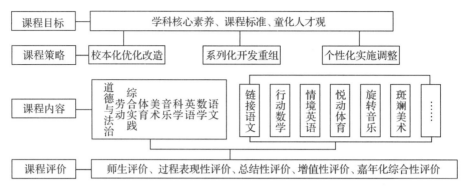

图 3-3 白鹿小学学科基础型课程模板

2. 基础型课程设计

基础型课程通过设定培养目标，明确学生需要掌握的知识和技能，以及他们在学习过程中需要培养的能力和素质，根据学科基础型课程的特点和要求，选择适合学生年龄段和认知水平的教学内容。采用多种教学方法和手段，如讲授、实验、讨论、案例分析等，以激发学生的学习兴趣和主动性。同时，注重培养学生的自主学习能力和合作精神，让他们在实际操作中获得知识和技能。建立科学有效的评价体系，对学生的学习情况进行全面评价。通过课堂观察、考试、作业、实验报告等方式，及时给予学生反馈，帮助他们发现问题、改进方法，并激励他们继续努力。经由以上的实施方式，学科基础型课程可以更好地满足学生的学习需求，培养学生的学科基础能力和知识技能，为他们的全面发展奠定坚实的基础。白鹿小学以童趣课堂行动研究为国家课程校本化实践路径，在聚焦学科核心素养的落地生根，立足破解课堂教学顽疾，捍卫儿童立场，凸显情智渗透上创新实践，其实施策略主要有以下几种。

（1）优化组合，时间弹性

在国家课程的实施过程中，学校打破原来的班级授课形式，根据不同的学情，重新组合学习群体，个性化育人功能逐渐显现。学校进行了"长短课时相得益彰"的创新做法。低年级外语教学革新为"2+2+W"模式，即每周 2 节 40 分钟的课、2 节 20 分钟的短课、1 节 10 分钟的微型课，保证学生每天都有接触外语的机会。四到六年级美术课两节联排，变成 80 分钟长课，最大程度实现学、教、练的完整性和目标的达成度，解决了课外作业无效的问题。

（2）学科拓展，凸显张力

对于这部分必修课程，学校开发相应的校本教材，免费供学生学习。如道德与法治学科开发了白鹿绘本童话，开展读、绘、演、塑等儿童喜欢的活动；语文课程中开发《呦呦鹿鸣经典诵读》教材，编排课本剧、诵读脚本、相声等"好玩"的剧目；体育、艺术课程结合"体艺 2+1"项目要求，设置多种球类、器乐，让儿童选择喜欢的项目学习。

（3）整合优势，凸显融合

开展全方位辐射式探究学习。目前学校根据课程标准要求，结合童趣课堂特质和学校自身优势，充分调研各年级组需求，将语文与美术、数学与科学、美术与音乐、科学与劳动等多学科进行有效统整，开展大学科的综合性学习，编写分课时的学案，设置不同梯度螺旋式递升的课程目标，力图达到童趣课堂的"文与道、学与玩、技与术"和谐统一。

（4）学段交叉，时空融通

课程的融通交叉，使得学校、家庭、社区之间，儿童的生活、学习之间有了互相连接的筋脉，既有利于培养儿童的创新思维，又有利于培养儿童的跨界思维，使得课程有了"自主造血"功能，活力无限，形成全科育人、全员育人、全程育人的学科新模式。一些课程的实施可以不受年级和班级限制，学生不分学段，依据兴趣爱好自由走班、自由选课，实现跨学段融通。如白鹿绘本童话课程，一、二年级小学生共同学习、互相辅导，实现了低学段融通。在活动空间上，学科融课程不仅仅局限于班级和校园，而是突破围墙，走向家庭、社区、社会。它最大限度地利用社会环境、自然环境和社区资源，并关注学校生活、家庭生活、社会生活之间的联系，做到了活动空间的融通；在活动时间安排上，也不仅仅局限于课堂 40 分钟，而是根据课程需要可长可短，有的长达一周或者一个月。如 STEAM① 项目课程，从立项到实施，再到成果展示，时间跨度都超过一个月。

3. 基础型课程架构案例

基础型课程图谱（模板）在设计实施时，对学科各学段课程的具体素养目标进行进阶式分解，将课程内容按进阶标准具体化，追求质量，评价标准科学、可操作，让学科核心素养在课堂教学中实现自然转化、稳妥落地。

以数学为例，义务教育阶段数学课程的设计，充分考虑本阶段学生数学学习的特点，符合学生的认知规律和心理特征，有利于激发学生的学习兴趣，引发对数学的思考；充分考虑数学本身的特点，体现数学的实质，在呈现作为知识与技能的数学结果的同时，重视学生已有的经验，使学生体验从实际背景中抽象出数学问题、构建数学模型、寻求结果、解决问题的过程。根据义务教育阶段数学课程培养目标，结合课程策略、课程内容和评价，学校设计实施了数学学科课程建设谱表。（表3-2）

---

① STEAM 是科学（Science）、技术（Technology）、工程（Engineer）、艺术（Art）和数学（Mathematics）五个学科英文单词的首字母缩写。

表 3-2 "行动数学"课程建设谱表

年级	素养目标分解	课程内容具化	质量评价标准
一年级	1. 在直观认识长方体等基本立体图形的基础上,直观认识基本的平面图形,并体会面在体上;通过认识上下、左右、前后,初步培养空间观念 2. 通过初步的分类学习为培养数据分析观念打基础 3. 通过发现规律,填数游戏等活动培养逻辑推理能力	1. 认识立体图形 2. 有趣的平面图形 3. 位置与顺序 4. 调查喜爱的水果 5. 分扣子 6. 填数游戏	1. 智慧鹿:能在课堂操作活动或小组协作中掌握一定的空间观念、数学分析观念,能很好地理解简单的立体和平面图形及其特征;能在书面作业和口头交流反馈中形成较好的逻辑推理能力和语言表达能力 2. 机灵鹿:能在课堂操作活动或小组协作中积累初级的空间观念、数学分析观念,能较准确地理解简单的立体和平面图形及其特征;能在书面作业和口头问答中较清晰地表达自己的理解 3. 可爱鹿:能积极参加数学学习,有独立思考和解决问题的兴趣和意识,但相对缺乏创意的思考和对多元思路的理解,思维较为简单被动
二年级	1. 通过模拟买卖活动,提升对人民币的认知和使用熟练度,增强估算意识和数据运算能力 2. 通过校园里的测量活动,加深对长度单位的认识和测量方法的积累 3. 通过设计活动,加深对于图形及图形变化的认识,培养直观想象能力和动手操作能力 4. 通过活动,加强方向感知的准确度,增强空间观念 5. 通过活动,加深对角的认识,并在数角、变角、猜角等环节中提高逻辑推理能力、直观想象能力,培养空间观念 6. 在调查活动中,经历统计的全过程,并能有效记录调查结果,培养数据分析能力	1. 我是售货员(购物、计算) 2. 我是校园测绘员(测量) 3. 我是巧手设计师(平移与旋转,常见图形) 4. 我是导航员(方向与位置) 5. 我是小小魔术师(角的变化) 6. 我是调查员(调查与记录)	1. 智慧鹿:能积极参与数学活动,能将数学知识熟练应用并举一反三。在活动中有想法、有创意,能理解并提出多样解题思路 2. 机灵鹿:能积极参与活动,能较准确地理解并运用数学知识解决问题 3. 可爱鹿:较为积极地参加活动,数学知识应用相对不够灵活,独立解决问题存在一定困难
三年级	1. 学会与他人合作,获得测量的实际经验;学会有顺序地思考和解决问题,培养符号意识;感受集合思想 2. 通过设计徽标,发展空间想象能力;学会运用列表、操作等策略进行推理,发展推理能力	1. 校园中的测量 2. 搭配中的学问 3. 时间与数学 4. 小小设计师 5. 我们一起去游园 6. 有趣的推理	1. 智慧鹿:能在课堂活动中通过测量、有序思考等活动,解决有挑战的实际问题;能在绘画、列表、尝试、操作的过程中感受集合思想,展现出较强的推理能力;能很好地理解和应用长度基本量的关系并熟练地估测和选择、转化单位 2. 机灵鹿:能在课堂活动中通过测量、有序思考等活动独立解决一定的问题;在具体情境中展现出一定的推理能力;能在一定指导或小组协作下进行估测和选择、转化单位 3. 可爱鹿:较为积极地参加活动,数学知识应用相对不够灵活,思维较为单一、被动

续表

年级	素养目标分解	课程内容具化	质量评价标准
四年级	1. 了解编码的广泛应用，进一步体会"数"在日常生活中的作用，感受数学的文化价值 2. 针对滴水实验任务，能够提出解决问题的思路，制定简单的问题解决方案，并根据方案，经历有目的、有设计、有合作的用实验收集数据的过程，积累从头到尾思考问题的数学活动经验 3. 经历把生活中的现实问题抽象成数图形的数学问题的过程；在解题过程中，逐步形成有序思考的良好思维习惯，发展推理能力 4. 通过提供的奥运信息，综合运用所学的知识和方法，解决有关的实际问题 5. 经历探索平面图形密铺的活动，初步了解一些平面图形可以密铺的道理 6. 经历从优化的角度解决简单实际问题的过程，初步体会运筹思想在解决问题中的应用	1. 编码 2. 滴水实验 3. 图形的学问 4. 奥运中的数学 5. 密铺 6. 优化	1. 智慧鹿：在解决问题的过程中，具备独立思考、合作探究、反思质疑的学习意识和能力；能利用多样化的画图策略解决问题，具备较好的几何直观和直观想象能力；能进行简单的密铺设计，积累相关活动经验，初步培养空间观念 2. 机灵鹿：在解决问题的过程中，能积极投入独立思考、合作探究中；能在一定指导或小组合作下使用画图策略解决问题，初步具备几何直观和直观想象能力 3. 可爱鹿：较为积极地参加活动，数学知识应用相对不够灵活，直观想象能力和思维方式需要提高
五年级	1. 通过动手操作和实践体会相关的数学思想和方法，在学习了"可能"观念的基础上，利用组合来探讨可能性的大与小 2. 通过探索间隔数与植树棵数之间的规律，初步体会化复杂为简单和一一对应的数学方法 3. 通过观察、列表、想象等活动经历"找规律"的全过程，获得化繁为简的解决问题经验，培养空间想象力，体会分类、数形结合、归纳、推理模型等数学思想 4. 寻求打电话最省时的方案，通过画图、填表等方式发现事物隐含的规律，培养分析、归纳、推理能力，体验数学与生活的密切联系，体会优化思想在实际中的应用 5. 借助实物操作、画图等活动理解并解决简单"找次品"问题，在此基础上归纳出这类问题的最优分组策略，经历多样化到优化的思维过程	1. 投一投，掷一掷 2. 植树问题 3. 探索图形 4. 打电话 5. 找次品	1. 智慧鹿：能通过高效学习，在课堂操作活动或小组合作中积累空间观念、数据分析观念，遇到问题知道化繁为简、优化、找规律，并可以用画图、列表等总结、表述。能在作业或实践中形成较好的逻辑推理和语言表达能力 2. 机灵鹿：在课堂操作活动或小组合作中初步积累空间观念、数据分析观念，遇到问题知道化繁为简、优化、找规律，并可以尝试用画图、列表等总结、表述。能在作业或实践中形成初步的逻辑推理和语言表达能力 3. 可爱鹿：较为积极地参加活动，数学知识运用相对不够灵活，数据分析观念和直观想象能力需要提高

续表

年级	素养目标分解	课程内容具化	质量评价标准
六年级	1. 通过观察、操作，认识长方体、正方体、圆柱和圆锥，认识长方体、正方体和圆柱的展开图 2. 探索特定情境中隐含的规律或变化趋势 3. 能借助计算器进行运算，解决简单的实际问题，探索简单的规律 4. 体验某些实物（如土豆等）体积的测量方法 5. 能从平移、旋转和轴对称的角度欣赏生活中的图案，并运用它们在方格纸上设计简单的图案；能解释统计结果，根据结果做出简单的判断和预测，并能进行交流 6. 通过试验、游戏等活动，感受随机现象结果发生的可能性是有大小的，能对一些简单的随机现象发生的可能性大小做出定性描述，并能进行交流	1. 制作包装盒 2. 有趣的计算 3. 美丽的图案 4. 测量不规则物体体积 5. 我想中奖	1. 智慧鹿：通过观察、操作等活动，进一步认识轴对称图形，充分感受图形的运动变化，具备较好的直观抽象和空间观念，能充分理解并掌握长方体、正方体、圆柱的体积、表面积及圆锥体积的计算方法，并能灵活解决简单的实际问题，具备较好的建模思想和运算能力；在具体运算和解决简单实际问题的过程中，充分体会加与减、乘与除的互逆关系 2. 机灵鹿：通过观察、操作等活动，进一步认识轴对称图形，初步感受图形的运动变化；能基本理解、掌握长方体、正方体、圆柱的体积、表面积及圆锥体积的计算方法，并能尝试解决简单的实际问题；在具体运算和解决简单实际问题的过程中，初步体会加与减、乘与除的互逆关系 3. 可爱鹿：较为积极地参加数学活动，数学知识应用相对不够灵活，数学建模、运算能力和直观想象能力需要提高

（二）拓展型课程

在学科基础型课程之外，为了满足学生的个性化需求和全面发展，基于学校课程文化和实际情况，开设拓展型课程，旨在培养学生的创造力、批判性思维、沟通能力、团队合作能力等综合素养，帮助他们在学科之外获得更广泛的知识和技能。通过拓展型课程的实施，满足学生的个性化需求，培养他们的综合素养和创新能力，提高他们的综合竞争力和适应能力。同时，拓展型课程也为学生提供了更多选择的机会，促进他们全面发展。

1. 拓展型课程模板

童化课程的拓展型课程源于学科课程，终于综合素养培养，培养目标是修身养性，陶冶情操，爱好广泛，为学生未来学习生活奠定基础。我们不希望你成为运动健将，我们只要你健康；我们不要你琴棋书画样样精通，但是你要有一双懂得欣赏美的眼睛；我们不希望你成绩优秀，但是希望你对知识终生孜孜以求。童化课程拓展型课程主要由学科拓展课程、九色鹿少年宫活动课程、体验活动课程组成，以学生的发展需求为纲，满足学生的潜能释放和特质发展需求，让学生有多种学习爱好的选择。（图3-4）

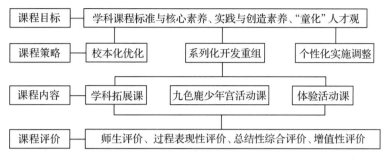

图 3-4 白鹿小学"童化"拓展型课程模板

2. 拓展型课程

(1) 学科拓展课程

学科拓展型课程采用"1+X"模式构建课程群。"1"指的是一门基础性课程,"X"指的是教师围绕基础课程自主开发的基于儿童成长需求,指向核心素养和综合能力,突出学科特点的多门延伸课程。一方面通过挖掘学科内部或学科之间的逻辑来构建专业的学科课程群;另一方面充分利用地域特色来渗透多门学科。教师根据对学科的理解,运用学科的独特优势和资源,开发课程、汇聚课程,打造特色课程群。

① 与基础学科相融合。基础学科教师开展基础学科定向拓展,挖掘学科中与特定主题相关联的内容进行教学资源重整,学科融合,设计教师个人或团队的"1+X"课程表。如,基于美术学科,设计与实施"小画板"序列艺术审美与创作课程。(表3-3)

表3-3 童化美术学科"1+X"拓展课程("小画板"序列艺术审美与创作)

学科	年级	拓展主题(名称)	形式	教材关联点
美术	一年级(上)	彩色勺子变动物	绘与创	"有趣的勺子":勺子的造型与联想
	一年级(上)	今天我生日·蛋糕派	泥与火	"花点心":彩泥手法和色彩搭配
	一年级(上)	滚动乐园	形与色	"圆的世界":圆形的特征
	一年级(下)	彩泥太阳的故事	泥与火	"太阳":太阳造型想象
	一年级(下)	手套变形记	绘与创	"手形的联想":手形的变化和联想
	一年级(下)	会飞的鱼	纸立体	"钓鱼":纸张制作立体造型
	二年级(上)	芹菜玫瑰	物与痕	"我们身边的痕迹":拓印和添画
	二年级(上)	美味水果大拼盘	绘与创	"摆花样":色彩和大小、形状的重复排列
	二年级(上)	高"粽"状元·扇制作	纸立体	"小扇子":纸的折、剪、贴、画方法
	二年级(下)	我的母亲大人	泥与火	"和妈妈在一起":人物外形特点
	二年级(下)	看灯会	绘与创	"画夜景":色彩的明暗对比

续表

学科	年级	拓展主题（名称）	形式	教材关联点
美术	二年级（下）	帽子戏法	纸立体	"头饰设计"：纸的折、剪、贴、画方法
	三年级（上）	闹春节	形与色	"红色的画"：画面色调的搭配
	三年级（上）	圆筒动物	纸立体	"爬升玩具"：纸筒造型变化
	三年级（上）	连环画——树叶历险记	物与痕	"拓印树叶真有趣"：拓印的方法和想象添画
	三年级（下）	做笔筒	泥与火	"别致的小花瓶"：泥条造型法
	三年级（下）	艺术中的花	水与墨	"娇艳的花"：水墨花卉表现
	三年级（下）	怪叔叔	绘与创	"一张奇特的脸"：夸张与概括的手法塑造作品
	四年级（上）	大阿福	泥与火	"泥玩具"：泥玩具的造型与色彩
	四年级（上）	藏书票	物与痕	"刻印的乐趣"：刻印的方法
	四年级（上）	文具新设计	绘与创	"笔的世界"：设计与创意
	四年级（下）	我画野兽派	形与色	"艳丽的大公鸡"：对比色的应用
	四年级（下）	我设计的丝巾	绘与创	"多姿多彩的靠垫"：中心对称图形设计与绘画
	四年级（下）	动物的脸	水与墨	"用彩墨画鱼"：勾勒法和没骨法
	五年级（上）	立体书	纸立体	"立体贺卡"：折、剪、贴的方法
	五年级（上）	夜空中	形与色	"色彩的明度"：明度知识与调色方法
	五年级（上）	山海经中的神兽	绘与创	"中国龙"：龙的造型变化
	五年级（下）	美丽的孔雀	物与痕	"唱起来跳起来"：喷雾画的方法
	五年级（下）	画苏州	水与墨	"山水画"：近景、中景、远景的水墨表现方法
	五年级（下）	书房奇妙夜	绘与创	"奇思妙想"：物象奇妙组合并形象添画
	六年级（上）	山海经中的神人	泥与火	"故事里的人"：捏塑手法表现人物
	六年级（上）	写生与线描	形与色	"线描中的黑白对比"：线的粗细、长短、聚散的表现方法
	六年级（上）	人像换脸	绘与创	"添画人像"：不同表现手法添画人像
	六年级（下）	春天的印记	物与痕	"用各种材料来制版"：运用综合材料来制作版画
	六年级（下）	昆曲人物	水与墨	"戏曲人物"：水墨表现戏曲人物
	六年级（下）	图腾柱	纸立体	"装饰柱"：柱子的构成与装饰

② 课程群内多学科链接式开发。教师挖掘学科中与特定主题相关联的，活动性、体验性、实践性、探究性都强的教学内容，以学科知识联动整合、学科功能联动整合、

知识与生活联动整合、跨学科联动整合四种策略与方式，进行资源整合、创生。如，围绕"玩具总动员"主题，设计与实施学科链接式开发课程。（表3-4）

表3-4 "玩具总动员"学科链接式开发课程

学科	主题	课时内容安排
语文	根据不同阅读目的，采取不同阅读策略	1. 玩具总动员·制作竹节人 2. 玩具总动员·玩竹节人 3. 玩具总动员·童年趣事
英语	推介"竹节人"	1. 中国传统游戏 2. 制作并玩竹节人 3. 竹节人趣事
劳动	实践制作竹节人	设计制作个性化竹节人
美术	美化、装饰竹节人	绘制美化竹节人
信息技术	设计智能竹节人	设计、3D打印

③ 与项目化学习相整合。课程内容综合了课程本身与相应的其他学科，学生学习方式多样，整个过程围绕一个项目来开展学习，在任务的驱动下，跨界贯通各课程内容，成为相互关联、有机结合的新体系。如"小农人"课程以自然观察和农作物种植为项目主体，在小农庄种植课程的实施过程中，信息技术课承担自动化控制的教学实践，数学编程课程指导实现3D打印可调节水量滴灌器，工程和艺术课程负责区域功能分割、温度调控、设施设备的结构设计与实施，科学课程负责对农作物、花草、果树等进行生物特性的研究，劳动课程负责农作物及果树种植管理。（表3-5）

表3-5 "小农人"项目课程

课程领域	实施原则	课程主题	学科
农业与灌溉	做到课程间的融合贯通、跨界实施；做到由浅入深，注重过程，便于实践	了解农业与灌溉的关系，认识现代农业灌溉的方法，研究滴灌器出水量；动手制作滴管和喷灌设备	数学编程
植物的一生		了解农作物、果树的生长发育与繁殖；学会科学观察，制作自然笔记	科学
气候调节与光能利用设计		了解观察太阳能板，学会通过调整太阳能板控制温度	工程和艺术
农作物管理自动化与远程控制		体验互联网技术在远程观察和操控中的运用；体验技术对现代农业的影响	信息技术
从播种到收获		了解常用农具的功用，学会基本的农作方式	劳动

（2）少年宫活动课程

内容略，具体见第四章第一节。

（3）体验活动课程

体验活动课程整合国家课程、地方课程、校本课程资源，对现有课程体系进行整合，从社会责任、国家认同、国际理解三个范畴，规则意识、契约精神、生态意识、国家意识、政治认同、文化自信、全球视野、尊重差异八个维度，分年段、分时节、分主题开发实施体验教育活动内容。

① 成长的天空：儿童在生理、心理和行为发展的过程中，呈现出一定的规律性和周期性，学校依据儿童成长节律，结合学校文化积淀与发展特色，分年级组织实施"成长的天空"体验活动课程，"六季"成长课程，欢度"三礼三节"，让每一季的课程都是吸引童心的，帮助儿童在小学的六年获得生命和精神的拔节生长。

② 我们的节日：节日是文化的一种表现，节日文化可以为学生情感、态度和行为的发展提供充足的养料，促进学生热爱生活，感受优秀的中华传统文化和富有生活气息的现代文化。学校一方面从传统节日文化中挖掘丰富的教育资源，利用节日契机，将传统优秀文化渗透到活动中，开展主题活动；另一方面整合节庆文化与校园主题节日，把学科素养、正确价值观、优秀文化等融入体验活动，帮助学生增智强能，修身养性，培植责任担当与理想愿望，涵养向善向上的精神品性。（表3-6、表3-7）

表3-6 "我们的节日"（传统节日）体验活动课程示例

节日	体验主题	课程内容
春节	迎新贺春	读春联，写春联，贴年画；给不同对象编辑祝福短信；参与购买食材，制作除夕宴；规划使用零花钱；体验春节习俗文化
元宵	赏灯猜谜	参与制作汤圆，制作个性化灯笼，编创灯谜，赏灯猜谜，绘制元宵图文小报，体验元宵习俗文化
清明	祭祀缅怀	向英雄致敬，网上祭英烈；缅怀先辈，赏春踏青，体验清明习俗文化
端午	粽叶飘香	了解端午节由来，感受屈原的爱国情怀；了解各地端午习俗；参与包粽子、制作香囊、玩斗蛋游戏，体验端午习俗文化
中秋	赏月送福	参与制作月饼、桂花糕等；朗诵与"月"有关的诗文，体会蕴含的情感；望月赏桂，品尝月饼，感念亲情，体验中秋习俗文化
重阳	赏菊敬老	选择家乡的香山或凤凰山上，徒步登山；到附近公园欣赏菊花，了解菊花种类；吟诵重阳诗词，为自己的祖辈服务一次或到社区、养老院参加慰问敬老活动

表3-7 "我们的节日"（主题节日）体验活动课程示例

月份	节日	体验主题	课程内容
一月	元旦	巧手迎新，打卡闯关	制作创意手工；为家庭、班级剪贴窗花；"童化"嘉年华游戏闯关
四月	阅读节	呦呦鹿鸣，书香致远	建设书香班级、书香校园、书香家庭；"摆渡船"阅读与写作素养大赛；好书推荐、阅读交流、阅读驿站评比等
五月	劳动节	劳以修身，动以修能	参加校园劳动、家庭劳动；参加社区劳动志愿服务；整理书包、清洗红领巾、清洁餐盘劳动比赛，评选"劳动之星"；班级大扫除，洁美文明班级评比
六月	儿童节	欢庆六一，向阳生长	一年级入队仪式（认识红领巾，学唱队歌，学习队礼）；文艺展演；毕业季系列课程（母校的味道，个人集体才艺秀，毕业典礼）

续表

月份	节日	体验主题	课程内容
十月	国庆节	歌唱祖国，志存高远	唱响国歌，争当升旗手；爱我家乡，寻访家乡非遗文化，了解家乡变化；寻访红色宝贝，聆听红色故事，争做时代好少年
十一月	体育节	强身健体，赛场争锋	体育节，参加个人单项及班级团体运动项目比赛；大课间主题方阵评演及课间操评比
十二月	学科文化艺术节	文艺兼修，融合润心	参加学科与艺术拓展实践活动；社团活动展演

③ 窗外的世界：学生的学习成长本质上是社会化的过程，需要突破学科、课堂、校园的边界，扩展学习的视野，实现无边界学习，即让学生走出学校，参与社会生活和实践，将学科知识和社会生活紧密相连，让学生建立课内学习与实际生活的联系，从而培养学生理解和综合运用知识解决实际问题的能力，迸发创造的火花。学校"窗外的世界"体验活动课程，吸纳校外丰富多元的教育资源，以绿色研学、国际理解教育、馆校研学等为渠道，让学生在生动斑斓的"校外校"中学会学习，锻炼能力，积极成长。（表3-8）

表3-8 "窗外的世界"体验活动课程示例

项目主题	课程内容
绿色研学	组织开展"小白鹿港城行"，从自然、社会、自我三个维度出发，融入自然研学，提升春游活动的教育价值，分年级开展"叶子博物馆""花的密码""湿地科普"等主题研学课程，有机融入科学、艺术、语文等学科特点，将实践体验活动与研学课程统筹整合，让学生在行走中观察体验自然生态的重要性和生命的律动，在实践研修中赋能成长
国际理解教育	组织开展"小白鹿慧眼看世界"，以走出去和引进来相结合的方式，开展国际理解教育。以学科渗透融合的方式学习体验国外优秀文化，培养国际视野、世界公民、家国情怀；与美国、英国、日本等国家区域学校结对，互访交流，深度参与课堂教学、校园活动等
馆校研学	组织开展"小白鹿访百馆"活动，走进港城博物馆、文化馆、城市发展馆、青少年实践基地等，制订研学计划和任务单，参观体验实践，总结梳理交流，多形式展示成果，多主体评价
红领巾志愿行	组织开展"小白鹿志愿服务行"，走进社区、街道、养老院等，开展洁美港城、垃圾分类、书香港城、敬老爱老志愿服务活动，培养热心公益、服务社会、奉献担当精神，锻炼社会实践能力

（三）探究型课程

探究型课程以学生为中心、注重学生主动参与和探究，强调学生通过实际操作、观察、实验、讨论等方式主动探索问题，培养学生的思维能力、创新能力和解决问题的能力。探究型课程呈现以下几方面特征。

1. 学生主导

注重激发学生的学习兴趣和主动性，让学生成为学习的主体。学生在课堂上通过提出问题、寻找答案、进行实践等方式，积极参与课堂，探索知识。

2. 问题导向

以问题为导向，通过引导学生提出问题、分析问题、解决问题的过程，培养学生的批判性思维和解决问题的能力。

3. 多元化的学习方式

注重多种学习方式的运用，如实验、观察、讨论、小组合作等，使学生能够从不同角度和途径来理解和掌握知识。

4. 培养综合能力

强调培养学生的综合能力，包括观察力、实验设计能力、数据分析能力、问题解决能力、沟通能力等，使学生能够在实际问题中灵活运用所学知识。

5. 培养创新思维

鼓励学生独立思考、勇于质疑和创新，培养学生的创造力和创新精神，使他们能够面对未知的挑战并提出新的解决方案。

张家港市白鹿小学以童创课程为实施探究型课程载体，从学生的立场出发，以培养创新人才为根本目标，以创设新型学习环境为特征，以改进课程内容实施方式为重点，以增强实践认知和学习能力为主线，以提高综合创新能力为目标，激发学习兴趣和动力，发掘个体潜能和特长，促进学生在自主、合作、探究中提高学习效能，培养学生的自主学习能力和批判性思维，提高解决问题能力和创新能力，培养学生的综合素质和适应未来社会发展的能力。

童创探究型课程，依托学科教学、九色鹿少年宫社团、课后延时服务平台和载体，借助课外专业型教师资源和校内特长型教师资源，采取兴趣普及和特长发展并重的思路，分项目、分年级、分层次开展"思、辩、创、享"等探究活动，激发学生动脑动手的多元智能，提高学生的主动探究意识和创新创造能力。（图3-5，表3-9）

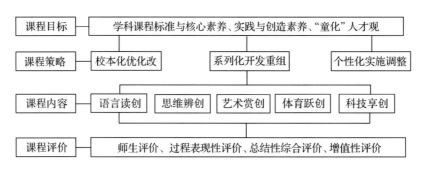

图3-5　童化探究型课程模板

表 3-9　童创探究型课程

年级	课程内容	素养目标
一年级	趣味科学小实验；玩转纸飞机；创意手工；折纸	通过做中学、创中学，培养学生表达交流、协作探究、分析鉴赏、理性思辨、艺术审美、创新创造等方面的主动意识、创新思维和创造能力
二年级	童话绘本；趣味折纸；智力七巧板；英语趣配音	
三年级	童话表演；神奇24；声势律动；科幻画；自然笔记	
四年级	神话故事汇；小小发明家；律动架子鼓；百变衍纸	
五年级	模拟联合国；思维风暴；建模；染纸；科普剧创演	
六年级	辩论与演讲；魔方；英语情景剧创演；三维打印；编程	

张家港市白鹿小学童化课程，承续学校"童玩"课程、"慧玩"课程、"童创"课程已有研究基础，聚焦学生核心素养的培养，聚焦课程文化的优化与重构，聚焦教与学方式的转变，促进育人模式的改革。在课程架构上，挖掘课程独特的育人价值，追求课程架构为学生成长、成人、成功提供知识和能力准备，追求所有课程综合效能的最大化，即"大课程"育人。基础型课程、拓展型课程、探究型课程互相补充、互相促进，形成教育合力，注重学生个性发展、特长培养和能力提升，为学生夯实终身发展基础。在童化课程体系中，做到保证基础、满足个性、延展能力的结合；提升质量、发展兴趣、注重实践的结合；面向全体、面向差异、面向社会的结合，致力促进每一个儿童的积极变化，实现学校的办学理念——"为了一生的幸福"。

第三节　学科拓展的序列架构

学科拓展课程是在国家课程开设要求的前提下，以培养学生的主体意识、完善学生的认知结构、改善学习方式、提高学生自我管理和选择学习的能力、发展学生核心素养为目标，围绕学科类基础性课程内容开展的研究性学习、专题教育等，是基础型课程的延伸、应用和整合。学科拓展课程着眼于激发、培养和发展学生的兴趣爱好，开发学生的潜能，陶冶学生的情操，并为学生提供多种学习途径和学习经历，促进学生的个性与社会化的和谐发展，同时促进学校办学特色的形成。

立足学校的办学理念、办学定位、育人目标及学校特色，聚焦学生核心素养的培养，积极探索基于核心素养的童化教育学科拓展课程的建构，紧扣新时代教育立德树人的根本任务，落实德、智、体、美、劳"五育"并举的办学方针，通过更新课程理念、优化课程设置、灵活教学方法和多元质量评价等手段，激发学生学习兴趣，挖掘学生实践潜能和创造潜能，适应和满足学生个性化发展，促进教师专业成长，实现学校特色化发展。

一、学科拓展课程内涵

学科拓展课程作为一所学校课程的重要组成部分，设计规划学校的课程体系，开发建设学校的拓展型课程，是学校可持续发展的关键。在"双减"背景和新课程标准的要求下，学校立足"为了一生的幸福"办学理念，积极打造童化育人特色，积极推行多元课程建设，基于国家课程建构了丰富且具有特色的校本学科拓展课程，以学科核心素养为目标，关注学生发展的层次性与差异性，为学生搭建多样化、可选择的学科课程体系，致力学生特长全方位、多元化的发展，真正满足学生全面而个性化的发展需要，形成个人和社会发展的必备品格。

随着科学技术、信息社会发展的新要求，多元文化价值观念的冲击，个体的作用日益凸显，社会需要创新型人才，基础教育正面临严峻的挑战，亟待变革。学校的学科课程多按照统一的国家标准实施，强调学科知识传授，弱化了学生个性化发展的需要。学科拓展课程的出现可以改变以往过于知识本位的价值取向，强调促进学生发展的价值取向，从学生主体出发，改变以往过于忽视学生发展的弊端，为学生搭建可供选择的立体开放的学科课程体系，满足了学生个性化发展的需要。

学科课程学习主要以教材等为载体，通过课堂教学的形式实现育人目标，而学科拓展课程是学科课程的延伸，它主要围绕学科课程，通过综合性学习的方式，注重学思结合，激发学生学习兴趣，满足学生的好奇心与探究欲，提高学生的参与意识，培养科学态度和科学精神，增强探究和创新意识，提高综合运用知识和发现问题、解决问题的能力，实现综合育人目标。

二、学科拓展课程目标价值

我国现阶段的教育目的是培养学生的创新精神和实践能力，造就"有理想，有道德，有文化，有纪律"的德、智、体、美、劳等方面全面发展的社会主义事业的建设者和接班人。但是存在社会化、功利化的价值取向，导致传统的学科课程强调分数至上，教师更多地关注学科知识本身，是应试性的，侧重于知识的传递，忽略了学生能力的发展，忽略了学生个性化发展的需求。随着社会的发展，学校已不仅仅是一个知识传递的环境，而是一个以蕴养学习文化、发展核心素养为目的的系统，是一种具备整合、适应、交往互动等特点的"学习共同体"。课程绝不可能是单一、封闭的学科课程，而应是由多学科校园内外环境构成的相互联系、相互依存的多元的课程体系。

（一）促进师生的发展

如今的教育虽然素质教育的口号叫得响亮，强调培养学生的素养，但是在实际的教学中仍然难免偏向应试教育，存在功利性倾向，阻碍了学生的发展。为改变这一现状，张家港市白鹿小学立足于学科基础，开展学科拓展课程的建构，在丰富学习内容的同时满足学生更高的学习需求、个性化的发展，在体验快乐学习的同时促进学生学科基础知识与基本技能的巩固，进一步发展创新意识与实践能力，形成适应未来的必备品格与关键能力，实现成长的积极变化，努力成为德、智、体、美、劳全面发展的时代新儿童，为一生的幸福积淀丰厚的基础。同时，学科拓展课程的建构，引领教师专业发展的新探索，使教师和课程建构一起成长，让教师更加关注儿童、研究儿童，积极探索适合儿童积极成长的方式方法、实施内容与路径、评价策略等，实现教师群体专业素质的整体提升，为教育高质量发展提供优质的师资保障。

（二）促进学校的发展

随着基础教育改革不断深入，探讨学校未来发展的个性化模式不仅是未来教育的要求，也是学校自身发展的需求。因此，以课程改革为着力点和突破口，基于国家课程的学科拓展课程建设，开发新的课程资源，建构特色课程体系，将顶层的设计、规划落到了实地，从而实现学校个性化发展，同时也彰显学校办学特色，提升教育辐射效能，助推学校向更高层次、更高品位发展。同样，学科拓展课程的建构实践，紧扣新时代教育立德树人的根本任务，突破传统教育的围墙，建立学校、家庭、社区之间的融通渠道，充分发挥家长、社区、社会各方教育资源的优势，建立新时代协同育人新机制，探索新时代协同育人新途径，融合新时代各类教育新资源，运用协同教育新评价，形成协同育人新格局，为办新时代高质量教育形成新合力。

三、系统建构学科拓展课程的基本框架

立足立德树人的总目标，学校基于儿童立场，遵循儿童年龄特征、心理发展规律，通过儿童视角观察、分析世界，运用儿童方式表达、呈现对世界的理解与看法，通过"挖掘资源—整合资源—应用资源"的方式开发和实践，积极探索出童化学科拓展课程内容，科学的实施方式、现实路径与有效策略，形成学校童化课程品牌，建构"德育""智育""体育""美育""劳育"五大领域学科拓展课程体系。（图3-6）

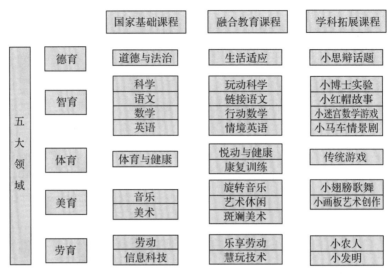

图 3-6 "童化"课程学科拓展课程体系

（一）学科拓展课程架构的原则

1. 素养导向原则

以"培养全面发展的人"为核心，依据中国学生发展核心素养的六大素养、十八个要点，综合设计童化学科拓展课程内容，培养学生的文化基础、自主发展和社会参与能力。突出小学阶段的基础性特点，培养学生全面发展的基础素养。顺应认知规律与年段特点，对小学六年进行系统设计，体现课程目标、实施方法整体性与差异性的统一。

2. 基于儿童原则

围绕教材和学科培养目标进行拓展是学科拓展的重点。这一方面有利于学科课程更加丰满、更加开阔、更加有趣；另一方面可以避免无序拓展，加重学生负担。课程能否得到有效实施，与学校的文化传统、师资状况、环境设备、学生基础有很大关系。选择有一定基础的内容与师资先行先试，然后逐步拓展延伸，有利于课程的整体构建与实施。

（二）学科拓展课程特性

学科拓展课程尊重学生的兴趣和多元智能发展需要，引导学生有效地选择适合各自特点的课程，实施个性化教育，发展学生个性特长，促进学生认知和终身持续发展能力。因此，学科拓展课程的开发需考虑以下几个特性。

1. 基础性

基础性是指学科拓展课程的设置目的是培养学生未来学习生活所需的基本的应用、探究技能和素养，其培养目标、内容、技能、素养都是基础教育阶段所能达成的。学科拓展课程以增强实践认知和学习能力为主线，以提高综合素质为目标，通过师生做中学、学中做的方式，巩固和拓展教学内容，促进学生在自主、合作、探究中提高学习能力、实践能力、创新能力，让学生尽情享受创意生活的无限惊喜，体验实践的价值与意义。

2. 适应性

适应性遵循学生的认知和情感、态度、价值观发展的规律，以培养心灵自由、文化自信、善于学习、生活自立的纯洁灵动、勇敢睿智的白鹿学子为育人目标，以培养可持续发展的能力和人文素养为重点，使课程对师生学习生活具有适应性。尊重学生发展的差异性，设置适应学生个体差异的课程，做到因材施教，为学生提供多样的学习条件、学习手段、学习策略、学习方法，并及时提供有效的反馈与矫正等多种帮助。

3. 传承性

传承性是指学科拓展课程具有校园文化特点，体现学校文化的历史传承，有经典性和深远影响性，体现了一种文化的高度自觉。学科拓展课程的建构实践致力"让每一位儿童感受课程关怀"的实践探索，建构课程新样态，让每位儿童找到适合自己的学习方式，让儿童尽情享受七彩童年的学习快乐与生活自由。

（三）学科型拓展课程架构及内容

学科拓展课程作为发展学科核心素养的重要载体之一，其课程的内容决定了学科核心素养发展的质量。当下众多学校的拓展课程内容过于零散、杂乱，缺乏整合；流于浅层知识，没有触及学科的本质；过于注重客观知识传授，与实际生活相脱离；相对忽视了学生学习的兴趣，学生常处于被动学习的位置……这些问题严重阻碍了学生全面而个性化的发展。

因此，学科型拓展课程采用"1＋X"模式构建课程群。"1"指的是一门基础性课程，"X"指的是教师围绕基础课程自主开发的基于儿童成长需求，指向核心素养和综合能力，突出学科特点的多门延伸课程，通过融通基础学科、主题式研究或项目化研究等方式，推进拓展课程纵向深化，往学科深处去挖，触及学科的本质；横向延展，在学科知识的左右进行拓展，在"面"和"量"上都有所增加，不断丰富学科的内容，满足学生提升的需要。

1. 德育类学科拓展课程

"生活适应"为国家课程道德与法治的拓展课程，在内容设计中，立足学生身心发展与认知规律，充分考虑校园生活的独特性与整体关联性，促进儿童身心发展规律与学科知识建构规律的融合共生，通过学期节律活动、人文节庆活动、自然节气活动，体现人与自我、人与自然、人与社会的和谐统一。例如，"生活适应"的子课程"成长的节律"以季节为线索，将学科内容与儿童生活、文明礼仪、价值观、劳动技能统整，形成融生命、艺术、科学、社会为一体的四大品牌童化活动，即春季——花开的声音、夏季——成长的天空、秋季——母校的味道、冬季——窗外的世界。

(1) 在纵向上进行内容建构

课程注重纵向内容的系列建构，尤其是同一系列下目标间、内容间的关联，以体现各年级活动的层次差异。以"秋季—母校的味道—小苹果奇遇记"为例，一年级为数一数数量；二年级为唱一唱歌谣；三年级为画一画形状；四年级为刻一刻造型；五年级为做一做实验；六年级为写一写乐趣。

(2) 在横向上进行维度建构

课程围绕育人价值、内容选择、活动方法、活动组织、活动评价进行，注重每项活动的系统融合，形成不同节点的内容序列。以"秋季——母校的味道"为例，一、二年级的学生以"观察"为主题，观察树叶的变化、秋天的风向、人们的着装；三、四年级的学生以"体验"为主题，开展水果研究、重阳敬老活动；五、六年级的学生以"探究"为主题，进行节气饮食与文化、菊花与天气、霜雾霾的生活等项目化活动。

2. 智育类学科拓展课程

智育类学科拓展课程包含"玩动科学""链接语文""行动数学""情境英语"课程，分别为国家课程科学、语文、数学、英语学科的拓展课程。基于教材、学生的认知能力，创造性地开发拓展课程，注重学思结合，激发学生学习兴趣，满足学生的好奇心与探究欲，在巩固基础知识与基本技能的同时发展学生各方面的能力，培养科学态度和科学精神，增强探究和创新意识，提高综合运用知识和发现问题、解决问题的能力。

例如，"行动数学"的子课程"小迷宫数学游戏"课程之创玩数学节，以趣味数学游戏为抓手，让儿童在游戏活动过程中学习和理解数学知识，感悟数学知识的意义；在综合运用数学知识解决问题中体会数学知识的价值，于潜移默化中发展学生数学思维，提升数学素养。（表3-10）

表3-10　童化"小迷宫数学游戏"课程之创玩数学节

年级	游戏名称	指向素养	活动要求
一年级	趣拼七巧板	空间观念	观察给出的同色图形特点，在手、眼、脑的运作和协调下，还原规定图案，在学生不断拼、摆、转动七巧板趣玩的过程中，进一步加深了对平面图形的认识
二年级	我是抢数王	运算能力 推理意识	两人游戏，先放30根火柴棒在桌上，两人轮流取，每次可以取1根或2根，不能不取，也不能多取，取走最后一根火柴者获胜，进一步提升数感、运算能力及推理意识，让学生学会用数学的眼光去获取和发现新知识，使学生从中体会数学学习的成就感
三年级	巧算24点	运算能力	提供扑克牌A～10各一张（A表示1），任意拿出4张扑克牌，根据4张扑克牌上的数，用加、减、乘、除法进行计算，每个数只能计算一次，算出得数是24，进一步训练学生的口算和心算能力，培养学生思维的灵活性，提高学生的数感、符号感及对四则混合运算的驾驭能力

续表

年级	游戏名称	指向素养	活动要求
四年级	智闯华容道	空间意识	按规定要求将华容道数字顺序打乱，用尽量少的步数，尽量短的时间，通过上下左右移动数字滑块，还原4×4的华容道，进一步培养学生数学思维，提升空间意识，锻炼手眼脑的协调性、提升手脑并用的能力，锻炼大脑的思维灵活度，全面提高专注力、观察力、反应力
五年级	巧妙填数独	推理意识	提供数字的9×9网格组成，每行、列、宫各自都要填上1~9的数字，要做到每行、列、宫里的数字都不重复，进一步提升学生的观察力、逻辑思维能力及推理意识
六年级	数学小讲师	应用意识	应用所学知识定制旅行计划，并能向同学介绍景点、交通、住宿等方面的安排，用数学的眼光去观察、用数学的思维去分析最经济合适的旅行预算，进一步提升学生综合运用数学知识解决生活实际问题的能力

3. 体育类学科拓展课程

体育类学科拓展课程包含"悦动与健康"和"康复训练"，是国家课程体育与健康学科的拓展课程。此拓展课程引导学生进行科学的体育锻炼，保持健康的体魄，培养学生强身健体意识，磨炼学生自律意志，塑造学生积极健康心态，逐步让学生养成终身体育锻炼的习惯。

"悦动与健康"的子课程一年级适应性活动课程，基于《幼儿园教育指导纲要》与《体育与健康课程标准》，根据一年级学生好奇好动、自我调控能力欠缺等身心特点量身定制，帮助学生激发运动兴趣，乐享游戏，锻炼身体，形成体育认知甚至运动习惯，助力学生体会个人与团体之间的互动与配合，培养良好的社会性、群体观。（表3-11）

表3-11 一年级适应性活动课程

课程名称	具体内容
立正稍息——身姿挺拔最神气	针对学生性格特点，通过队列队形练习，协助学生形成准确的站、坐、走等身体姿态，既能促进身体的正常发育，也能养成规范、良好的行为习惯和纪律规则意识
与绳共舞——绳动身动我能行	跳绳运动是一项锻炼协调性与弹跳性的项目，是体质健康监测的重要内容，同时是学生有效锻炼的重要手段。针对一年级学生不会连续跳绳及动作协调性弱的情况，利用体育课、大课间帮助孩子们掌握练习方法，并穿插随堂检测，提高学生的积极性，提高学生的跳绳能力
轻按慢揉——保护视力练指力	做好眼保健操能缓解眼睛疲劳、保护视力、预防近视。入学之初，一年级小朋友就在班主任和体育老师的指导下，学习做眼保健操。老师会把眼操动作分解细化，精细指导，在保护视力的同时还能锻炼孩子们的手指灵活性和控制力，也为学习写字起到辅助性作用
悦动十分钟——课间游戏欢乐多	在一年级的走廊设计了丰富多彩的游戏贴图，如"石头剪刀布""过山洞""编花篮""跳格子""抓小鱼""多足虫"等，课间十分钟，组织学生利用游戏贴图有序开展活动，有效锻炼学生的身体素质，在游戏中学会合作、享受快乐

4. 美育类学科拓展课程

美育类学科拓展课程包括"斑斓美术""旋转音乐"课程，分别为国家课程美术和音乐的拓展课程。此类课程坚持以美育人，面向全体学生，尊重个性与差异，发现、培养、提高学生的兴趣爱好和特长，采用课程整合与课程补充的方式，重视学生艺术欣赏与体验感，不断提升学生的艺术素养和审美能力。

"斑斓美术"的子课程小画板艺术创作之《清明上河图》，就是基于国家课程的设置，在原有教学的基础上，与名画相融合，进行课程的拓展、研究和创新，旨在让学生看名画、赏名画、学名画。了解清明上河图和它的艺术成就，能激励学生热爱生活、培养学生对艺术不懈追求的精神和对绘画艺术的热爱之情。（表3-12）

表3-12 小画板艺术创作之《清明上河图》

年级	具体内容
一年级	引导学生看名画、赏名画，帮助学生了解宋朝各种各样的船，了解当时的造船业居世界首位，结合一年级国家课程中"各种各样的船"的相关内容，引导学生采用折纸船、装饰船的形式来表现自己心中多样的船
二年级	动物是北宋人代步的工具，这些动物的深度参与，让汴京城"运动"了起来。引导学生观察《清明上河图》画面中的动物，用收藏卡的形式记录画中动物们的各种姿态
三年级	画家张择端利用长卷形式细致入微地刻画了汴京百姓的日常生活，结合教材内容"我们的社区"，引导学生像画家一样，用长卷形式，唤醒他们的生活体会，表现社区新样态
四年级	《清明上河图》中有五百余人，从事各种职业，有着各种动作。引导学生在"快乐的人"这一课基础上，运用毛条进行古代与现代不同动态的人物造型表现，像立体的空间轮廓线条，又像雕塑结构的骨架，抽象却又形象
五年级	《清明上河图》中的树大多是柳树，还有些松柏。这些柳树老干粗壮，显得年代久远。结合"山水画"这一课，引导学生从临摹《清明上河图》中的树开始入手学习，用笔墨临摹、创作
六年级	《清明上河图》中较好地呈现出了当时的建筑风格，从高大城墙到低矮草房，从华贵高堂到酒店小摊。结合"建筑艺术的美"这一课，引导学生用自己的眼睛来观察建筑，跟随大师，用自己的笔和线条表现当下所能见的建筑

5. 劳育类学科拓展课程

劳育类学科拓展课程包含"乐享劳动"和"慧玩技术"课程，分别为国家课程劳动及信息科技的学科拓展。儿童天性好奇，有着无限的想象力与创造力，无限的实践探求答案的欲望。此类课程创设具有童创性的空间与资源，让儿童在自主探究实践中成长自我，树立自信心，激发求知欲，敢于创新实践。

"慧玩技术"的子课程"小发明"之小小创客家，充分利用信息技术教室空间，开发"信息科技+"综合特色课程资源，通过小小创客家课程实践活动，使学生接触前沿技术，自己动手实现想法，在思维碰撞、经验分享的自主与开放的氛围中，激发想象力，培养创造力。（表3-13）

表 3-13 "小发明"课程之小小创客家

课程名称	课程目标、内容	评价手段
信息科技+机器人课程	在机器人搭建、编程等活动中,掌握机械、电子、软件、仿生等知识,并将其综合运用,从而得到"知识开启智慧,科技创造未来"的体会	每年的4月开展小小创客文化节活动,家庭机器人比赛、三维创意设计比赛等活动为必考内容;定期开展创客项目选拔,组织学生参加每年5月全国青少年电脑制作大赛、9月苏州市青少年科技节活动、10月张家港市机器人比赛等
信息科技+三维打印课程	三维设计可以让学生无限制地表达自己的设计想象,将软件中设计的虚拟模型打印出真实形状的模型实物,从而有效培养了学生的创造性思维	
信息科技+电脑艺术创作课程	通过学习各种电脑软件,让学生用技术将美表达出来,从而提升学生的艺术素养和信息素养	
信息科技+纸电路课程	纸电路作为传统物理电路的升级,学生在学习电路的过程中,了解了各种电子元器件、传感器等知识,并以艺术的手段表现出成果	

(四)建构学科拓展课程资源平台

学科拓展课程资源立足儿童素养发展需求,将各种资源整合到课程中,既能激发学生学习的兴趣和热情,又能拓展学生的视野和能力。开发并利用好课程资源,对于提高教学的效率、提高儿童学习的兴趣和学习质量有着非常重要的意义。

1. 人力资源平台

三级平台的建构为课程研发提供理论指导和实践支撑。学校特聘省内外专家、学者组成课程建设、教学改革专家指导组;邀请市骨干教师、市儿童教育专家、特长家长及市名师工作室、市"四有好老师"团队组成的学校课程工作指导委员会;学校成立"教师成长中心""学科共同体""白鹿教学联盟"等研发实践团队。

2. 环境资源平台

五园改造、校园童话氛围的营造为儿童成长提供了宽松自由的物态。在这里,有以展示"慧玩技术"课程成果为主题的"科创空间廊道",以展示"链接语文"课程成果为主题的"童话园",以展示"斑斓美术""旋转音乐"课程成果为主题的大小展示舞台(馆、所),各项教育环境资源平台的优化建设给儿童自由成长提供更广阔的空间。

3. 活动资源平台

建立活动方案库具体包括建立校本教材网络平台、学生综合实践基地网络。校本教材网络平台即教学活动资源平台,包含教学素材分析、课堂教学设计、学生自学设计、教学资源链接、教学图片展示等,平台将教材和电子教材、配套光盘等资源有机结合,有力促进儿童学习效率的提升。学生综合实践基地网络即内外联动资源平台,这一平台有着丰富的资源,帮助教师拓展教学思路、设计体验活动、规划组织形式、拓展资源渠道等,有力地将家长、社区和社会资源整合起来,形成内外联动的课程拓展资源体系。

四、优化学科拓展课程育人评价体系

评价最重要的目的不是证明，而是改进。构建并优化学科拓展课程育人评价体系，要坚持"价值多元"理念，超越单向度量化评价范式，关注并促进儿童在学科拓展课程参与中的全面发展和差异发展，以达到充分发挥教师智慧、发展学生潜能，全面发展学生的综合素质和个性特长的目的。（图3-7）

图3-7 童化学科拓展课程育人评价体系

（一）评价原则

1. 评价正向激励性原则

改进学习方式和效果是评价的最终目的。童化学科拓展课程的评价是为实现"儿童的积极变化"，促进全科全程育人的"综合价值导向"，最终实现人与社会的共同发展。所以评价必须重视正向激励原则，鼓励学生发挥自己的个性特长，施展自己的才能，激励学生积极进取、勤于实践，使学生享受学习和生活的快乐，过正常而积极的童年生活，为儿童的可持续发展和一生幸福奠基。

2. 评价主体多元化原则

学科拓展课程的评价致力体现"学生是教育的主体，也是课程的体验者和建设者"的理念，确立学生个体自评和伙伴助评的形式，形成学校、教师、学生、家长共同组成的评价综合体。

3. 评价过程动态化原则

学科拓展课程综合运用动态评价模式，克服"预期—观察""标准—判断"评价过程的局限，注重儿童的主体地位，主动参与的过程性评价、发展性评价和增值性评价，让儿童在童趣课堂、童玩活动、童化实践中积极生长。

（二）评价主体

评价是教育手段和途径，根本目的在于促进教育目标的实现，指向每一个儿童全面发展。童化学科拓展课程评价的主体，不应是单一的，而应是多元的，由儿童、教师、家长、社区、社会等多方构成，实现评价主体多元化。

1. 学生自评与互评

评价是儿童自我再认知的过程，能促进认知深化，发展自我。在学科拓展课程中为学生设计多维评价标准，引导学生在自评互评中实现学科学习、实践创造、社会参与等综合能力的提升。

2. 教师多向度综评

教师多向度综评往往伴随着儿童整个学习探究过程，需要针对不同儿童的不同表现，及时有效地开展针对性评价，肯定成绩的同时，指出需要努力的方向。

3. 家长支持性督评

在儿童成长过程中，家长的作用无可替代。在学科拓展课程的学习过程中可采用问卷调查、家校联系卡、访谈、在线交流等方式及时与家长联系沟通。家长评价中的意见或赠言应以鼓励、肯定的语言为主，对学习中的错误要以希望的形式提出，增强儿童的自信心，保护他们的自尊心。

（三）评价维度

评价维度关注综合视角，重视个体差异，在努力为每个儿童定制课程的同时，积极探索多维评价体系，让学科核心素养在学科拓展课程中可培养、可塑造、可持续。

1. 教师层面

对教师的拓展课程教学过程和结果进行综合评价，评价项目包括学生问卷调查的结果、课程资源的积累和归档、课程开设的影响力和实际效果、课程成果展示和课程内容的特色化等。

2. 学生层面

综合评价学生的拓展课程学习过程和结果，针对童创课程创新性、融通性、实践性、综合性等特点，结合儿童低、中、高不同年段特征，设计科学的、有趣的、高效的评价工具，在国家课程达成的基础上，让儿童个性化创新能力得到最大化的呵护和生长。

（四）评价方式

儿童综合素养是全面的，应该采用灵活多样的评价方式，全面收集评价信息，提高评价结果可信度。形成性评价和终结性评价相结合，探索实践增值性评价，实行多次评价、随时性评价、"档案袋"评定等，突出评价的过程性。评价不仅应关注儿童在知识、技能、智力和能力等认知因素的发展，还要关注情感、意志、个性、人格等非认知因素的发展，定量评价和定性评价相结合；全体评价与个性评价相结合，既有面向全体的统一评价描述，又有针对个性的差别评价描述。在评价语言的运用上，可以采用描述性评语、激励性评语、导向性评语；在展现载体上，可以是学科课堂口头即时评价,可以是社团活动表格量化评价,也可以是社会实践书面总结评价等。

（五）评价过程

实施动态评价,注重将教师评价、儿童之间的互相评价结合起来,加强儿童的自我评价和相互评价能力,且让儿童家长参与评价。在儿童自评过程中,充分考虑到儿童年龄心理特征,在评价内容上,从"指定性"走向"选择性";在评价过程中,从"重智性"走向"差异性";从评价结果看,从"存同性"走向"求异性"。在儿童互评过程中,"找优点"和"指缺点"共存,"说成果"和"提建议"结合,"一次性"和"多样性"结合。在教师评价过程中,注重动态评价,实施动态调节,注重动态发展,着眼动态养成。总之,在评价过程中要尊重儿童的个性差异,促进儿童的健康发展,真正实现评价过程民主。（表3-14、表3-15）

表3-14 童化学科拓展课程课堂教学评价表

课程名称:		课程教师:	
课程时间:		课程班级:	
评价项目	评价内容		达成情况
理念体现与教学设计	立足"立德树人"的总目标,基于儿童立场和国家课程展开拓展型课程教学,教学设计严谨独特,结构合理,层次分明,体现知识与技能,过程与方法,情感、态度、价值观的和谐共融		优秀（ ） 良好（ ） 合格（ ）
教学目标	目标明确、具体、清晰,知识、能力和情感目标齐全,能够考虑到学生分层的情况,有利于提高学生的综合素养		优秀（ ） 良好（ ） 合格（ ）
教学内容	教学内容选择适宜,符合学生实际需求,并与教学目标一致,内容生动有趣且具有一定的实践性,符合学生身心发展水平,能为学生理解和把握,有利于学习目标的达成		优秀（ ） 良好（ ） 合格（ ）
教学过程与方法	灵活运用多种教学方法进行教学,重点和难点的处理有新意,体现探究式学习方式;注重实践,丰富学生的体验,发展实践能力;自主活动,主体性得到充分发挥,个性化的创造性得到表现;互助合作,交流与合作能力得到提高		优秀（ ） 良好（ ） 合格（ ）
教学组织	教学程序和结构清晰合理,新颖有效。教学组织主次分明、灵活有序,各环节连接自然流畅		优秀（ ） 良好（ ） 合格（ ）
教师素养	教师思路清晰,点拨得法;仪表、教态、语言恰到好处,对待学生有亲和力;板书清晰,书写规范,能较好体现教师专业素养		优秀（ ） 良好（ ） 合格（ ）
学生表现	学习方式要体现出自主、合作与探究性。学生积极主动提问发言,师生有效交往、积极互动;课堂学习情绪高涨,气氛活跃、兴趣浓厚;学生对知识技能的理解与掌握较好		优秀（ ） 良好（ ） 合格（ ）
整体评价			

表 3-15　童化学科拓展课程学生学习评价表

课程名称：		班级：			
课程时间：		姓名：			
评价项目	评价内容	自我评价	同伴互评	教师评价	家长评价
学习态度	积极投入学习，探究兴趣较浓，遇到困难不退缩	☆☆☆	☆☆☆	☆☆☆	☆☆☆
合作意识	能与同伴合作，互相配合、交流，共享信息，共同探讨疑难问题	☆☆☆	☆☆☆	☆☆☆	☆☆☆
认知能力	拓宽认知视野，增长经验，能综合运用知识，通过问题解决获得新知识，发展新技能	☆☆☆	☆☆☆	☆☆☆	☆☆☆
实践创新	善于观察、分析、思考，能提出创新问题、观点或见解	☆☆☆	☆☆☆	☆☆☆	☆☆☆
成果展示	能用语言或图像、实物或行动等方式对学习成果进行交流，态度大方自然，注意表达方式	☆☆☆	☆☆☆	☆☆☆	☆☆☆
我的收获					

第四节　童趣课堂的架构与实施

童趣是童年生活的乐趣，童趣课堂突出"学生为本"的教学理念，以促进学生主动有效学为宗旨，处理好教与学的关系，实施好先学后教、以教促学的教学主张，构建具有童趣味的生活化课堂样态。课堂在教师有效组织引导下成为发生教学趣事的地方，因此，童趣课堂是以"儿童立中央"为立场的充满儿童生活味、情趣味、探究味，师生和谐共处、共生、共长的课堂，全面优化课堂教学样态和教学方式，实现教学相长。

一、内涵解读

此处省略，详见第二章第三节。

二、目标任务

童趣课堂要求优化教与学的方式、方法，提高学生学习的兴趣与效率，培养良好的学习品质与能力，促进每一位学生的全面发展；提高教师的职业素养，促进每一位教师的专业成长。全面提升教育教学质量。

（一）全面提高学生的学习品质和关键能力，提高学习效率

1. 培养良好的学习品质

良好的学习习惯，包括学习用品的及时整理、课前充分准备、走姿坐姿读姿、听说读写演、预习复习等；良好的学习态度，即端正学生对课程学习、学习材料、教师、班级、学校等积极态度；适合每一位学生的学习方法，即既要扎实培养预习、复习、听说读写演等共性的方法，又要培养适合学生个性的个性化学习方法；良好的学习情感，即要培养浓厚的求知欲与好奇心，激发学习兴趣，让学生不断获得成功的体验，增强学习自信心；严谨科学的求知态度，包括学生的好奇心、尊重实证的精神、批判性思维、尊重生命和环境的意识等。

2. 培养学生的关键能力

培养各学科学习的共性关键能力，包括听、说、读、写、演、评等关键能力。培养学生各学科的关键能力，例如，语文、英语学科的关键能力是识字（词）力、阅读力、表达力、写作力、文化力等；数学的关键能力是抽象概括、空间想象、推理论证、运算求解、数据处理、应用创新等能力。培养学生合作探究的能力，包括听、说、想、议等合作关键能力，要制定规则、实践深化、形成模式；培养学生的探究能力，重点培养学生的发现问题、研究问题、解决问题、应用拓展的能力；培养学生良好的评价能力，包括正确评价他人、自己，评价学习方法、过程和结果等的关键能力。

（二）全面提升教师专业素养和教学水平，提升教师职业综合素养

1. 提升教师的专业素养

一是提高青年教师的教学基本功，通过三年过三关的考核，加快对青年教师专业素养的培养。全体教师要强化"四项能力"（研究学生的能力、研究教材的能力、教学设计与组织的能力、命题解题评题的能力）。二是提高教师科研的能力，每一位教师带着问题开展日常教学实践，人人成为研究者、实践者、创新者。三是提高教研能力，每一位教师要带着自己的教学主张、教学中问题，结合学校课堂的主张，切合教育局课堂教学评价标准，积极开展教研组、备课组的研究活动，提升自己的思考力、实践力、创新力。

2. 提高教师的教学水平

第一，要提高教师的课堂管理能力，注重学生良好习惯、学习态度、合作学习等关键素养的培养。第二，要提高教师听、说、读、写（粉笔字）、制作教具等的能力。第三，要提高信息技术应用能力，提高每一位教师智慧课堂教学的能力。第四，要提升教师的评价水平，要有多角度、多形式评价学生的能力（学习习惯、方法、过程、结果、思维、合作等）。

3. 提升教师的职业操守

积极开展红色"333"工程的实践,一是提升教师坚守底线不碰红线的操守,依法施教;二是弘扬每一位教师的仁爱之心,做到无条件关爱每位学生;三是丰厚自身的学识,做一个爱学习、求上进的终身学习者,为学生树立乐学向上的榜样;四是做一个新时代文明精神的践行者,全面提升教师的良好社会形象。

三、基本原则

（一）儿童立场

确立儿童的主体地位,充分发挥学生的主体作用。

（二）全面发展

以更新教学理念、转变教学方式和学习方式、优化课堂教学结构为重点,全方位实施课堂教学改革;以课堂教学改革为抓手,配套推进教学管理、作业、评价等教学改革。

（三）注重创新

在借鉴各地各校课堂教学改革成功经验的基础上,充分发挥学校、教师的主动性和创造性,鼓励自主创新,努力探索提高课堂教学质量的有效途径。

（四）关注成长

课堂教学改革要在课堂教学的各个方面都取得实质性进展;通过实施课堂教学改革,教学质量有明显提高、教学效能有明显增强、学生发展水平有明显提升。

四、遵循理念

（一）以趣促学,让课堂对教师和儿童充满吸引力

致力引领儿童经历学习的过程,在教与学的深度滋养下,教师更加富有童心,儿童更加释放童真,家长形成共育合力,更加富有儿童趣味、教育滋味。

（二）以学定教,变"教案"为"导学案"

改变以"教"为中心进行教学设计的思路,确立以"学"为中心进行教学设计的思路,将"导学案"建设成"引导学习"的有效载体。课堂教学要以学生为主体,以教师为主导,以训练为主线。为学而教,教学生学会,教学生会学。

（三）平等交流,变"教学"为"导学"

改变"以教定学"的教学策略,确立"以学定教、以教导学"的教学策略,先学后教、生学师导。教学过程是师生交流合作,共同发展的过程,教师应将微笑带进课堂,将鼓励带给学生,创设民主、和谐、积极的课堂教学氛围,做学生学习的指导者、

合作者、帮助者。

（四）自主学习，转变教学方式和学习方式

有效实行自主、合作、探究式教学方式，科学运用讲授式教学方式。以教学方式的转变，引导学生学习方式的改变，培养学生自主学习能力。教学过程是引导学生经历、感受和体验知识生成的探究过程。学生能自己做到的，教师不能包办代替。要尽可能多地给学生自主学习的时间、空间（学生会的，教师不讲，让学生讲出，教师引导其他学生评价，必要时予以简明的补充指导）和展示自我、探索创新的机会。让学生成为"跳起来摘桃子"的人，而不是"盛桃子的筐"。

（五）尊重差异，关注每一个学生的学习状态

尊重学生个体差异，赏识学生独特感受、体验和理解，引导、鼓励不同层次的学生个性化学习和发展。

（六）关注生活

教师要注意学生的生活世界与书本世界的沟通，指导学生在日常生活中学习，在实践活动中提高。

（七）循序渐进

以课前预习（基础）和当堂训练（学情反馈）为切入点和着力点，以"五学四教"教学法为基本模式，结合学校原有课程改革及常规管理优点，结合学科和课型特点，创新课堂教学环节，优化课堂教学结构，把预习、展示、反馈作为新授课课堂教学的基本环节。变教师以教为主为学生以学为主，逐步推进。

五、实施策略

（一）注重讲练结合，突出科学施教

要坚持讲在学生的疑惑处、内容的重点难点处、方法的指导处、情感的激发处、评价的恰当处。坚持练在重点难点处、举一反三处、思维培养处、知识技能灵活应用处、健康思想处、情感点燃处。

（二）实施协同学习，促进共同进步

要强化命运共同体意识的培养，培植学生良好合作共处的品质。大力开展小组学习，制定不同学科合作学习的规则与方法，努力培养学生小组学习、交流合作、实验探究、归纳整理和拓展应用、创新的能力，培养学生主动学习的品质。同时要进一步强化个体的预习、复习能力，听、说、读、写、评等共性关键学力的训练与培养，为协同学习打好坚实基础。更要强化学生综合应用素养的培养，推行校级层面主题项目化学习的实践研究，有效整合各类课程的实施，提升课程实施效果。

（三）推进"技术融合"，提升应用有效度

在用好传统媒体的基础上，要深入研究现代技术媒体，做到有效应用，改变"屏幕替黑板"机械应用的状况，避免资源浪费。要大力推进乐教乐学智慧平台的实际操作应用能力，提升个性化教学课件的制作水平，提升共享资源建设能力。要积极实施"线上个性化学习"，利用好"空中课堂"优质资源，减少课外辅导班、有偿家教等加重学生负担的窘况。积极推进智慧管理、智慧教研、智慧数据应用，发挥现代技术治理教学的特殊功能。

六、实践范例

学科课堂教学学科整合，致力"三个聚焦"：聚焦核心素养的落地生根，使得目标更明晰；聚焦学生课堂的乐教乐学，使得路径更实效；聚焦课程活动的创意创新，使得形式更多样。学科课程整合的重点由拼盘式整合指向立体型融合，在学科融通、学段融通、年段融通中调整课程结构，以促进学生学科知识、能力、素养之间的立体型融合；努力培养学生良好的批判性思维能力、自主学习力、社会行动力、全球胜任力，促进学生在文化基础、社会参与和自主发展方面的整体提升。主要有以下几个方面。

语文学科：既要推行"1带X"形式的、主题模块的"大连接"，更要关注人文素养和习惯熏陶等具体方面的"小连接"。（图3-8）

图3-8　语文学科教学改革范例

数学学科：用学校现成的、自有的场景，设计出一系列的数学体验活动及挑战活动，在活动中了解校园、学会交往、遵守规则。（图3-9）

图 3-9 数学学科教学改革范例

英语学科：在英语学科教学中渗透国际理解教育，同时渗透中华民族传统文化教育，英语教学不仅仅是"show"，更应该在情境中"汇"，交汇课文、交汇生活。（图 3-10）

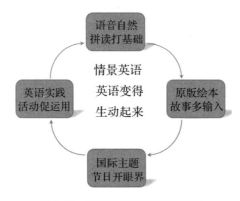

图 3-10 英语学科教学改革范例

科学学科：校园是流动的教科书，科学走出教室，培养的不仅是科学素养。科学素养和学科素养是玩出来的，在玩中动手动脑。

体育学科：通过学科渗透，引领儿童既能享受竞技中获得成功的欢愉，也能享受体面的"认输"。体育教学活动中致力全班、全年级组，甚至全校，乃至师生家长协同的"伙伴体育"，教师做儿童的同伴，家长做儿童的同伴，团队做儿童的同伴。

学科融合艺术学科：艺术之美，在于涵养一种人生的气质。大美之大，不仅仅是会唱一首歌，会画几幅画，能表演几个节目的"小技"，而是让学生在欣赏美、创造美、表达美的同时，将美变成一种浸润血脉的人格修养、一种艺术品位、一种潜在的道德素质。

七、主要措施

童趣课堂的逻辑思路是逆向设计，包括三个环节：预期结果、提供证据、制订学习计划。预期结果就是目标的制定，有三个层次：学习迁移、理解意义、掌握知识和能力。围绕核心价值、学科素养、关键能力、必备知识来制订。提供证据就是确定恰当的评估办法，教师必须认真地思考采用怎样的证据，可以最大限度地证明学生已经获得该阶段规定的知识、技能和理解水平。最后一个环节是制订学习计划，即规划最合理的学习经验和必需的教学活动，围绕理解目标和学习原则展开，使得教学活动得以顺利进行并取得一定实效。（图3-11）

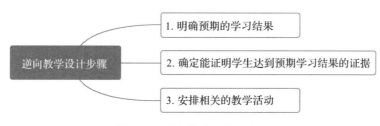

图3-11　逆向教学设计示意图

从儿童兴趣开始，经历体验、理解、质疑、迁移、再生的动态过程，学做合一，教学相长，通过智慧的生长与素养的提升来体现每一个个体的成长。

（一）备课包括三个设计

1. 设计自学方案

学生学习方案的设计要紧扣学习目标，以搜集资源、通读课文、抓住重点、概括要点、找出难点、标记疑点、小组讨论为主要方式，设计预习提纲、研讨题目、自测题目等具体的预习任务。自学方案应根据学生差异分类设计，要明确时限，有操作性和趣味性，要为班内展示做好预备。

2. 设计展示迁移过程

展示迁移训练题目设计要紧紧把握新旧知识的联结点、新能力形成的拓展点和关键处，能紧扣目标、突出重点、破解难点。练习形式要灵活，可设置基本题、变式题、提高题、综合题等类型，训练方式可做题、改题、编题、出题、评题，可观察、模仿、调查、制作、体验，可写、画、读、算、演等，要多样化、趣味化，有可行性、新颖性。

无论是自学成果展示，还是知识迁移拓展，都要在一定的教学情境中，以自主、合作、探究为基本方式，调动口、手、脑等各种感官，通过师生互动活动来完成。要注重创设问题情境（如激趣性问题、启发性问题、延展性问题等）、游戏活动情境（如猜谜、接龙、巧算等）、直观图像情境（如挂图、影像等）、生活场景情境（如家庭、社会交往片段等）、操作演示情境（如实验、制作、模拟等）、合作研讨情境（如讨论、交流、辩论等）、表演竞技情境（如表演、朗诵、比赛等）、艺术创作情境（如歌唱、绘画、编剧等）、节目仿播情境（如仿照影视广播栏目等），尽可能使教学过程多姿多彩。

展示迁移过程设计要充分发挥学习小组的作用。创设一种组内"兵教兵"、强带弱，组间互相竞争的课堂学习氛围。

3. 设计趣味练习

题目要典型，题量要适中。从基本知识基本技能方面，考查学生重点是否掌握、难点是否突破、疑点是否化解、易混易错点是否明晰。最好选择中考题中相关题目。

(二) 课堂突出三个环节

教师要遵循认知规律，科学合理地安排教学进程，力求教学过程脉络清晰，环环紧扣。要确保学、思、行三个环节落到实处。在教学时间分配上，结合学习任务，一课时只落实一个环节，也可三个环节并举。但必须体现出学生自主学习的基本理念。

(三) 学习注重三种方式

教师要将指导学生自主、合作、探究学习贯穿整个课堂教学活动。在自主学习中，重点指导学困生独立学习，让学生掌握基本知识；在合作学习中，重点指导学生间互教互学，让学生消除疑难；在探究学习中，重点指导学生标新立异，深入钻研，让学生不断提升。自主学习是基础，合作学习是关键，探究学习是核心。其中，合作学习应注意下面几点。

1. 学习小组的组建

了解学生，把全班学生依据其学习能力，按照"组内异质，组间同质"的原则分成若干个小组，由学习能力最强的同学担任组长，督导组员学习。

2. 合作学习的方式

同一组的同学，针对某一学习任务，先统一独立自主学习，再组内互相交流，成果共享，困惑会诊；将某一学习任务分解为若干小项，由组员每人分别承担其中一项，各自完成后，再集体整合；不同组分配不同的学习任务，组内以上面两种方式中的一种方式完成学习任务后，班内小组间研讨整合。

3. 小组学习的评价

各小组作为一个整体，依据各自学习成果，选代表发言，由其他组评价。注意力放在组内相对学困生的发言上，相对学优生点评，教师及时引导、解疑。小组之间进行竞赛评比，看哪组表现好。

(四) 拓展注重三个融通

通过学校、家庭、社区之间的融通，儿童、生活、学习之间有了互相连接，达成课程的融通交叉，既有利于培养儿童的创新思维，又有利于培养儿童的跨界思维。形成全科育人、全员育人、全程育人的学科新模式。

学科融通，即以学科为龙头，进行活动拓展和延伸，融汇其他学科优势，达成知识互通、学段融通。一些课程的实施可以不受年级和班级限制，学生不分学段，依据兴趣爱好自由走班、自由选课，实现跨学段融通。时空融通，即在活动空间上，学科融通不仅仅停留在班级和校园，而是突破围墙，走向家庭、社区、社会。它最大限度地利用社会环境、自然环境和社区资源，并关注学校生活和社会生活的联系，做到了活动空间的融通；在活动时间安排上，也不仅仅局限于课堂的40分钟，而是根据课程需要可长可短，有的长达一周或者一个月。

（五）评价关注三个层面

通过师评、生评、自评等多种方式，从学生学习态度、过程操作、知识技能的理解和掌握三个角度及时反馈学生学习状态。特别是教师的评价要贯穿教学活动始终，当学生参与学习活动表现突出或回答正确时，要肯定学生的成功，从内心深处给予赞赏性评价。如"你的设计（方案、方法、观点）很富有想象力，我非常欣赏！"当学生操作遭遇挫折或回答问题露出端倪时，要引导学生更进一步，及时给予激励性评价。如"你的想法不错，能说得再具体点吗？"当学生思维出现不顺或错误时，要启发学生调整思路，耐心地给予指导性评价。如"你的意思我听明白了，你能重新说一遍，让你的话更生动一点吗？"（表3-16）

表3-16 张家港市白鹿小学童趣课堂教学评价表

评价要素			评课标准	参照分	评价得分
教学目标（10分）			1. 强化基础知识与技能，丰富经验积累，培养学科思想 2. 结合学科特点，突出学科素养 3. 重点与难点理解把握表述准确	10分	
教学过程（80分）	学生表现（50分）	习惯	学生具有良好的学习习惯（听、说、读、写、思、合作等）	10分	
		品质	突出思维品质： 1. 积极思维，能发现有价值问题 2. 能正确清晰地表达自己的问题 3. 善于不断质疑，能产生一定质量的新问题	10分	
			认真倾听，边听边思，兴致勃勃： 1. 倾听他人时做到注视对方，耐心听完，及时记录疑问 2. 积极表达自己所听到的正确观点，清楚表达自己的不同观点 3. 善于整合不同观点，形成新观点并清晰表达	10分	
		方式	自主学习，积极合作： 1. 自主学习有方法、惜时间，有效率 2. 合作学习有规则、有组织、有展示、有评价，参与率高。合作学习时交流、倾听、质疑、争论、归纳等习惯良好 3. 自己能解决的问题不采用合作学习方式，合作学习内容具有探究性，每一次合作都能生成成果。合作探究时能熟练使用各种学具，操作规范，应用信息技术能力好 4. 组织小组合作时人数设定恰当，人人有事干（两人或四人合作）	20分	

续表

评价要素			评课标准	参照分	评价得分
教学过程(80分)	教师表现(30分)	氛围营造	关系平等民主,课堂氛围安静、趣味性强	5分	
		内容策略	1. 基于学段学情精选内容,恰当应用媒体 2. 依据学科课型设计任务,创新教学方法 3. 把握重点难点知识,精讲精练,落实一课一得	10分	
		教学评价	全程多元生成评价: 从学习习惯、学习品质、学习方式、学习过程、学习效果等方面对学生表现进行评价	5分	
		素养特色	1. 教态兴趣盎然,专业素养扎实 2. 学科特性鲜明,凸显教学主张	10分	
教学效果(10分)			1. 学习目标得以达成 2. 学习兴趣得以激发 3. 学习经验得以积累 4. 学习方法得以运用	10分	
注:85分以上为优秀;75~84分为良好;60~74分为合格;60分以下为不合格				合计总分	

白鹿小学将持续强化课堂教学主阵地作用,遵循教与学的规律,构建具有校本特色的童趣课堂教学新样态,切实提高课堂教学质量,建设童化教育品牌,促进学生"五育"全面发展,落实立德树人根本任务。

第四章

童化教育的德育演绎

2023年,教育部印发了《关于加强中小学地方课程和校本课程建设与管理的意见》,意见指出校本课程应服务学生个性化学习需求,培养兴趣爱好,发展特长;注重引导学生及时了解经济社会和科技等新进展、新成果;体现学校文化,增强学校办学特色,促进教师专业发展。

张家港市白鹿小学的童化教育在"童心同德"校本课程的实施中彰显本色,演绎精彩。以学校童文化的传承为基点,始终坚守儿童立场,为每一位学生的发展提供平台,让他们在童年"六季"中参与成长节律活动课程,积极学习综合特色课程,自主选择社团活动课程,让儿童拥有不断完善自我的生长力,坚定理想信念,厚植爱国主义情怀,加强品德修养,增长知识见识,培养奋斗精神,增强综合素质,促进每一个儿童朝向积极变化,最终成为有理想、有本领、有担当的时代新人,成为德、智、体、美、劳全面发展的社会主义建设者和接班人。

第一节 校本课程的建构和实施策略

校本课程建设要在国家课程、地方课程的基础上,针对师生发展的需要进行拓展、延伸和补充。以立德树人为根本任务的"童心同德"校本课程挖掘当地自然风貌、区域经济、优势科技、特色文化及革命文物、遗址、纪念场馆等方面的育人价值,使学生认识家乡、丰富体验、拓宽视野,增强综合素质;体现多元一体的理念,坚持区域特征与共同要求相统一,强化地方与国家的不可分割性,关注与世界的相互关联性,弘扬具有统一性和多样性的中华优秀文化,增强对中华民族的认同感和自豪感,涵养学生家国情怀,铸牢中华民族共同体意识。

 一、校本课程实施背景

张家港市白鹿小学创建于2007年，办学以来，一直秉持"为了一生的幸福"办学理念，致力"让每一位儿童感受到课程的关怀"的实践探索，深化教学改革，以课程研究实践推动学校内涵发展和教育教学质量提升。围绕办学理念，学校积淀了独特的"童"文化精神。近年来，基于学校改革和师生发展的现实需求，"童心同德"校本课程将实施童化教育作为实现自身新发展的主旨，将"促进儿童的积极成长"作为学校系列校本课程开发建设总方向，旨在让学校课程建设以"童"文化的传承为基点，以童化教育的深化实施为依托，着力学生的培养与发展，并寄予所有白鹿学子像童话里的白鹿一样，纯洁灵动、勇敢睿智，在学校的课程文化中汲取营养，成长为祖国建设所需的栋梁之材。

 二、校本课程实施目标

按照习近平总书记和党中央、国务院的要求，《义务教育课程方案（2022年版）》指出：义务教育要在坚定理想信念、厚植爱国主义情怀、加强品德修养、增长知识见识、培养奋斗精神、增强综合素质上下功夫，使学生有理想、有本领、有担当，培养德智体美劳全面发展的社会主义建设者和接班人。[①] 而"学生核心素养"是指学生应具备的，能够适应终身发展和社会发展的必备品格和关键能力。核心素养是关于学生知识、技能、情感、态度、价值观等多方面的综合融合。"童心同德"校本课程围绕"人文底蕴、科学精神、学会学习、健康生活、责任担当、实践创新"六大素养，系统设计校本课程目标、框架，形成了以学生发展为核心的多元化课程体系，促进学生潜能的开发，最终促进每位学生成为最好的自己。

总体目标如下：

① 学会交往，在合作中学习；
② 学会自信，养成自我认同感和坚毅的品质；
③ 学会探究，至少学习一门综合性或探索性课程；
④ 掌握一项健身技能和一项业余技能；
⑤ 成为"三有"时代新人，德、智、体、美、劳全面发展。

---

① 中华人民共和国教育部. 义务教育课程方案（2022年版）[M]. 北京：北京师范大学出版社，2022.

三、校本课程框架结构

"童心同德"校本课程体系建构,坚持落实"五育"并举,以培养"三有"时代新人为总目标,实施学生德、智、体、美、劳"五育"课程兼顾开发,成长节律类、社团活动类、综合特色类校本课程同步建构,以力求课程结构的体系化和特色化,并切实达成国家、地方和校本三级课程"一体化"工作要求。(图4-1)

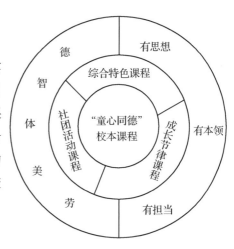

图4-1 校本课程体系结构

(一)"成长"系列课程

每一位学生通过角色体验,关注自我成长,学会感悟生活,发现生活中的美好;学会关心他人,提高道德推理、道德选择和道德实践能力;学会关爱社会,提升解决问题、探究创新、批判性思维等认知性素养。

一年级"欢乐入学礼"以幼小衔接适应课程为主,从身心、生活、社会和学习四个方面帮助儿童做好入学适应。实施活动式教学,课程主要采取游戏化、生活化、情境化、综合化等方式,以游戏、活动等体验式的主题学习活动为主,重点组织开展"畅游鹿园"入学礼。

二年级"诗意梦幻节"以梦幻课程为主,用童诗、童话绘本故事系列点燃儿童心头美梦,重点组织开展"心灵旅程"图文艺术启蒙节。

三年级"风雨彩虹节"以彩虹课程为主,用童话剧引导儿童懂得人生历经风雨才会遇见彩虹和阳光的道理,学习坚韧、勇敢、乐观的生活态度,重点组织开展"拥抱奇迹"童话人物巡游节。

四年级"博学成长礼"以成长课程为主,用亲子合作、师生合作的博学活动,拓宽儿童视野,亲密儿童和家长的关系,一起享受生命拔节的美好时刻,重点组织开展"呦呦鹿鸣"成长礼。

五年级"绿野寻踪节"以农学课程为主,用"种子图谱""自然笔记"等研究性学习或劳动项目课程活动,让儿童懂得春耕夏耘、秋收冬藏的道理。重点组织开展"七彩农庄"丰收节。

六年级"追梦毕业礼"以毕业课程为主,用重温初心、志愿服务、描绘校园、种植采摘等方式,寻找成长足迹、回味母校滋味、筑梦美好明天。重点组织"逐鹿追梦"毕业礼。

(二)"综合"系列课程

"综合"系列课程以社会主义核心价值观为引领,落实立德树人的根本任务,整合利用国家、地方及学校丰富的教育资源，依据学生身心特点和品德发展需求，培养学生发展的核心素养，整体建设具有导向性、科学性、系统性和共享性，不同学段有序衔接的学校德育综合特色课程体系，促进学校教育内涵发展与品质提升，为学生幸福成长奠定基础。

"综合"特色课程打破了学校边界，体现了多元主体参与，实现了全方位德育特色课程共建共享，建设了以下五类共享课程：红色主题课程整合了校内外爱国主义教育资源，为社会主义核心价值观教育提供了更直观与便捷的载体；金色榜样课程，以习近平总书记指出的"心有榜样，就是要学习英雄人物、先进人物、美好事物，在学习中养成好的思想品德追求"为思想引领，在师生、家长、社会群体中利用榜样力量推动学生发展；劳动创享课程依托《小白鹿成长记——劳动篇》36 技手册，在学校和家庭利用家校共育的合力让学生动手动脑，形成必需的劳动技能；馆校研学课程是将社会力量与学校共同作为开发主体的课程，为学生成长打开窗外的世界；校园节庆课程以童话校园为特色展开丰富的体验活动，在传承中华优秀传统文化的同时发展学生的志趣爱好。（表 4-1）

表 4-1 综合特色课程（示例）

共享课程	体验主题	课程目标
红色主题课程	话红色故事	政治认同
	寻红色宝贝	
	走红色基地	
金色榜样课程	榜样之名（榜样园、展示墙）	人格养成
	榜样之趣（九色鹿社团）	
	榜样之节（节日仪式）	
	榜样之行（常规活动评比）	
劳动创享课程	劳动·精神（体验）	审美创造
	劳动·方法（创新）	
	劳动·工艺（设计）	
馆校研学课程	文化阵地活动	责任担当
	青少年实践基地活动	
校园节庆课程	特色节日课程 （体育节、科技节、学科文化节等）	文化自信
	传统节日课程 （春节、清明节、端午节、中秋节、重阳节等）	
	现代节日课程 （元旦、雷锋日、儿童节、教师节、国庆节等）	

综合特色课程建设遵循以下原则：

1. 坚持导向性

以立德树人为根本任务，将社会主义核心价值观融入教育的全过程，引导学生形成积极主动的人生态度，树立正确的价值观。依据白鹿小学"童心同德"校本课程建设以"政治认同、人格养成、审美创造、责任担当、文化自信"为目标的框架，构建综合特色课程体验主题，形成内容序列。

2. 加强科学性

课程建设不仅要满足学生对学科知识的需求，还要最大限度地为学生提供品德形成和人格健全、潜能开发和认知发展、艺术修养和体育健身、社会实践和动手操作等多元课程；不仅要满足学生体验学习的需要，还要引导学生形成积极主动的人生态度，树立正确的价值观；不仅要满足学生学习的共性需求，还要满足学生发展的个性需求，也要满足基于国际视野的多样化发展需求。

3. 呈现系统性

综合特色课程建设在内容方面，纵向上要根据学生不同阶段的身心特点和认知水平，由浅入深，有序衔接；横向上要关涉学校、家庭、社会等学生生活的三个维度。在实施途径方面，形成课内课外融通、线上线下联动的立体化课程运行模式。

4. 聚焦共享性

课程建设要统整区域课程资源，打破学校边界，鼓励多元主体参与，建设以学校为开发主体的共享课程和校、家、社合作开发的共享课程，建立健全课程共享机制，实现区域内全方位德育特色课程共建共享。

（三）社团系列课程

社团活动是现代学校建设的重要资源，随着课程内容的不断拓展，社团活动已经成为发展学生自主管理能力的新型课程，是实施素质教育的重要内容。社团活动满足每一位学生的发展需要，为学生提供广阔的舞台，让他们做自己喜欢的事，攻自己擅长的领域，培养他们追求"阳光下诗意生活"的能力。

张家港市白鹿小学着眼于学生当前与未来生活质量的提高，着眼于促进社会的进步和可持续发展，结合学校的具体特点和传统优势，努力实现"为了每一个儿童"的课程理念，以九色鹿少年宫为社团活动平台，不断研究儿童发展特点，动态优化课程门类，分自选兴趣型、双选特长型两类课程。为学生提供菜单式活动项目，供孩子自主选择，打破自然班授课方式，采用走班制进行学习活动。其中双选特长型社团活动，采取学生自主报名及学校选拔相结合，聘请"校外专家＋本校特长教师"进行辅导，为孩子的特长发展助力。

通过组织丰富多彩的社团活动，不断丰富学生的校园文化生活，发现和培养学生的潜能与特长，陶冶其道德情操，培养其艺术情趣，提高其科学素养，锻炼其强健体魄，充实其课余生活，促进学生身心全面发展；发挥教师优势，培养教师的社团组织与研究实践能力，不断提高其自身专业素质。目前学校九色鹿少年宫活动课程主要分为七类。

1. 修身健体社团

依据学生体育基础技能水平，社团被分普及型和双选型，必修的普及型社团面向全体学生，满足每位学生拥有 2 项体育基本技能的要求。双选型社团面向在运动项目上有特长或潜力的学生，组建校级训练队，由校外特聘教练和校内专业教师为师资主体，训练学生参赛。学校修身健体社团主要有足球、篮球、乒乓球、田径、自行车、啦啦操等精品活动项目。

2. 传统文化社团

依托社团活动，传统文化社团培养具有家国情怀、文化底色、民族基因的当代儿童，充分挖掘丰厚多元的中华传统文化蕴含的教育价值，促进学生热爱传统文化，在文学、艺术等方面具备初步的学习能力和欣赏创造能力。学校传统文化社团主要有经典诵读、书法、篆刻、剪纸、国画等活动项目。

3. 艺术熏陶社团

艺术熏陶社团聚焦"审美感知、艺术表现、创意实践、文化理解"四个方面艺术课程核心素养，实现学科教学和社团活动的互融互通，相互促进，满足每位学生具有 1 项艺术基本技能的要求。学校艺术熏陶社团包括素描、衍纸、舞蹈、器乐、合唱、儿童画等活动项目。

4. 科技创新社团

科技创新社团以科学和创新为主题，为学生提供一个开展科学研究、技术创新和项目实践的平台。社团面向全体学生，以项目为平台，让学生学习和掌握相关学科知识，提升学科知识水平和专业素养；激发学生创新思维，鼓励学生独立思考、勇于尝试和创新，培养学生解决问题的能力；为学生提供实践机会，将课堂上学到的知识应用到实际项目中，亲身体验科学研究和技术创新的过程，提高实践能力和解决问题的能力；培养学生团队合作精神和沟通能力，增强他们的综合素质和能力。同时，科技创新社团也为学生提供了一个展示才华和交流学术的平台，有助于拓宽学生的视野和发展个人兴趣爱好。学校科技创新社团主要包括手工制作、机器人、航模、创客、三维打印等活动项目。

5. 多元发展社团

以加德纳多元智能理论为理论指导，尊重每个儿童的多样性和个体差异，为学生提供一个多样化的发展平台，让他们能够在不同领域中探索和发展自己的兴趣和才能。多元发展社团提供广泛的兴趣选择，根据学生的不同智能特点来培养和发展他们的潜能；培养学生的全面素质，不仅关注学科能力，还注重培养学生的艺术修养、身体素质、领导能力、沟通能力等；为学生提供交流与合作的平台，与来自不同年级不同兴趣特长的同学一起参与社团活动，互相学习、交流经验，培养团队合作精神和人际交往能力；帮助学生拓宽视野，了解和接触不同领域的知识和文化。同时，学生也可以通过参与社团活动，更全面地认识自己，发现和培养自己的兴趣爱好，探索自己的潜力和发展方向，还可以帮助学生培养自我管理能力、组织能力和解决问题的能力，促进个人成长和发展。多元发展社团主要包括数独、魔方、九连环、国际象棋等活动项目。

6. 定制特需社团

教育的面向全体和面向个体是一体两面，不可分割。定制特需社团是学校融合教育的重要组成部分，面向校园里有特殊需求的学生，旨在为这些群体提供特定的支持和服务。主要是为身体有缺陷的儿童提供身体机能训练，帮助他们提高身体基本技能，满足正常生活需求；为多动症、孤独症等儿童提供适合他们参与的活动，帮助他们更好地融入集体，学会与人交往；为学习障碍儿童提供学习支持和辅导，组织学习技巧培训、学习资源分享等，帮助他们克服学习困难；为心理健康问题或有此问题倾向的儿童提供倾听和支持，组织心理健康讲座、康复活动等，帮助他们改善心理健康状况。定制特需社团为特殊需求群体提供一个安全的、具有支持性和包容性的社交和学习环境，帮助他们建立自信，发展技能，并与同样面临类似挑战的人建立联系。通过定期组织活动、提供资源和信息、促进互助和交流等方式来满足特殊群体的需求，让他们感受到师长、同学、伙伴的关爱和支持，主要有专注力训练营、小胖墩俱乐部、小豆芽成长营等活动项目。

7. 童创社团

童创社团以学生为中心，注重提高学生主动参与和探究的能力，强调学生通过实际操作、观察、实验、讨论等方式主动探索问题，培养学生的思维能力、创新能力和解决问题的能力。社团呈现以下几方面特征：

学生主导：注重激发学生的学习兴趣和主动性，让学生成为学习的主体。学生通过提出问题、寻找答案、进行实践等方式，积极参与课堂和探索知识。

问题导向：以问题为导向，通过引导学生提出问题、分析问题、解决问题，培养学生的批判性思维和解决问题的能力。

多元化的学习方式：注重多种学习方式的运用，如实验、观察、讨论、小组合作等，使学生能够从不同角度和途径来理解和掌握知识。

培养综合能力：强调培养学生的综合能力，包括观察能力、实验设计能力、数据分析能力、问题解决能力、沟通能力等，使学生能够在实际问题中灵活运用所学知识。

培养创新思维：鼓励学生独立思考、勇于质疑和创新，培养学生的创造力和创新精神，使他们能够面对未知的挑战并提出新的解决方案。

张家港市白鹿小学"童心同德"校本课程，聚焦学生核心素养的培养，聚焦课程文化的优化与重构，聚焦教与学方式的转变，促进育人模式的改革。将立德树人任务贯彻落实于各学段课程教学全过程，选准知识、能力、技能与德育的结合点和切入点，并在不同类型和不同学科之间形成横向内容架构，努力构建全员投入、全科衔接、全程贯通，社会、家庭全方位连接，循序渐进的具有白鹿特色的"童心同德"德育课程体系。"五育"的每一种教育教学行为，都可能对学生的生命成长造成综合影响，产生综合效应。学校通过共建共享，校内外资源的利用再构，推进了德育课程校本化、多样化建设，形成了多主体合作参与的学习共同体，面向全体、面向差异，致力促进每一个儿童的积极变化，推动每一位学生的健康成长。

第二节　成长节律课程　串联缤纷四季

　　成长节律活动课程的观察视角从单纯的学校学习转向更为丰富的校园生活，全方位整合融通校园生活，以当下学生发展的规律为原点，在具体的教育生活层面进行理论的实践研究与创新，探索形成对当下儿童校园生活的全新理解与实践。学校依据儿童的年龄特点与成长规律，在"童心同德"校本课程理念指导下精心设计"三礼三节"成长节律活动课程，让白鹿学子在校六年中，年年有一个浸润童心的大型课程活动，给儿童留下成长的印记。顺应儿童品格养成的需求，让儿童的学科素养得以整合，儿童的创造得以表现……用丰富的校园活动化育儿童，串联儿童的缤纷四季。

一、育人背景

　　年龄阶段不同，儿童的校园生活体验也不尽相同，把握与分析当下儿童身心发展的规律，真正触及每个儿童真实的自我，帮助他们获得独特个体的成长经历与体验，是促进儿童生命成长的重要部分。同时，儿童生活的环境，浸润着文化的力量，课程作为校园文化传递的核心，孕育着"生命关怀"的教育哲学。白鹿小学结合学校发展的基因，依据当下儿童发展的规律，着力整合"全生活"场域，使知识学习、必备品格、关键能力等与儿童的成长相融，春风化雨般地将儿童浸润于丰富的学校生活中，综合融通地设计学校活动课程体系，促进儿童身心发展与学科知识建构的融合共生。

二、课程目标

　　成长节律活动课程是依托儿童成长规律，结合学校文化积淀与发展特色，开展各种活泼的童趣活动，悄然形成儿童应有的必备品格与关键能力。让儿童在生命的节律中渴望不断成长，小学"六季"成长课程，欢度"三礼三节"，每一季的课程都是对童心的召唤。（图4-2，表4-2）

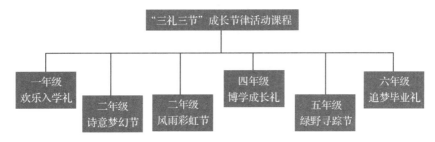

图 4-2 "三礼三节"成长节律活动课程

表 4-2 "三礼三节"成长节律活动课程内容

类别	成长节律活动	课程内容	具体活动	形成必备品格	培养关键能力
三礼	一年级欢乐入学礼	入学课程	1."畅游鹿园"入学礼 2.新生适应性微课程	自信、独立	学习兴趣、习惯
	四年级博学成长礼	成长课程	1."呦呦鹿鸣"成长礼 2.博学成长亲子活动	勤奋、感恩	合作、解决问题能力
	六年级追梦毕业礼	毕业课程	1."逐鹿追梦"毕业礼 2."母校的味道"系列活动	负责、自强	责任心、社会适应力
三节	二年级诗意梦幻节	梦幻课程	1."心灵旅程"图文艺术启蒙节 2.童诗、童话润童心活动	纯洁、灵动	想象力、交往能力
	三年级风雨彩虹节	彩虹课程	1."拥抱奇迹"童话人物巡游节 2.童话剧创意展演活动	坚韧、勇敢	自制力、耐挫能力
	五年级绿野寻踪节	农学课程	1."七彩农庄"丰收节 2.农学研究及劳动项目课程活动	乐观、智慧	劳动、实践能力

三、内涵解读

张家港市白鹿小学构建的"三礼三节"成长节律活动课程,是遵循儿童在学校"六季"成长中所呈现的特定节律,基于国家课程标准,源于对儿童成长规律的认识,结合学校"童心同德"校本课程及自身的文化积淀与发展特色而形成的一种适应儿童生活的学校活动课程体系。通过时序再构,实现学校课程、学生生活与儿童身心发展规律的统一;通过课程再构,实现单学科学习与综合性学习的有机融通;通过学习再构,实现间接经验与直接经验的交互沟通;通过评价再构,实现学校教育生活的整体育人。

成长节律活动课程立足儿童发展的节点与时空节律,整体规划师生校园生活时序、课程内容、教学方式、评价制度等,课程与生活的横向融合,不同年段课程内容间的纵向融合,通过学科拓展、亲身体验等,为发展儿童核心素养提供更多适切的路径,创造属于儿童与教师的校园教育新生活。

成长节律活动课程突破传统模式下知识被动获得、缺少直接体验交互的局限，让每一个儿童拥有选择、实践、体验的平台，综合一切可利用资源，打通间隔，实现多种教育力量的汇聚。形成儿童与自然、社会互动的综合性活动体系。

四、课程内容设置

（一）童年的烂漫：一年级欢乐入学礼

1. 指导思想

为贯彻执行教育部《关于大力推进幼儿园与小学科学衔接的指导意见》，省教育厅、苏州市《关于推进幼儿园与小学衔接攻坚行动实施方案的通知》，科学做好幼儿园和小学的衔接工作，白鹿小学从提升教师素养、改革评价方式，衔接教学实验、设置适应性课程，努力化解幼儿园和小学学习方式、教学内容、学习习惯、空间环境等方面的差异，促使幼小生活学习模式的有效过渡和自然衔接，为儿童的健康、自然、持续发展奠定坚实基础。

2. 实施要点

聚焦"欢乐入学"教学方式问题，研究儿童学习机理，幼小联合教研，教学双向衔接；聚焦"欢乐入学"育人课程支持，创设幼小科学衔接课程体验空间，引领儿童亲历入学准备、入学适应课程；聚焦"欢乐入学"评价问题，梳理学校幼小科学衔接评价策略，以评价导向促进入学适应阶段育人方式的转变。

3. 课程设置

一年级上学期设置为入学适应期，第一周重点安排入学课程，从身心、生活、社会和学习四个方面帮助儿童做好入学适应。倡导活动式教学，课程主要采取游戏化、生活化、情境化、综合化等方式，以游戏、活动等体验式的主题学习活动为主。（表4-3）

（1）逛一次校园网

报名前，孩子与家长一起登录白鹿小学校园网，进行校园文化之旅。了解校名的来历，知晓校徽、教风学风等，浏览学校概况、校园动态等专栏。

（2）送一份入学礼

在报名时送上属于小白鹿的私人定制礼，即一张美术老师手绘的游园图、一个象征开启智慧大门的鹿鹿钥匙扣、一支书写精彩童年的彩色铅笔、一本能记录成长足迹的《小白鹿成长迹：童化家育篇》手册、一份充满温情的家校联系卡。联系卡上附上了各班课程表、班主任及任课教师的联系方式，以及教室地点等家长和孩子需要的信息。精致的五重入学礼，象征开蒙启智，寄予深情厚望，让孩子对一年级的学习与生活充满向往。

（3）游一座童话园

报名结束后在家人的陪伴下，共游美丽的童话校园。根据"小白鹿游园图"，熟悉学校的教学楼及班级的具体位置,可至白鹿的"五园"场馆打卡,畅游百亩校园,认识学校的每一个角落。

(4)拍一张留念照

在游园过程中,家长与孩子可选择在童话园、科创园、农学园、体育园、榜样园留下一张最美留念照,上传班级群相册,记录第一次游校园的难忘经历。

(5)绘一条路线图

为了让新生熟悉到班级的路线,确保开学初能独立进班,倡议新生在黑白的游园图上绘制一条从家到校门,再到教室的彩色路线图,再和家人讲一讲,让上学路途充满童趣,消除孩子恐惧陌生环境的心理。

(6)读一个小童话

亲子共读绘本故事《小魔怪要上学》,开学第一天的新生适应课程安排入学微课,在微课中和教师一起学习这个有趣的童话故事,打开白鹿娃的开学季,让儿童哲学丰盈孩子们的阅读与想象,在心理上实现幼小无痕衔接。

表4-3 欢乐入学"六个一"体验课程设置表

活动主题	活动内容	活动目标
逛一次校园网	登录并浏览白鹿小学校园网	了解校园文化
送一份入学礼	领取小白鹿的私人定制礼(五重入学礼)	激发孩子对小学生活的向往
游一座童话园	游童话校园,"五园"场馆打卡	畅游百亩校园,认识学校
拍一张留念照	在游园时亲子留影	记录游园经历,师生互相熟悉
绘一条路线图	绘制家到学校再到教室的彩色路线图	确保独立进班,消除恐惧心理
读一个小童话	读绘本故事《小魔怪要上学》	在心理上实现幼小无痕衔接

(二)童梦的畅享:二年级诗意梦幻节

1. 指导思想

通过国家课程校本化、诗意课程特色化,将充满诗性、灵动和创造的精神衍生到学校发展、学生成长的方方面面,让每一位学生在诗意中长大。结合二年级学生的年龄特点,开展缤纷多彩的诗意梦幻节,培养白鹿学子纯洁、灵动的必备品格,感受绘本等图文读物作品的独特价值,认识中华文化的丰厚博大,并从中汲取智慧,弘扬社会主义先进文化、中华优秀传统文化,建立文化自信。同时诗歌韵律优美的形式,带给学生独特的审美享受,提升他们的审美情趣。

2. 实施要点

(1)引导学生学会欣赏

从富有诗意的图文,到校园的历史传说和白鹿原创童话,再到学校的景观文化,甚至每个角落,能通过观察、阅读、欣赏,体味浪漫诗意和童真童趣。

(2)引导学生学会交往

通过师生、生生合作,以低年级学生喜闻乐见的方式交流自己喜欢的童诗、童话,进行情感丰沛的表达，让学生的校园生活充满诗情画意。

（3）引导学生学会创作

学生天真烂漫、好学好问，充满童真、童趣与创造力。通过活动，促使学生展开丰富的想象力，绘制自己的"心灵旅程"，尝试诗意地创作。

3. 课程设置

天地是课堂，万物是教材，"梦幻课程"引领二年级学生经历一趟融合的心灵旅程。"诗是有声的画，画是无声的诗"，诗和画都具有艺术性，让诗意课程与艺术学科融合，在赏一赏、读一读、唱一唱、画一画等富有节奏和韵律的活动中，促使学生对诗歌内容的浩瀚无边，纯净美好产生兴趣，触发学生的想象能力，激发他们对学习和生活的热爱。（表4-4）

童话是学生天然的精神食粮，承载着学生童年的梦想。学校还将诗意课程与习惯养成深度融合，不断丰富完善德育课程的校本实施策略，促进德育与诗教的一体化发展。引导学生深度学习张家港本土儿童作家孙丽萍为白鹿创作的九个原创童话，让纯洁、灵动的校园吉祥卡通人物小白鹿幻化出富有哲理、情节动人的童话故事，以真、善、美的方式展现一个奇妙的世界，将优秀的品质、良好的言行习惯，深深地根植在学生心中。积极开展"心灵旅程"图文艺术启蒙节系列活动，用童诗、童话滋润童心。（表4-4）

表4-4 梦幻课程活动设置表

活动主题	活动内容	活动目标
趣味童诗	1. "跟着童诗去旅行"主题活动 2. 趣味诗画欣赏微课程 3. 名家诗人诗歌讲座 4. 诗歌朗诵会	感知数字诗、图画诗、谜语诗等趣味童诗的大致特点，鼓励学生用诗句表达对周围事物或想象中事物的认识和感受
四季风情	1. 采风创作微课 2. 诗配画创意赛 3. 学校小诗人诗歌作品展	引导学生关注自然、关注自我、关注社会，通过童诗的欣赏与吟诵，学习基本的童诗创作方法
童话润心	1. 白鹿童话微课程 （重点研读《等待花开的日子》《公主和衣柜》《卡卡的星星花》《去外婆家的路》《小白鹿的家园》《小白鹿的礼物》《小白鹿的守候》《雪夜的红灯笼》《最美的画儿》） 2. "最爱童话"推荐会	锻炼学生自行开展活动的能力，学会小组合作，感受童话中的真善美，打开与他人交往的正确模式，学会乐观地学习和生活
白鹿诗话	1. 读写绘课程 2. "心灵旅程"图文艺术展	发展学生听、说、读、写等方面能力，学习捕捉生活中的美好与灵感，彰显自己的个性，形成自己的思想，有自己独特的见解，发展想象力和创新思维能力，唤醒心中的诗意

（三）童真的韵调：三年级风雨彩虹节

1. 指导思想

童话，是儿童自然的精神生活，是儿童真实的理想世界。学校发挥白鹿校园的童话特色，发挥童话文学形式对立德树人的独特作用，引导儿童学会欣赏美、追求美、创造美。在开展彩虹课程的同时渗透生命教育和逆商耐挫教育，不断提升学生的自制力和耐挫力；在对童话榜样人物的学习中引导学生逐渐形成坚韧、勇敢等优秀品质，成长为德智体美劳全面发展的社会主义建设者和接班人；在创演尊师孝亲、勤学创新、自强励志、团结助人、诚实正义、乐观向上等有内涵的童话剧中，塑造富有童真童趣、催人向上向善、富有时代气息的童话艺术形象，展现新时代少年儿童立志向、有梦想、爱学习、爱劳动、爱祖国，自觉践行社会主义核心价值观的精神风貌。

2. 实施要点

（1）引导学生认识自我

通过不同形式的童话浸润，开展童话人物研究活动，学会正确归因、自我疏导，以平和的心态自我审视、查漏补缺，及时进行自我调整。

（2）引导学生勇敢面对

创设不同的童话情境，开展童话剧创意展演，学会勇于寻求帮助，学习人际交往技巧，增强耐挫能力，懂得在挫折中积累经验。学会总结失败的教训，积累战胜挫折的方法，用发展的眼光看待困难，使事情向积极方向发展。

（3）引导学生解决问题

利用童话中的榜样进行正面教育，形成坚忍的意志品质，学会灵活机智地应对不同困境，掌握战胜挫折的具体方法，并能积极地想方设法解决问题，帮助自己和他人。

3. 课程设置

童年是人生最美的童话，让童话的触角伸展到儿童的世界，是童话白鹿的应然使命。彩色的森林、华丽的城堡、精灵般的动物、灵动的白鹿雕像和活泼可爱的白鹿学子相映成趣，营造出奇幻的童话世界。不论是地贴，还是墙面，每一个童话，因为儿童的创造，才会更加鲜活可亲。彩虹课程利用儿童节前后时段，开展"拥抱奇迹"童话人物巡游节，童话剧创意展演等丰富多样的童话育人活动，创设利于学生接受的劣势刺激，促使其在挫折中接受锻炼，培养勇敢的精神，不断提升耐挫力。彩虹课程从"童·话""童·声""童·剧""童·塑"四个方面展示学校童化教育理念，激发学生追求自立、自强的精神，增强学生控制情绪和压制冲动的能力，能正确地面对挫折，应对实际困难。（表4-5）

表 4-5 彩虹课程活动设置表

活动主题	活动内容	活动目标
童·话	1. 童话书籍漂流活动 2. 童话义集活动 3. 童话"变脸" 4. 原创童话赛	以温润的童话释放孩子的能量，汲取童话中的榜样力量，潜移默化提升学生的道德品格
童·声	1. 童话小广播活动 2. 童话传唱活动 3. 童话作家进校园活动	用声音传递价值观，滋润学生心灵，营造积极向上的校园文化氛围
童·剧	1. "拥抱奇迹"童话人物巡游活动 2. 童话剧创意展演活动	感受创编乐趣，提升学生的舞台表现力，形成正确的自我认知，培养勇敢面对困境、主动解决问题的能力
童·塑	1. 童话彩塑比赛 2. 童玩游戏创意赛	以文化人、以美育人，让儿童的德性在童话校园的沉浸式体验与学习中沉淀、滋长、升华

(四)童心的召唤：四年级博学成长礼

1. 指导思想

为贯彻落实《江苏省未成年人基本文明礼仪规范》，抓好未成年人的"八礼四仪"，在学生十周岁之际组织举行寓意深刻、庄重简约的成长仪式，在亲子活动中引导学生学会感恩、懂得分享，增强社会责任感、创新精神和实践能力，进一步深化省文明办提出的"八礼四仪"文明礼仪养成教育，弘扬社会主义核心价值观。白鹿小学秉持"为了一生的幸福"办学理念，全面落实立德树人根本任务，从学生成长中的关键节点出发，建构了"成长仪式"课程。在隆重而富有象征意义的仪式中，学生经由体验生命中特殊时刻而产生对生命价值的思考，形成奋发向上的精神动力。

2. 实施要点

(1) 关注思想性，体现序列化

针对十周岁儿童心理特点及成长需求，学校以"成长·分享"为主线，分层次、序列化地设计"呦呦鹿鸣"成长礼，在系列活动中引导学生加深对"成长"内涵的理解，鼓励他们勤奋、感恩，树立远大人生理想并付诸行动。

(2) 关注参与性，体现主体性

"成长仪式"课程努力为每一位学生参与活动创设条件，激励学生和家长共同参与活动，使"教育是多主体共同参与的观念"转化为具体行动。发挥全体学生的主动性、积极性、创造性，使他们的个性得到彰显，能力在实践中得到锻炼。

(3) 关注传承性，体现创造性

尊重"成长仪式"的历史渊源，启迪学生敬爱父母，用行动报答父母对自己的养育之恩。富有创意的集体节目表演与个人才能展现，都体现了学校对祖国优秀传统文化的重视与传承，寄托了学校对学生的美好期望。对父母的感恩之情，亲子间的相互理解,都在这共同参与的仪式中被悄然唤醒。

3. 课程设置

成长,需要仪式。仪式,擦亮成长中每一个重要日子,散发着浓郁的人文气息,是教育理想和人生梦想的集体放飞,承载着某种象征意义,能唤醒学生对生命、人生的体悟,具有持久影响力。通过仪式的洗礼,把感恩、独立、责任送给学生,让他们从现在起,好好学习,争做纯洁灵动、勇敢睿智的鹿鹿榜样。

"呦呦鹿鸣"成长礼以亲子共同参与的方式,倡导学生在活动中展示自己的才能,体验成功的喜悦,学会珍惜;回忆自己的成长,体会父母养育的辛劳,学会感恩;畅想自己的未来,为梦想做个规划,学会担当。(表4-6、表4-7)

表4-6 "呦呦鹿鸣"成长礼活动流程表(线下)

活动主题	具体内容		主要形式
"拾"光正好 少年启航	亲子携手共走成长门 展示成长照片墙和家育手册		亲子活动
"拾"光有你 礼赞成长	第一篇章	师生分享 友谊长存 校长致辞 合唱校歌 "感恩学校"集体表演	师生、亲子 集体活动
	第二篇章	家人分享 亲情交融 亲子成长故事 亲子互赠、阅读书信 家长赠送成长礼,互相拥抱 "感恩父母"集体表演	
	第三篇章	集体分享 共同成长 家长、教师赠送寄语 "成长、担当"集体表演 学生代表发言 全体诵读成长宣言	
"拾"光不负 "一鹿"前行	集体生日 创意派对		班级活动
"拾"光回眸 幸福味道	樱桃采摘 项目研究		项目活动

表 4-7 "呦呦鹿鸣"成长礼活动流程表(线上)

活动主题	具体内容		主要形式
鹿鹿榜样　播种希望	欣赏家育手册小视频 亲子创意盆栽 DIY(自己动手)展		亲子活动
翩翩少年　行有方向	第一篇章	回忆往昔　礼赞成长 校长致辞 分享班级成长照片 视频展示学生才艺	师生、亲子 集体活动
	第二篇章	情牵信笺　感恩父母 亲子成长故事 亲子互赠、阅读书信 家长赠送成长礼,互相拥抱 亲子合唱《让爱住我家》	
	第三篇章	成长宣誓　不负未来 "榜样力量"谈 班主任、教师寄语视频 集体宣誓	
莘莘学子　心向未来	评论留言　发表感想		班级活动
初心接力　幸福味道	制作亲子手工生日面条		项目活动

(五) 童趣的拾撷：五年级"绿野寻踪节"

1. 指导思想

教育似一片田野，学生如一粒种子。课程，是学生学习的主渠道，也是教师施教的大蓝本。农学课程注重生长性，提供的是有精神、有科学和有梦想的世界，让学生在校园里有大地的视野，田野的幸福，让学生精神世界的"种子"有生长的时空和养料，农学教育关注所有生命种子的充分发展。"绿野寻踪节"系列活动是为了每一颗生命种子的发现和成长，寻找达到其应有学习水平的条件，让生命之花绽放在希望的田野上。农学课程将课堂教学和劳动实践结合起来，将知识建构和能力发展结合起来，以培养学生劳动、实践能力，促进学生全面发展为课程总目标，通过种植采摘、综合拓展等活动亲近自然、陶冶身心，让学生获得知识和能力的双丰收，形成乐观、智慧的必备品格。

2. 实施要点

(1) 关注劳动知识与技能。让学生体验劳动生活，学习种植、栽培、采摘技巧；亲自种植植物，参与管理，了解一些植物的生长情况；了解农业基本常识，增强学生生活乐趣，丰富学生成长和生活的经历。

(2) 关注科学探究方法。乐于分享自己的想法，愿意与同伴交流合作；能向有经验的师长请教，会从书中、网上查找问题答案，勇于尝试解决问题。在体验式的学习中获取知识，锻炼动手实践能力，提升学生的实践能力；在观察、实践和交流中启迪科学精神，学会思考，并初步开始探究。

（3）关注实践体验与感悟。体验劳动带来的喜悦感和成就感，体会劳动人民的艰辛，感恩劳动人民的付出，在学习和实践中培养热爱劳动、珍惜劳动成果的良好品德；乐于分享劳动果实，感悟大自然的奇妙，学会人与自然和谐相处。

3. 课程设置

从白鹿小学的办学底蕴和价值追求出发，利用学校拥有美丽小农庄这一得天独厚的资源，基于"儿童的主体性、整体性与生活性的学习能力"的多元发展理论，确立培养"有梦想、会学习；亲乡土、会生活；爱科学、会探究；能生存、会合作的儿童"的农学课程目标。

学校关注课程资源的创建，充分挖掘和利用丰富的田园课程资源，以各种有效途径推进农学课程特色形成，以助力五年级"绿野寻踪节"校本课程的构建和实施，让田园文化成为教育的土壤，让体验活动成为教育的载体，让探究学习成为教育的平台。种植实践课程、采摘体验课程、自然笔记课程和综合拓展课程之间相互联系、同步开展。"绿野寻踪节"通过串联春夏秋冬四季，挖掘劳动、实践活动中的教育内容，开展农学课程，多形式激发学生劳动兴趣，多维度展示农学课程成果，培养学生综合素养。（表4-8）

表4-8 农学课程活动设置表

项目主题	活动内容	活动目标	育人目标
种植实践课程	1. 认识种子 2. 种子成长迹 3. 种植瓜果蔬菜、花卉 4. "小农人"田间管理	1. 了解家乡地域生态环境中植物种子的事实性知识 2. 通过参与田间种植及管理活动，掌握植物种植管理的基本技能和方法 3. 能主动运用各种感官探究问题，寻求答案，会用简短的语言表达、记录学习和发现的过程 4. 乐于观察和探索自然，关心自己周围的生活环境；学会从熟悉的田园生活中发现美；有初步的环保意识和乡土情怀	有梦想会学习
采摘体验课程	1. "果实的秘密"探究 2. 枇杷采摘节 3. 小苹果奇遇记 4. 红了山楂，亮了年华 5. "柿若珍宝" 6. 最是桂花好个秋	1. 了解家乡地域生态环境中植物果实的事实性知识 2. 通过亲自体验采摘过程，掌握采摘技巧和方法，尝试用果实制作各类精美食物或其他生活用品 3. 感受采摘的辛劳，体会丰收的愉悦，感恩大自然的馈赠。能运用所学的科学知识和技能去发现并解决生活中的问题，学会运用果实创造甜美生活	亲乡土会生活

续表

项目主题	活动内容	活动目标	育人目标
自然笔记课程	1. 制作自然笔记 2. 拯救池塘 3. 优秀自然笔记评选	1. 走进自然,通过手写、手绘形式,记录与大自然久违的邂逅,获得人与自然的和谐共生真实体验 2. 学会观察、记录、研究自己认识的动植物或自然现象,用自己的方式把研究所得呈现出来 3. 通过"玩动科学"优秀自然笔记评选,激发学生热爱科学,主动探索的精神,学会科学探究的基本方法和技能,以积极有爱的态度对待自然、对待生活	爱科学 会探究
综合拓展课程	1. 小农庄财富 2. 田园梦想 3. 小白鹿农庄创客 4. 舌尖上的白鹿	1. 掌握自然、科技、文化等现象与规律,了解现代农业、科技等方面的基本方法与程序 2. 积极体验乡土生活,养成基本的动手实践能力。积极探究,学会用科学的方法与技能解决问题 3. 与同伴共同学习、探究,并互相帮助;与同伴互相合作、劳动,并分享成果	能生存 会合作

(六) 童声的回响:六年级追梦毕业礼

1. 指导思想

小学毕业是学生学习生涯中的重要分界点,意味着孩子就要结束人生第一个学习阶段,即将开启一段新的旅程,起着承上启下的作用。毕业生迫切需要综合运用小学阶段所学知识和技能去解决问题的能力,以及对未来的规划、对人生的展望。针对小学毕业生的特点及发展需求,白鹿小学积极探索并构建系统化的"逐鹿追梦"毕业课程,以学生的"认识自我、感恩奋进、逐梦未来"为课程目标,以项目推进为方式,以主题活动为载体,以融合发展为旨归,以"主题研究式""问题解决式"的体验实践为主,帮助毕业生展开主题研究,解决学习、生活中的实际问题,学会规划自己的人生,并将负责、自强的白鹿学子气质内化于心、外显于行,进而为毕业生的终身发展注入强大的力量。

2. 实施要点

(1) 聚焦毕业课程的系统性

通过形式丰富的系列活动,在真实的情境中引领学生回顾六年的小学时光,盘点学校、教师、同学给予自己的幸福时刻,帮助学生反思自身所在的人生位置,指导学生展望未来生活,追逐童年的梦想。

(2) 聚焦毕业课程的生长性

通过参与真实的学习项目,融合多学科的知识技能,让学习在活动中真实发生。教材不是我们的全世界,世界才是我们的教材。将生活与学习高度交融,在各种尝试与体验中对未来充满信心,在观赏品评中提升对人生的理解。

(3) 聚焦毕业课程的独创性

毕业课程为一个个具有鲜活个体特点的毕业生量身定制,尊重青少年心理特点和成长规律，指向学生自主学习意识的觉醒，满足生命个体的发展所需，让学生成为课程的创生者，最大限度地参与到课程开发、实施的过程中，并逐渐成为课程设计和实施的主体和中心。

3. 课程设置

为了彰显毕业班学生成长的历程，引领他们回顾六年小学生活，感悟母校与老师的培育之恩，展示六年来的学习成果，培养责任心、实践能力，增强社会适应能力，展现校园文化魅力，丰富校本文化建设。让六年级学生以独特的方式回顾小学生活，感恩母校的培育之恩，以美好的方式告别小学生活，开启新的征程。经过多年的探索与实践，张家港市白鹿小学从毕业生视角出发，建构起"回味童年、祝福母校、憧憬未来、聚焦真情"和"创意纪念册、原创毕业歌、时光微电影、母校味道、成长接力、职业体验、毕业典礼、个人展演"的"四项目八主题"的"逐鹿追梦"毕业课程框架，多维多层全面推进，活动创作联动共生，小初衔接环环相扣。（表4-9）

表4-9 "逐鹿追梦"毕业课程设置表

项目主题	活动主题	活动内容	育人目标
回味童年	创意纪念册	回顾小学生涯，感悟成长收获，定格美好童年，制作富有个性的毕业手册	悦纳自己 实践创新 审美提升
	原创毕业歌	融合语文、音乐学科，尝试作词作曲，创作能倾诉情感的毕业歌曲	
祝福母校	时光微电影	综合运用在学校掌握的技能和方法，组建项目实践团队，学会分工合作，将母校生活制作成微电影视频	心怀感恩 创意表达 学会合作
	母校味道	走进白鹿五丰楼的美食世界，唤醒白鹿味蕾记忆。和伙伴齐动手，体验包馄饨、裹粽子、做拼盘等劳动乐趣，让熟悉的白鹿味道占据心底	
憧憬未来	成长接力	编织五彩绳送给学弟学妹，系五彩，送平安，传递毕业祝愿；书写心愿，制作幸运星存入心愿瓶	成志于学 勇于探索 学会改变
	职业体验	开展"未来生活馆"职业体验活动，用"小体验"触发"大未来"，了解各种职业所需素养和能力，感受不同岗位提供的社会价值及付出的艰辛努力，建立职业和学业的联系，激发学生规划未来的意识	
聚焦真情	毕业典礼	开展"毕业红毯秀""师生话离别""最后一堂课""颁发毕业证""畅谈未来梦"等活动，举行简约、隆重的六年级毕业追梦礼，激励白鹿学子行远思恩，阳光逐梦	热爱集体 责任担当 励志远行
	个人展演	自主申报，私人定制"我在福'鹿'中成长"毕业生展演活动，通过书画展、器乐展、诗歌朗诵、脱口秀等不同形式提供优秀毕业生展示自我、回馈母校的平台，促进文化传承与创新	

五、课程评价

聚焦小学阶段儿童成长所需支持要素，积极发挥"评价育人"的价值导向，构建儿童发展综合评价指标体系。探索评价方式、评价路径的创新，开展多样化评价实践，探索过程性、体验式评价方式，白鹿小学成长节律活动课程以科学有效的评价促进儿童可持续发展。基于童话校园文化基因，从细节入手，有计划地开展学生养成教育系列活动，有层次地落实立德树人根本任务，全方位培养小公民的道德素养，逐渐形成抓"小事"养"大德"的活动特色。

（一）以"男生手册""女生手册"为载体，丰富过程性评价

针对男、女生的性别差异和特点，通过"方圆地"（养成习惯）、"成长林"（学会技能）、"欢乐谷"（享受闲暇）三大版块，引导开展多样的成长节律活动课程争章评比，从文明礼仪、交往、公民素养、学习习惯、劳动、安全、生活、游戏等几条主线，有层次地进行教育引领，逐渐培养学生的责任意识、礼仪意识、节俭意识、卫生意识等。在活动过程中及时纠正学生行为偏差，使学生将一日常规内化为自觉的行为习惯，真正落实白鹿小学"抓小事，养大德"的育人理念。广泛发动学生、教师、家长共同参与，通过自荐、互荐、自评、互评、他评，以及争章和积分换购活动，对学生进行养成教育和个性评价。

（二）以童化家育手册《小白鹿成长迹》为载体，创新表现性评价

根据学期初下发的《小白鹿成长迹——童化家育篇》手册、《小白鹿成长记——劳动篇》36 技手册等，发挥校、家、社协同育人的作用，从"情感维度""品格维度""技能维度"三个维度来考量每一位学生，每一个家庭，综合发展学生的核心素养。劳动手册从校园劳动和家庭劳动两大方面重点设置了"劳动次数""劳动态度""实际操作""劳动成果""劳动创新"等评价要素；童化家育手册从"亲子劳动""亲子实践""亲子阅读""亲子创想""亲子志愿服务"等方面设置评价机制。将活动与学科课程、班级管理、亲子陪伴、主题研究、社会服务等有机融合，有目的、多层面、有梯度地设置了相应的评价标准，通过一周一敲章、一月一总结、一学期一展示、一学年一汇报的方式进行学生的表现性评价，让素养提升可视化，激发学生在各类课程活动中自主体验、自我教育、实践创新，体会创造带来的快乐，培养一批有科学价值观和强大实践力的社会主义接班人。

（三）以"鹿鹿榜样"为载体，完善激励性评价

为每一位学生私人定制"鹿鹿榜样"申报卡和评选卡，通过班会教育、晨会交流，结合学校开展的成长节律活动课程，在初期确定好适合自己的目标，可以从学习榜样、阅读榜样、诚信榜样、礼仪榜样、行走榜样、用餐榜样、劳动榜样、志愿服务

榜样等中选择榜样申报类别，每学年可更换，分别在学年末结合自身表现展示申报成果，民主评选出班级、年级、校级榜样。学校文化艺术节将隆重表彰每届榜样学生，邀请他们上台领奖并发表感言，制作榜样学生宣传栏或视频进行榜样力量的传递。榜样评选树立了学生的目标意识，给予了每一位学生展现自身的机会，倡导学生全面发展，提升综合素养。

第三节 综合特色课程 渲染七彩童年

儿童天性好奇，有着无限的想象力与创造力，能从无限的实践去探求答案。综合特色实践课程在"童心同德"校本课程理念指引下，通过创设红色主题课程、金色榜样课程、劳动创享课程、馆校研学课程、校园节庆课程，利用童创性空间与资源，让儿童在自主探究实践中成长自我、树立自信心、激发求知欲，形成敢于创新实践的品质。

一、红色主题课程

"少年强则国强，少年进步则国进步。"少年是祖国的未来和民族的希望。为全面贯彻新时代党的教育方针，白鹿小学开发红色主题活动课程，组织引领少先队设计与实施，把立德树人融入教育教学、社会实践各环节，更好地教育引导当代小学生做社会主义建设者和接班人，成为有红色血脉的未来公民。

（一）话红色故事，立榜样目标

宣讲课堂，助力学生成长。如通过书记或校长给学生讲红色故事，分享自己的成长经历，从上小学时的"红领巾"，到读中学时的"团徽"，再到工作岗位中的"前辈、先锋"，激励学生奋发向上。从教师到身边的劳模、感动中国人物等，一个个鲜活的榜样人物，如同人生的坐标给予了学生积极向上的动力。

学校将红色教育融入教育教学全过程，利用每周一次的升旗仪式，每日班会课、晨会课开展红色宣讲，邀请"党员先锋"、党员家长走进校园、走进课堂，在"鹿爸鹿妈大讲堂"现身说法，榜样的力量让红色基因在学生脑海里回荡，在血液里流淌。

（二）寻红色宝贝，汲榜样智慧

分享课堂，汲取前人智慧。如在白鹿小学的"红色宝贝展"活动中，四年级学生潘容希展示她在家里找到的太爷爷潘佛金的《革命烈士证明书》。这份暗淡泛黄的证书，见证了潘佛金烈士不惜宝贵生命、英勇就义的崇高革命精神。潘容希说，作为烈士后代，她要继承和发扬太爷爷爱党爱国的忠贞情怀，努力学习，时刻准备着做新时代的奋斗者和追梦人。

历史是最好的教科书。结合党史学习教育，白鹿小学开展了寻访身边的"红色宝贝"主题活动。学生纷纷将自己身边的"红色邮票""革命烈士证明书""革命军人家属证明书"等搜寻出来。一张张发黄的"宝贝"背后，承载了一段段厚重的历史。学校还鼓励学生挖掘"红色宝贝"背后的故事，利用班会课、晨会课进行故事分享，激励广大学生不忘初心、牢记使命，争做新时代的好少年。

（三）进红色基地，寻榜样力量

实境课堂，追寻英雄足迹。在张家港双山岛渡江战役纪念碑前，学校组织学生聆听革命先烈事迹，感受革命精神，传递信仰力量。白鹿小学大队部、各年级学生代表来到香山烈士园开展清明烈士陵园祭扫活动，表达对革命烈士的深切缅怀。他们重温中国少年先锋队队史，通过敬献花篮、敬队礼等方式向先烈们致以崇高的敬意。

饮水思源不忘本。白鹿小学一直秉持校、家、社共育的理念，落实立德树人根本任务。学校通过开展"三色花开"社会实践、教师志愿者进社区、小记者寻访红色印记、少先队员访老兵、参观沙洲县抗日民主政府纪念馆、重走"迷你长征"、亲历采访老兵等活动，在无形中给学生树立了英雄榜样，增强了做中国人的志气、骨气、底气。学校还开展社会主义核心价值观组歌联唱，举办张家港市"童心向党 红领巾追梦新时代"主题队日活动等，传唱红色歌曲、感悟初心使命，激励学生做有理想、有担当的时代新人。

红色主题课程要有活力与生命，科学评价是关键。学生是红色主题课程的主体，评价从学生参与活动情况开始，评价方式有学生自评、小组评、教师评、基地评，评价内容含显性成果和隐性成果，尤其应注重学生成长过程的隐性成果，对成果斐然的学生予以授衔奖励。教师是红色主题课程的开发者、指导者、合作者，直接关系到红色课程的质量与效果。评价方式有教师评价、研学组评价、校管组评价；评价内容有策划度评价、实施度评价、指导度评价、总结度评价。

二、金色榜样课程

榜样教育是学校教育的一个重要组成部分。为拓展榜样教育内涵，创新榜样教育形式，多层面、全方位地树立新时代少年儿童的先进典型，白鹿小学将榜样教育融入日常学习、生活，一直开展以"鹿鹿榜样"为主题的德育品牌活动，并通过构建与实施相应的课程，推进金色榜样课程，有效地促进学生健康人格的发展。

（一）金色榜样课程的建构

促进家校紧密合作，是共育美好未来的需要。教师、学生、家长是学校的三大主体。学校立足"童化"育人理念，自主开发校本课程，构建了金色榜样课程（图4-3），力求实现校本课程特色化、学生活动课程化。

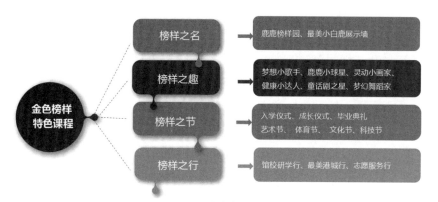

图 4-3 金色榜样特色课程

为培养纯洁灵动、勇敢睿智的白鹿学子，金色榜样课程容纳了环境营造、学科拓展、节日仪式、特色活动等诸多内容，由"榜样之名""榜样之趣""榜样之节""榜样之行"四个板块组成。四个板块相辅相成，"榜样之名"利用榜样名字资源，目的是构建学校良好的育人环境与氛围；"榜样之趣"意在于丰富多彩的项目活动中渗透榜样文化，引导学生在培养兴趣爱好的同时感知榜样的品质与精神；"榜样之节"利用校园节日渗透榜样文化，凸显仪式感和庄重性；"榜样之行"则着力于在课外实践活动中探索榜样身上蕴含的珍贵品质。四大板块的内容共同指向学生核心素养的养成。

（二）金色榜样课程的实施

1. 榜样之名——营造课程育人环境

环境是一门隐形的课程，潜移默化地影响着学生的发展。学校为课程实施创设良好的环境，形成园、墙为一体的特色景观，使校园的一草一木、一文一图都凸显榜样特质，从而营造金色榜样课程的浓厚氛围，让人文励志情怀春风化雨般地熏陶师生。

（1）鹿鹿榜样园

榜样园源于学校"鹿鹿榜样"评比活动，蕴含着对白鹿学子立下宏志、学会担当、踏实前进，争做纯洁灵动、勇敢睿智"小白鹿"的殷殷期盼。榜样园不仅仅是学生生活和学习的"第二家园"，也是展示物型课程资源的绝佳载体。学生在课间穿梭于园里园外，倾听师长讲述榜样故事，于潜移默化中树立起"天行健，君子以自强不息"的精神。榜样园既可以做休憩之用，又可以化身为学生阅读、教师上课的资源。

（2）最美小白鹿展示墙

最美小白鹿展示墙源于学校每月"榜样颁奖日"活动，班班有榜样、班班皆精彩。无声的墙创造出一片生命文化天地，各班将每月常规表现突出的"最美小白鹿"资料展示于该面墙，给予学生更多展示风采的平台，激励更多的学生争做"鹿鹿榜样"。师生被象征意味浓郁的景物环绕，就会情不自禁地走入情境，感受不同榜样独特的魅力。

2. 榜样之趣——开设社团探究课程

社团探究课程是校园文化的重要载体，是学生身心发展、兴趣拓宽的阵地，也是学生展示个性、内化能力的第二课堂。学校利用校内外资源，开设了多种项目探究课程，如"梦想小歌手"音乐课程、"鹿鹿小球星"体育课程、"灵动小画家"美术课程、"童话剧之星"语言课程等，形成了丰富多样的学生学习伙伴群，满足学生的多元发展需求。

3. 榜样之节——设置节日仪式课程

节日是一种文化的体现，承载着文化传承的功能。构建节日仪式类课程，既能给学生带来快乐，又有一定的教育功能，使节日更有意义。对此，学校采取"两面抓"，一面是在常规的节日中融入榜样元素，另一面是选择合适的场地，创新设置榜样主题的仪式和节日，实现榜样文化课程与节日的链接。

在新生入学仪式上，一年级学生通过拜师礼、赠书礼等，体验感恩师长、誓言立志的过程，从入学第一天就明理懂礼、遵章守纪，明确成长目标。在仪式上，学校会邀请高年级的"鹿鹿榜样"代表发言，让学生萌发爱校向学之情。再如四年级成长仪式，邀请家长参与，以"感恩、立志、成长"为主题，让学生与家长互相书写"知心话"，然后过"成长门"，领成长礼，表决心，立志向，体验成长和责任。每年学校还会开展艺术节、体育节、科技节等活动，在活动中设置隆重的榜样颁奖仪式，让学生在颁奖典礼上渗透榜样精神，享受收获的快乐，提升学习技能，培养健康人格。

4. 榜样之行——创建活动实践课程

活动实践课程是以学生发展为宗旨，以活动为载体，在教师指导下，通过学生的主动参与，获得直接经验和实践特长为主的课程。开设该课程旨在让学生通过生活实践树立责任与担当意识，从而成为合格的新时代好少年。

学校开展系列特色鲜明、成效卓著的活动课程。如"最美港城行"活动课程，每学年开设一次，学校根据不同年段学生的年龄特点，开展生动有趣的校外实践活动，在活动中进一步发现与学习身边的榜样。再如"馆校研学行"活动课程，组织学生走进博物馆、纪念馆等学习基地，了解港城发展史、奋斗史，让家乡的榜样在心中，激励自我前行。学校还成立了九色鹿志愿服务团，定期开展垃圾分类、洁美港城、孝老爱亲等志愿服务活动，鼓励学生在活动中磨砺意志、传递榜样文化，宣传榜样文化教育。

(三) 金色榜样课程的评价

学校实行"以人为本"的管理文化，用评价规范教师教学行为，激励学生学习并记录其成长。金色榜样课程评价注重主体性、过程性、发展性和生成性，评价目标多元，评价手段多样，评价方法灵活。

1. 过程性评价：结合活动，综合评价

(1) 定制"鹿鹿榜样评比卡"

每学期，学校会给学生定制"鹿鹿榜样评比卡"，人手一张，让学生对照其中的评比项目，根据自己的表现制定目标并予以评价。"鹿鹿榜样评比卡"与各项活动相结合，由各个班级灵活制定细则，对各项活动做到细化要求，以发挥明理、激趣、导行的作用。在自评的基础上，学校还设置了互评项目，由学生互相评价，指出对方的优点和不足，督促每位学生完善自我。

(2) 建立"成长档案袋"

学校鼓励学生采用个性化的方式及时记录金色榜样课程体验过程。档案袋多元评价，全面展示，记录学生的成长足迹。评价方式包括自我评价、同伴评价、父母评价、教师评价等。每学年，学校评选优秀档案袋，并在学校阅览室展示，帮助学生树立自信心，在回顾和反思中不断成长。

2. 生成性评价：奖励活动，表彰优秀

(1) 评选"最美小白鹿"

学校对在每月常规主题教育活动中表现突出的个人进行表彰，评选出一批包含"慧劳动之星""慧行走之星""慧用餐之星""慧交流之星""慧学习之星"在内的"最美小白鹿"。学生首先根据自己的常规完成情况自主申报，再在班级里进行互评、师评，评价主体倡导教师、学生、家长等多方参与，评选结果以获得书记、校长颁发奖状，成果展示等多样化形式呈现。（表4-10）

表4-10 每月常规教育主题表

月常规重点	周次	每周常规要求	常规教育细则
9月慧用餐	1	饭前饭后勤洗手	1. 能够正确使用七步洗手法洗手 2. 节约用水，洗完手后关紧水龙头 3. 不将手上的水随意乱甩，注意卫生
	2	排队等候不拥挤	1. 离开座位要慢，观察周围的情况，以免和其他同学碰撞 2. 分餐时，拿好餐具，有序排队，安静等待 3. 添饭、添菜须向老师示意，再排队取餐 4. 用餐结束，端好餐具，依次排队，弯腰将残羹剩菜倒入桶内 5. 分发水果、牛奶，由小组长或者值日班长组织，不争不抢
	3	安静用餐不浪费	1. 用餐不讲话，有事请举手示意 2. 吃饭细嚼慢咽，不东张西望，不掉米粒，不挑食，力争光盘 3. 饭、菜按需添加，不浪费 4. 吃剩的饭菜用筷子轻轻拨到一个格子中，如桌上、地面有残羹，须一并捡起

续表

月常规重点	周次	每周常规要求	常规教育细则
9月 慧用餐	4	轻拿轻放护餐盘	1. 饭前,在桌面上铺好毛巾,做到干净、整洁、平整 2. 餐盒、筷子、勺子有序摆放在毛巾上 3. 倒残羹时,将餐盘伸入筒内,轻轻倒入,不敲桶 4. 将餐具整理干净后放入餐包中 5. 回家后及时清洗餐具,确保干净卫生
10月 慧劳动	5	整理课桌我能行	1. 能按每日课程整理好自己的书包,保持书本、作业本的整洁、平整 2. 课桌内书本、作业本、学习用品及生活用品能分层、归类整理,便于收取 3. 保持桌面、桌肚整洁,不在桌上随意刻画,放学前将课桌清理干净
	6	认真值日爱环境	1. 按照值日表每天及时打扫,早、晚做简单打扫,中午应彻底清扫 2. 离开教室须检查自己的"小天地",离开座位要整理好桌椅 3. 周三为大扫除日要彻底清扫教室,不留卫生死角
	7	垃圾入箱要分类	1. 不随意将纸撕成碎片,整张废纸压平后放入可回收垃圾桶内(无须套垃圾袋) 2. 牛奶袋吸扁后放入牛奶盒或垃圾袋内,按规定时间扔至其他垃圾桶内 3. 扔纸屑或其他细小垃圾要走近垃圾桶,伸进筒内轻轻扔,不能远距离抛、丢 4. 其他垃圾桶上要套垃圾袋,袋子满后打结扎口,在规定时间投入垃圾箱 5. 垃圾投放,必须分类
	8	我也常常弯弯腰	1. 不在校园、教室乱扔垃圾 2. 看见果皮纸屑随时捡起,看见公共设施有破损及时告知班主任或总务处 3. 草坪内的垃圾用工具清理,不随便踩踏

续表

月常规重点	周次	每周常规要求	常规教育细则
11月慧行走	9	安全出行要问好	1. 不坐电瓶三轮车上学,不骑车上学,不闯红灯,过马路走人行横道 2. 到校要准时 3. 坐车上学的同学要提前背好书包,拿好其他物品,以便迅速下车 4. 步行进校门,靠右慢行,有序排队 5. 看见值班老师、保安、同学要站立,行礼并问好,声音响亮,姿势标准
	10	路队问好要合理	1. 路队行进过程中要向老师、保安叔叔点头微笑或挥手 2. 放学路队中不将书包等物品提前交给家长拿 3. 整队口号要响亮、整齐,放学在校门外整队后,要和老师说"再见"
	11	集队快、静、齐	1. 走廊排队要迅速,集队安静不讲话 2. 从前后两个门进出,快走不奔跑 3. 离开教室前,将桌面理净,凳子塞入桌肚 4. 队伍前后一条线,前面有负责人整队
	12	课间轻步 靠右慢行	1. 上下楼梯靠右走,逐级上下不跨跳 2. 课间游戏不追逐,墙角转弯要注意 3. 饮水如厕要慢行,有序排队不争抢
12月慧交流	13	学会表达有想法	1. 能将自己心里的想法,大胆积极地与别人交流 2. 表达沟通的时间、地点及方式要合理恰当 3. 表达时能注意倾听者的反应 4. 表达时能恰当地运用肢体语言
	14	耐心倾听有礼貌	1. 倾听时保持正面姿势,面对表达者有眼神交流尊重对方 2. 注意倾听时的表情,微笑或点头告诉对方,我在听 3. 倾听时适当给表达者一些简单的语言回复
	15	文明对话善沟通	1. 和人沟通时,能够面带笑容,语态温和 2. 注意自己的言行,和人礼貌相处 3. 交流时,如果自己有不足的地方,能够及时认识错误,提出抱歉 4. 交流中,要学会控制情绪,不做不合适的动作
	16	学会观察与表扬	1. 交流时,学会观察对方的言行和打扮,及时表扬对方 2. 交流时,表现出自信,让倾听者能接受你所表达的内容 3. 交流时,对于别人好的想法,应及时进行鼓励与点赞 4. 对于别人提出的问题,要巧妙智慧而不失礼貌地回答

续表

月常规重点	周次	每周常规要求	常规教育细则
1月慧学习	17	集中注意认真听	1. 头正,肩平,腰直,足安;人坐凳面三分之二 2. 上课时要集中注意力,眼睛看着教师,专心聆听教师的每一句话 3. 勇于提出问题,敢于发表见解,积极回答问题,不做与学习无关的活动
	18	举手发言勤思考	1. 课堂发言或提出问题时,应先举手,经教师同意后方可起立回答 2. 听清问题勤思考,举手发言要积极,语句完整又响亮 3. 同学发言须静听,尊重他人不打岔,勇敢进行再补充
	19	熟读精思慧读书	1. 全班齐读时,双手捧书,书本稍稍往外斜,双臂自然伸开 2. 起立朗读时,应立正站好,双手拿书。其余同学坐姿端正,眼睛看着书本朗读内容,仔细聆听 3. 读书或回答问题时,声音要洪亮,用好普通话
	20	仔细做题善思考	1. 用笔统一姿势正,本子干净又平整;细心审题规范解,独立思考不抄袭 2. 做完细查及时交,有错必纠勤练习;课前预习很重要,自读课本先知道;收集资料试做题,带着收获进课堂 3. 家庭作业靠自觉,主动复习再答题,读写算练要仔细,组长收齐交教师

（2）评选"鹿鹿榜样""榜样家长"

汲取榜样力量,向着目标奋发图强。白鹿小学一直开展"鹿鹿榜样"德育品牌活动,鼓励全体学生积极参与榜样评选,通过学生自荐,同学互荐,教师、家长和社会推荐等方式,推选阅读、诚信、礼仪、行走、用餐、劳动、志愿等方面的榜样学生和榜样家长,并在每学年的学校艺术节、文化节等大型活动中举行隆重的颁奖仪式。

三、劳动创享课程

劳动教育是国民教育体系的重要内容,是学生成长的必要途径。为了更好地贯彻落实中共中央、国务院《关于全面加强新时代大中小学劳动教育的意见》精神,提升学生劳动素养,白鹿小学一直将"爱劳动"作为学校的育人目标之一,根据学校特色、学生需求,结合不同学段的培养目标,制定《"劳动创造幸福"——劳动教育项目实施方案》,持续开展多种形式的劳动教育探索,将劳动教育与学科课程、班级管理、亲子陪伴、主题研究、社会服务等有机融合,有目的、多层面、有梯度地设置了相应的劳动实践内容,力求通过跨学科学习,将"知识为本"转变为"核心素养为本",充分激发学生的活力,让学生在各类课程中自主体验、自我教育、实践创新,体会劳动创造带来的快乐，培养一批有劳动价值观和劳动实践力的社会主义接班人。近年来，学校编印了《小白鹿成长记——劳动篇》36 技手册、《母校的味道》、《小白鹿成长迹——童化家育篇》手册等劳动教育手册。

张家港市白鹿小学劳动教育的目标指向学生发展核心素养的三个维度。一是情感维度，引导学生在劳动实践中体验自我存在的价值和乐趣，培养学生热爱劳动的思想情感；二是品格维度，引导学生在真实的劳动体验中学会交往、学会关心、学会担责，锤炼勤劳善良、智慧坚毅、乐于担当的劳动品格；三是技能维度，引导学生在劳动实践中探究合作、自主学习、增强技能。学校设置学科融合、技能训练、志愿服务三大板块内容，通过学科创新、班级管理、亲子陪伴和社会实践等多种方式，开展劳动教育。

（一）在学科教学中实践劳动创新

学校依托劳动课程，并将劳动实践与其他学科相结合，积极在学科教学中渗透劳动精神，实现劳动文化教育，形成"学科＋实践＋创造"的综合育人体系，提供 N 个项目供学生选择。学生结合自己的兴趣爱好和能力特长，选择 2～3 项开展实践活动，并用文字、图片和视频等方式，从不同学科角度实践劳动精神、劳动方法、劳动工艺等，记录活动的全过程。

1. 劳动·精神（体验）

劳动与语文课相结合。小学语文教材在不同的学段当中都有大量的劳动题材课文，讴歌劳动人民，弘扬劳动精神。学校语文教师深入挖掘语文教材当中的与劳动教育的契合点，在教学中弘扬劳动精神，教育引导学生崇尚劳动。在学习相关课文后，语文老师布置了切实可行的劳动作业，让学生完成一项家务劳动或体验一种岗位工作，撰写劳动体验心得，这样既培养了学生的语文能力，又提高了学生的劳动能力，同时在写作中表达了自己对劳动价值的理解。

劳动与音乐课相结合。体验音乐，就是体验生活。在音乐教材中，有很多和劳动相关的歌曲，《愉快的劳动》《拾稻穗的小姑娘》《太阳出来喜洋洋》《劳动最光荣》《捕鱼歌》《采茶》等，教学中，教师不仅组织学生学唱这些积极向上的劳动歌曲，更是让学生感受歌曲中劳动的场景，明白劳动光荣的道理。除了组织学生唱，学校还组织全体教师唱，教师将师生共同参与改编的劳动歌曲放给学生看、听、学，让他们一起感受劳动的快乐。

劳动与体育课相结合。组织学生创编简单易学的劳动体操。不运动，就劳动。劳动本身就是一种运动，是提高学生身体素质的很好的途径，一举两得，何乐不为。

2. 劳动·方法（创新）

劳动与数学课相结合。开展主题化研究，倡导做中学、活动中学、经验中学。如教师组织学生罗列购物清单，完成家庭生活用品的采购任务，带领学生学习归纳整理，思考如何使家中橱柜、衣柜的有限空间井井有条又便于取放。

劳动与科学课相结合。如用不同的方法培育植物，观察、记录和比较它们的生长情况。再如学习清理厨房，选择合适的材料、工具去除灶具、餐具等物品上的油污。

3. 劳动·工艺（设计）

劳动与信息技术、美术、科学课结合，用电脑技术或者手绘的方式，设计或改进一种家用劳动工具，让生活更便利。劳动与综合特色课结合，发动学生选用废旧材料制作手工艺品，美化居室，如学生设计的苹果形调料盒、苹果吸管杯、智能口罩、鱼塘引水口净水装置等。

（二）在方法训练中习得劳动技能

低年级：以个人生活起居为主要内容，开展劳动教育，注重培养劳动意识和劳动安全意识，使学生懂得人人都要劳动，感知劳动乐趣，爱惜劳动成果。具体而言，有以下几点。

一是完成个人物品整理、清洗，进行简单的家庭清扫和垃圾分类等，树立自己的事情自己做的意识，提高生活自理能力。

二是参与适当的班级集体劳动，主动维护教室内外环境卫生等。

三是照顾身边的动、植物，关爱生命，热爱自然。

中高年级：以校园劳动和家庭劳动为主要内容，开展劳动教育，体会劳动光荣，尊重普通劳动者，初步养成热爱劳动、热爱生活的态度。具体而言，有以下几点。

一是参与家居清洁、收纳整理，制作简单的家常餐等，每年学会1~2项生活技能，增强生活自理能力和勤俭节约意识，培养家庭责任感。

二是参加校园卫生保洁、垃圾分类处理、绿化美化等的工作，适当参加社区环保、公共卫生等力所能及的公益劳动，增强公共服务意识。

三是初步体验种植、养殖、手工制作等简单的生产劳动，初步学会与他人合作劳动，懂得生活用品、食品来之不易，珍惜劳动成果。

学校按低、中、高三个年段，针对学生的年龄特征，编印《小白鹿成长记——劳动篇》36技手册，为学生量身定制家务目标和内容要求，逐步增强劳动的长度、宽度与强度。手册分为家务劳动36技和校内劳动36技两个篇章，每个学生一年中习得"6+6"个技能，小学六年习得"36+36"个技能。校内劳动跟班级服务挂钩，由班主任组织引导。（表4-11）

表4-11 劳动36技

学期	家务劳动36技	校内劳动36技
一年级（上）	1. 坚持每天自己背书包上下学 2. 饭前盛饭，摆碗筷 3. 学会叠衣服、裤子、袜子	1. 参与垃圾分类，纸张整平后回收 2. 会清理自己的餐盘和餐桌 3. 人离椅靠，椅背物品挂整齐

续表

学期	家务劳动36技	校内劳动36技
一年级（下）	4. 学会整理自己的书包和玩具 5. 每天自己洗漱并将洗手盆和地面的水擦干 6. 会进行垃圾分类	4. 会整理抽屉，大书小书分类放 5. 看到地面垃圾能主动捡起 6. 懂得节约用电、用水
二年级（上）	7. 学会自己洗袜子和红领巾 8. 坚持饭后收拾、擦桌子 9. 学会用扫把扫地，会用簸箕	7. 桌面、抽屉整洁，物品摆放整齐 8. 每天坚持完成自己的值日任务 9. 学会用扫把扫地，会用簸箕
二年级（下）	10. 学习洗碗筷 11. 学会淘米、洗菜 12. 学会用拖把拖地，拖得又快又干净	10. 及时整理班级图书架 11. 会在桶上装垃圾袋，打包垃圾定点投放 12. 会清洗班级水池，挂好抹布放好洗手液
三年级（上）	13. 认识、洗切葱、姜、蒜 14. 学会擦拭鞋子，保持整洁 15. 学会熟练系鞋带	13. 节约用纸、笔，会细心卷铅笔 14. 人离椅靠，桌椅摆成一条线 15. 会双手配合使用扫把和簸箕，将垃圾清扫干净
三年级（下）	16. 在家人帮助下学会自己洗头 17. 学会整理自己的书桌、书柜 18. 坚持每天到小区指定点投放垃圾	16. 及时整理讲台、黑板槽，保持干净整洁 17. 坚持参与班级大扫除 18. 自己的课桌地面保持干净，无污渍
四年级（上）	19. 坚持每天洗自己的饭盒 20. 学会种植和养护一种绿植 21. 会晾晒、收纳衣物	19. 爱惜文具用品，不随意丢弃 20. 节约水电、洗涤用品按需取用，降低污染 21. 教室外走廊无污渍，无积水
四年级（下）	22. 会给家人沏茶、切水果 23. 学会打死结、活结、蝴蝶结 24. 学会用针线缝扣子等	22. 班内绿植能用心养护 23. 体艺课上，衣物、器材摆放整齐 24. 会用绳带将可回收物合理打包
五年级（上）	25. 会手洗简单衣物 26. 会整理自己的衣橱 27. 懂得主动照顾家人	25. 会按卫生、安全要求打饭、分菜 26. 能及时擦洗垃圾桶，不留污渍 27. 会主动指导低年级的同学劳动
五年级（下）	28. 学会洗自己的鞋子 29. 会将冰箱内的物品分类摆放 30. 学会煮饭，炒1～2个菜	28. 包干区干净整洁，争创卫生示范区 29. 会用抹布把玻璃窗擦得干净明亮 30. 主动参加校园志愿服务
六年级（上）	31. 学会使用简单家用电器 32. 每天整理床铺，会换床单和被套 33. 每次用完卫生间后及时清理	31. 分工合作完成板报等班级文化的布置 32. 旧物改编，进行小制作 33. 值日工作会分工、会管理
六年级（下）	34. 懂营养搭配，每周去菜场买一次菜 35. 每周清理一次厨房 36. 每周打扫一次自己的房间	34. 会编劳动节能方案或金点子 35. 参加一次食堂帮厨劳动 36. 珍惜劳动成果，环境卫生会宣传会保护

每学期开学，班主任会组织学生开展集体讨论，设立并确定班级劳动岗位，如绿植维护、文具招领、口罩收集、节能管理、地面清洁、卫生角整理、垃圾分类、包干区打扫、午餐分菜、讲台整理、书柜管理等二十多个劳动岗位，并将岗位进行分类，归纳为几个部门，如物资部、卫生部、用餐部、整理部等。根据部门和劳动岗位清单，学生按自己意愿选择，进行竞选应聘，得票最多者获得上岗机会，任职期为一学期，考察期为两周，合格后颁发聘任证书。每个部门由一名部长和若干名组员构成。部长负责检查督促组员的工作。

学校还将家务劳动纳入亲子陪伴计划和寒暑假作业目录，引导学生把握"家"的属性，凸显家的场域，赋予家的温情，让家长示范引领，亲子分工合作，培塑家庭的角色，让家庭成为开展劳动教育最灵活、最便捷、最持续、最具实效性的劳动教育阵地。《小白鹿成长迹——童化家育篇》手册在开展亲子劳动的基础上，与"鹿爸鹿妈大讲堂"相结合，低年段开设相关家务劳动课程，成立家长劳动教育讲师团，加强习惯培养和劳动体验；中、高年段依托不同家长的职业资源，建立家长职业劳动大讲堂，为学生适应社会生活和未来职业做准备。

（三）在志愿服务中体现劳动价值

学校制定学生"七彩夏日""缤纷冬日"寒暑期创意作业，鼓励学生在假期积极参与社会实践志愿服务，在社区垃圾分类、卫生保洁、绿化美化、节粮节电节水等岗位上贡献力量。

两种评价方式：过程性评价与总结性评价。

三类评价主体：教师、家长、学生。

四大板块评价内容：校内劳动、家庭劳动、学科实践、志愿服务。

五个主要评价要素：劳动次数、劳动态度、实际操作、劳动成果、劳动创新。

劳动创享课程探索"考评＋奖章"的多元评价体系，依托《学生劳动实践记录评价表》《小白鹿成长记——劳动篇》36技手册、《小白鹿成长迹——童化家育篇》手册等进行分级考评，既注重学生学期末参与劳动的终结性评价，又关注每次劳动的过程性评价。通过评价记录表，每位学生参与劳动的多与少，劳动态度的优与劣，劳动效果的好与差等，就能一目了然，可记录、可追溯。我们实行"劳动奖章"典型评价，开展"劳动能手""劳动标兵""劳动榜样"等评选活动，实现"学生＋同伴""学校＋社会""教师＋家长"等校、家、社多元评价机制。

四、馆校研学课程

课程是学校提供给学生的最好产品，什么样的学校文化和教育立场，决定着培养什么样的学生。馆校研学活动能紧密围绕学生需求和场馆特色，为学生提供丰富的学习资源，做到课程育人、文化育人、活动育人。在"为了一生的幸福"办学理念的指引下,学校将馆校研学活动纳入学校社会实践课程,各学科每学期围绕同一个主题,从不同角度切入,开展主题式融合学习,通过场馆教育与学校教育的衔接和互补,拓展学生成长的空间,拓宽知识的视野,创新学生的学习方式,丰富德育、美育的价值内涵,让研学的过程成为每一个学生追寻真理、实现自我、发展品格的过程。

(一)社会馆校活动内容

馆校研学是依托张家港市图书馆、文化馆、博物馆、各镇(区)文体中心、特色文体场馆等文化阵地优势,紧扣教育高质量发展需求,围绕青少年群体,开展阅读体验、展览展示、文艺培训、艺术普及、非遗传承、传统文化赏析等特色文化实践课程。馆校研学以点单形式提供精准服务,注重学生的深度体验过程。每个场馆都是独特的课程,在内容上做到分学段设计,在形式上加强了趣味性和知识性的融合,均以"参观+体验"的定制式开展研学活动。

(二)社会育人评价策略

馆校研学活动以深入推进素质教育为宗旨,以关爱学生的心灵健康、关注学生的生命价值为目的,与学生核心素养培养有着密切的关系。学校将自主发展、社会参与、科学精神、学会学习、健康生活、责任担当、创新实践等素养指标有效渗透到社会实践活动中,构建可操作的评价策略。在过程性、多元性、反思性、激励性评价原则的前提下,重点关注评价内容和评价方式,将参与态度、合作精神、探究能力、收获与反思等作为学生馆校研学活动成效的评价指标,通过生评、组评、师评等开展多样化评价。

1. 教师多向度评价

对学生在研学的参与过程与学习结果进行评价总结,如学生在研学中的活跃程度、探索程度、交流表达、参与程度等。要注意的是,教师不可单纯依靠主观印象对学生的表现做出判断,需要借助活动记录及与活动有关的文字、图片、音像资料,同时也要在日常观察中即时评价。

2. 学生自主性评价

研学结束后,学生要对自己在研学课程中的表现做出评价,可根据自身在研学课程中是否达到既定的目标、是否达到对自己的期望等维度做出评价,要有一个清楚的自我认知和自我分析。

馆校研学,把学生带进了"行走的课堂"中,让学生通过研学完成"从我出发走向世界,又从世界返回重新认识自我"的认知过程,增强学生的城市归属感和文化认同感。

五、校园节庆课程

白鹿小学也有着独特的校园节庆课程,以节日节庆为载体,以学生特有的思想观念、思维方式为核心，以具有校园特色的方式开展丰富多彩的校园节庆活动，营造积极的精神环境和校园文化氛围。

（一）特色节日课程

学校开展体育节、主题队日、科技节等活动，以特色校园节庆促进德育发展。如"学科+"校园文化艺术节，学校组织并开展读、画、唱、演、拼、创、塑等文化艺术系列活动，对学生进行艺术熏陶，构建起内容丰富、形式多样、效果显著、影响深远的童化美育课程。（表4-12、表4-13、表4-14）

表4-12 "学科+"校园文化艺术节系列活动

学科	具体要求
语文	1. 创演童话剧 以"跟着书本去旅行"为主题开展整本书阅读活动，创造性地表演儿童剧，展示阅读成果 低年级：《大大大和小小小历险记》《一粒种子的旅行》 中年级：《木偶奇遇记》《灰尘的旅行》 高年级：《西游记》《格列佛游记》 2. 童话创编 开展编童话、写童话比赛
数学	巧手创数学 低年级：创编数学连环画，根据连环画简单讲述故事 中年级：创画数学绘本 高年级：创写数学论文
英语	1. 英语"剧"好玩 各班以学生熟悉的英语童话剧或者课本剧为载体，创编剧本内容，演绎属于孩子们自己的精彩故事，有效提升学生的英语核心素养 2. 动画趣配音 配音题材自选，内容丰富多样，包括电影、动画片、故事等，立意新颖，表演生动有趣。个人、团队均可
音乐	1. 踏响成长节拍 舞出快乐童年 （1）开展声势律动比赛，让学生置身于律动节拍中，感知音乐的内涵，感受音乐的魅力，奏响属于自己的成长节拍 （2）书本歌曲《村居》、课外拓展《把未来点亮》《强国少年》三选一，时间控制在5分钟左右 2. 童话里的歌声 内容健康活泼、富有童趣的动画影视歌曲，以中队为单位，全员参与比赛 （1）服装统一整齐，精神饱满，演唱时有表现良好的舞台形象，自然有礼 （2）上下场迅速无声，台风好，表现力强 （3）演唱形式多样化，可采用齐唱、合唱、朗诵加演唱等不同的演唱形式 （4）演唱时间控制在5分钟左右

续表

学科	具体要求
美术	1. "我眼中的白鹿"速写 "校园一角"笔记本封面创意绘画，要求绘画学校各位置的速写作品，并在笔记本封面上进行合理设计。线条灵活，造型准确，描绘细致 2. 创意彩塑 低年级："我心中的太阳"职业创意（与劳动技术相结合）要求在15厘米的卡纸上进行创作，色彩搭配和谐，体现不同职业的特点，有创意 中年级："我的姓氏"文字创意（与书法学科相结合）要求在15厘米的卡纸上进行创作，黑色彩泥表现不同的书体，进行创意表现。构图饱满，表现出字体特征 高年级："大门上的响器"门环创意（与历史文化相结合）要求在20厘米圆形卡纸上进行创作，造型结合门环特点，进行彩泥创作，富有创意地进行色彩搭配且具有美感
体育	秋季运动会、趣味运动赛、绳操比赛、班级足球联赛、冬季三项比赛
科学	自然笔记 （1）自然笔记非绘画作品，选手应认真观察大自然，忠实记录大自然，且有自己的思考和感悟，必须为原创 （2）作品限于A4素描纸1张，用绘画的方式呈现真实、有趣、重要的发现，用文字描述关键说明（需有时间、地点、天气、记录人、主题、图画和对物种的文字描述）
信息技术	创客作品 （1）选择一项作品，拍摄作品制作过程介绍（包括原材料制作和拼搭过程、源程序主要部分说明等，1分钟左右） （2）作品的现场展示和解说5分钟左右 （3）有主题性。作品设计符合交互性和普适性；作品美观，各个元素比例恰当，色彩协调；表达逻辑合理，简洁明了 （4）合理使用各种技术手段，技术方案规范且具有可行性；作品能够体现出编程、开源软硬件的基本素养 （5）重点说明创新点的来源、创新过程和实现手段 （6）提交物品清单和成本核算表，体现成本意识，需提交相应说明

表4-13 "阳光体育"主题文化节

项目安排	活动要求
开幕式	各流程介绍，班级站位、走位，校级方阵站位、走位，代表发言，评比细则介绍、主持人发言等内容
班级方阵展示	各年级主题 一年级：体育强国；二年级：交通强国；三年级：文化强国；四年级：建设强国；五年级：科技强国；六年级：军事强国
运动会	秋季田径运动会、冬季三项比赛、班级校园足球联赛具体竞赛
一、二年级趣味游戏比赛	项目：袋鼠跳、赶小猪（固定距离）
二至四年级传统游戏比赛	项目：陀螺（抽3下）、铁环（固定距离）

项目安排	活动要求
三至六年级 课间创意小游戏征集	游戏方案包括游戏场地、形式、内容等，可图文并茂
五、六年级 运动会会徽设计比赛 摄影比赛	会徽设计要求 （1）作品应充分体现儿童特征和体育精神，融入此次活动主题的理念，作品风格、形式不限 （2）绘制纸张为 A4 纸 （3）内容包含白鹿小学、2022、第十六届田径运动会等要素 （4）用彩色图形设计，具有独特的构图创意，图案清晰流畅，色彩简明大方，寓意贴切，具有鲜明的象征意义和体育韵味 （5）有设计说明，说明自己的设计意义 摄影要求：抓拍比赛中的精彩瞬间，体现速度、力量之美
《夺冠》电影欣赏	在交替看比赛的过程中，各班自定时间观看电影，中高年级语文老师组织学生写影评或点赞班级体育小明星

表 4-14 "童心向党，红领巾追梦新时代"主题队日活动

篇章	节目名称
一、忆峥嵘岁月	经典诵读《童心向党　壮歌飞扬》 寻"红色宝贝"，讲革命故事 合唱《没有共产党就没有新中国》
二、恰同学少年	1. 学生榜样事迹宣讲 学习、诚信、礼仪榜样 行走、用餐、劳动榜样 文学、科创、农学之星 2. 家长榜样事迹宣讲 3. 榜样家庭颁奖
三、唱时代旋律	社会主义核心价值观组歌传唱 一年级：《诚信歌》；二年级：《爱国歌》； 三年级：《平等歌》；四年级：《法治歌》； 五年级：《文明歌》；六年级：《富强歌》
四、振我辈担当	全体党员重温宣誓词、佩戴党员徽章 全体团员重温宣誓词、佩戴团员徽章 全体队员高声回答：我们的队名、我们的队歌、我们的标志、我们的作风 全体队员亮队风队纪：敬队礼、呼号 合唱《我们是共产主义接班人》

（二）传统节日课程

从传统节日里挖掘出丰富的教育资源。利用节日契机，将传统文化渗透到活动中，精选"春节""清明""中秋""重阳"等富有文化内涵的传统节日设计课程，开发主题活动，让学生了解传统节日、传承传统文化。如 2023 年的端午节，学校以激发童趣

为主线,开展了趣味横生的探究活动,通过开展"探秘——知端午""诵趣——诵端午""画趣——绘彩蛋""玩趣——碰鸡蛋""食趣——品美食"等活动,让学生在民俗、诗词、美食与活动中了解中华传统节日文化。

(三)现代节日课程

节日是文化的一种表现,节日文化可以为学生情感、态度与行为的发展提供充足的养料,促使学生热爱生活,提升协作能力,增进师生情感。学校抓住现代节日课程,开展丰富多彩的活动,为学生搭建锻炼和展示的舞台。(表4-15)

表4-15 传统节日课程

节日	主题	活动
元旦	欢喜迎新年	手工制作大比拼、欢庆活动
雷锋日	赓续雷锋精神	国旗下讲话、宣传板报、唱雷锋歌曲、志愿活动
儿童节	欢庆六一	新队员入队仪式、六一节目展演
教师节	感恩教师	贺卡制作、主题队日
国庆节	唱红歌 迎国庆	红歌赛

通过展示活动进行表现性评价,减少机械的、以复现为主的教育评价弊端,从活动的主题、目标、内容、实施方式等方面进行评价,主题鲜明、立意新颖,具有时代性、实效性、教育性。评价目标明确,以实现学生情感态度价值观的转变为目标。内容贴近学生生活实际、遵循身心发展规律,紧扣主题,突出重点;实施操作性强,能体现综合运用知识的能力,注重培养学生的实践能力。以体现课程的实践性、自主性、综合性、创造性和趣味性为评价出发点。

第四节 社团活动课程 助力个性成长

学生社团是学校校园文化的重要组成部分,有效开展的社团活动为丰富校园文化生活,激发学生的学习动力,提高学生的自治能力,发展学生个性特长,促进学生全面发展搭建了良好的平台。白鹿小学以"为了一生的幸福"为办学理念,坚持儿童立场、国际视野,坚守素质教育的品格与追求。为积极推进"双减"政策落地见效,学校优化师资、调整课程,不断丰富和创新活动内容与形式,努力实施"童心同德"校本课程,满足不同学生的兴趣和特长发展需要。学生在教师的指导下自主选择九色鹿少年宫社团活动,成为奋勇拼搏、能文能武,纯洁灵动、勇敢睿智的白鹿学子。

一、九色鹿少年宫的建设

白鹿小学的九色鹿少年宫社团活动,结合学生年龄特点和学段要求,采用童化课程"大主题统领"、教师团队课程"小专题支撑"的行动策略，充分发挥教师"一专多能"的优势，不断创新教学模式，全面提升社团活动品质。

（一）锻炼自我管理能力

社团活动从自主选报社团、自主选课、自主开展社团活动、阶段性自我发展评价到社团成果展示等各环节，均需要学生主动参与、自主选择、自主评价。这些既是学生实现自我价值的现实需要，也有助于让学生通过社团活动，找到归属感，体验成功，增强自信。学生通过参加各类社团活动，可以培养组织能力、表达能力、人际交往能力、思维创新能力、社会实践和适应能力，获得书本和课堂上学不到知识，促进学生形成主动学习、健康生活管理与其他自主发展和社会参与等核心素养。

（二）营造健康校园氛围

学校文化的育人功能强大。社团活动作为学校校本课程，是学校文化中最显性、最直接和最具有效力的文化之一。学生在参与和体验社团活动中，获取知识、提升能力、培养人格、丰富经历，是学生主动学习过程中呈现出来的特有的价值认同与价值追求。同时，社团活动也促进了学校的美育、体育和劳动教育，营造了向善、向美、向上的氛围。例如，合唱、舞蹈、器乐、书法、国画等社团活动，引领学生认知美、感受美、展现美、追求美，既丰富了学生的审美情趣，又培养和提升学生的人文素养。如足、篮、排三大球、乒乓球等体育社团活动，让学生学会锻炼，热爱运动。丰富多彩的社团活动，让学校成为活力满满的育人场。

（三）构建多元成长平台

尊重个体差异，主动了解和满足学生不同需求是现代教育基本原理。陶行知先生曾说："民主教育应该是整个生活的教育。他应该是工以养生，学以明生，团以保生。他应该是健康、科学、艺术、劳动与民主织成之和谐的生活，即和谐的教育。"① 学校教育就是要为每位学生提供多元成长的机会和平台。

张家港市白鹿小学通过学生社团这个平台，为学生尽可能多地提供学习、交流、展示个性的机会，为学生个性发展搭建舞台。当每位学生选择了自己喜欢的社团项目后，兴趣激发起他们对社团活动的热爱，热爱导致他们产生自主探究和学习社团活动内容的行为，深入学习必将产生良好效果。

（四）促进教师的专业发展

学生社团指导教师是从教师团队中遴选出来的，在某一学科或者某一特长项目培养上有经验、有实力的教师。为了将学生社团活动开展好，达到预期效果，在期末社团活动成果展示上取得优异成绩，在社团指导教师评价考核中和学生评价中获得较多

---

① 陶行知. 陶行知文集［M］. 太原：山西教育出版社，2021：88.

好评，指导教师必须加强自身学习，不断提升自己的专业能力。因此，社团指导教师在完成常规的教育教学任务外，经常会进行拓展性学习：拟订计划、设计方案、收集资料、准备场地器材等，督促自己提升专业知识和能力，以适应社团指导工作。

社团是学生自愿参加、自主选课的走班教学，很多社团活动的学习方式是合作型、研究型、实践型学习，学生与指导教师关系更类似于现代"师徒制"。社团指导教师为了使自己负责的学生社团人数、效果得到保证，必然会在学生兴趣引导、专业指导、训练方法等方面动脑筋，提升自己的教师专业情感与态度。（表4-16）

表4-16 九色鹿少年宫活动内容表

社团活动类型	社团活动内容
语言类	辩论
	童话剧
	英语情景剧
艺术类	室内乐
	合唱
	舞蹈
	小提琴
	大提琴
	长笛
	单簧管
	创意线描
	创意美术
	彩塑
	儿童画
	水墨画
	陶艺
	啦啦操
科技类	趣味编程
	玩转机器人
	电脑艺术创作
	创意搭建
科学类	自然笔记
	动力世界
	科学小制作
体育类	田径
	篮球
	足球
	乒乓球
	自行车

二、九色鹿少年宫实施步骤

为营造良好的校园文化,丰富校园活动,全面提升白鹿学子的综合素质,调动全体学生参与社团活动的积极性和主动性,使广大学生在活动中受到潜移默化的影响,能学习各项技能本领,身体素质上得到锻炼,思想情感上得到熏陶,精神生活上得到充实,道德境界上得到升华。在童化教育理念引导下,依托"童心同德"校本课程,九色鹿少年宫有如下实施步骤。

(一)组建教师社团,优化师资队伍

课程的精彩,源于教师的精彩。学校为每个社团配备相应的专业指导教师,以保证社团活动的正常开展。精心挑选有特长的教师担任社团辅导教师,并积极为他们提供各类培训机会,提高教师的专业素养和教学水平,使每一位教师实现"一专多能"。再根据教师的特长和能力,组建教师社团。以教师社团活动开展为先导,使全体指导教师了解社团组建、活动计划拟订、活动内容开展、活动效果评价等流程,以教师社团来孕育和孵化学生社团。

(二)排摸学生意愿,遴选社团成员

学生社团活动课程实行每学期一选报。开学第一周,学校公布社团活动课程计划,公示社团名称、课程内容、指导教师、活动地点、考核展示方式、选报原则等。然后开展社团课程选课会,由每个社团指导教师晒出本期社团的主要计划,遴选社员的标准和办法等,学生根据自己意愿选报,每位学生至少参加一个社团。

(三)实行走班制度,组建学生社团

根据学校特色、学生兴趣和教师专长,开设纸艺飞扬、带你去旅行、趣味英语、品读经典、黏土DIY等年级社团。挖掘家长中的专业人才、各类培训机构的专业教练,聘请社会志愿者、家长志愿者为学校外聘辅导教师,开展足球、柔道、围棋、室内乐、芭蕾、书法、啦啦操、自然笔记等校级社团。通过年级走班与校级特长班的方式,实现普及与提高,满足不同兴趣、不同层次学生的发展需要,全面提高学生素质。

(四)精心策划组织,丰富社团活动

社团活动在学校课程部的统一规划下,做到有计划、有制度、有考核、有奖惩。要求定时、定点、定人,将每周星期五15:30—16:30定为全校社团活动时间,每个社团根据性质和活动内容、参加人数确定地点。指导教师、助理教师和所有社团成员相对固定,按课程计划开展活动。

(五)严格过程管理,实施动态评价

学校社团高达一百多个,学生参与面广,社团指导教师既有校内专职教师,还有外聘的社团辅导员,要保证学生社团活动达到多元育人的目标,其过程管理与结果评价十分重要。学校将社团活动纳入教育教学管理中,做到"六个落实",即活动方案落实,活动场地、器材落实,辅导教师落实,活动内容落实,活动检查、反馈落实,活动的阶段性总结落实,并切实保障活动安全,教育、引导辅导教师组织学生有序到活动场所参加活动;在组织学生开展体育、科技类的活动时,提醒教师加强活动前器材的检查、操作的指导与活动中的安全保护等工作,坚决杜绝因组织不善、管理不当等发生安全事故。

活动中,指导教师有计划、有教案、有组织、有准备,学校组织行政进行专项检查,严格督查,及时记录,及时反馈,即刻整改。学期末,结合"呦呦鹿鸣"校园文化艺术节、迎新年庆祝活动,进行全校少年宫社团汇报演出。学校根据社团活动的质量,开展九色鹿优秀社团、优秀学员、优秀辅导教师等动态评比活动,并进行全校表彰,通过各项激励手段,激发学生、教师参与的热情,促使学校社团活动规范、有效、优质。

(六)促进成果展示,彰显个性特色

每学期末,各社团均要对所有成员进行评价,以个人参加社团活动所取得的发展和成就为主要内容,从自我评价、指导教师评价和成员互相评价三个维度进行评价。学校每期组织每个社团活动参与成果专场展示会,既有静态的固化成果展示,如学生参加各种竞赛、比赛获奖成果展,学生书法、写作、绘画、手工作品展等,也有动态的成果展示,如艺术类社团的文艺汇演、体育社团赛事展示、现场厨艺秀等。展示活动丰富多彩,整个校园洋溢着朝气蓬勃的活力。

三、九色鹿少年宫的评价体系

(一)社团评价目的

社团评价旨在促进学校社团发展、提升社团品位,打造一批特色鲜明、管理规范,在校园内有积极影响力的精品社团,发挥其示范和带动作用,同时丰富学生的学习经历和体验,培养并发展学生积极向上的情感、态度和价值观,重视学生的学习过程、方法和结果,关注学生成长发展中的需求,引导学生正确全面地认识自我,引领学生全面发展。

(二)社团评价内容

1. 社团评价实施量表

为规范社团发展,充分调动各社团活动的积极性、创造性,加强社团工作的制度化、规范化,使各社团向着高层次、高格调、高品位的方向发展,特制定学校社团评价实施细目量表。(表4-17)

表 4-17　社团评价实施量表

指标	评估标准	评估方式	量化得分 自评	量化得分 督评
安全管理（20分）	社团活动指导教师及时到位（5分）	访谈学生 查阅资料		
	活动安全保障有力，无安全事故出现（10分）			
	每次活动学生出席率（5分）			
材料管理（30分）	活动点名及时，社团名册记载翔实（5分）	查阅资料		
	活动前有计划，活动后有记录，活动主题、内容、形式有创新。社团活动计划合理周密、翔实、可行，每次社团活动有备课，每次备课中内容翔实并有系列性，每次社团活动有书面总结或反思（25分）			
活动管理（30分）	活动内容丰富，形式生动，学生满意度高。进行学生调查，确定该社团学生对社团活动开展的喜爱程度（5分）	访谈学生 查阅资料		
	能积极配合学校开展的各项活动，认真落实各项工作（5分）			
	每学期能组织一次展示活动，并向学校考核组开放，活动有条不紊，活动时间安排合理，能成功地完成活动，达到预期效果，活动的气氛热烈，社员热情参与、通力合作（15分）			
	活动期间的秩序、组织纪律良好，活动过程中没有违规现象（5分）			
场地管理（10分）	内部物品管理有序，无丢失等现象（5分）	现场查看		
	活动后场地内地面干净、桌椅整齐、墙壁无污迹、教学具无破损（5分）			
特色成效（20分）	活动有一定影响，有报道。校级、市级报道每条分别加5分、10分，以此类推。（10分）	访谈学生 查阅资料		
	活动有成果展示，参加校内校外展示获奖或展演受好评。校级的展示获奖或展演每人每次5分，区级的展示获奖或展演每人每次加10分，以此类推。（10分）			

2. 社团评价实施策略

教师评价：各社团指导教师要在期末结束时做好社团学期活动总结工作，再由校长室、教导处、德育处进行考核。考核时采用80%的过程考核、10%的申报展示与10%的所获成绩相结合的办法，评出优秀社团的指导老师并授予"校优秀指导老师"荣誉称号。

过程考核：以行政每周的例行检查为主，以得星数3、2、1、0记录，得星数3，意味着师生对活动准备充分，课件、材料等能准备到位，活动组织有趣、有序，师生参与活动投入；得星数2，则教师课前有准备，活动内容较生动有趣，大多数学生能参与活动；得星数1，则课前师生准备不到位，活动欠组织，效率低；得星数0，则教师没有特殊原因没有及时组织活动。

申报展示：从展示内容、展示形式和展示效果对各社团进行考核。

获得成绩：从参赛情况和获得荣誉等方面对各社团进行考核，结果分为优秀、合格。

学员评价：辅导教师根据学员的出勤情况、课前准备、课堂参与和作业成绩等情况，设立有梯度的五种星级，依次划分为一星级、二星级、三星级、四星级和五星级，其中五星级为最高等级，一星级为入门等级。从"一星"到"五星"体现出学生能力的发展，体现出由知识到技能、由无知到熟练，由一时的兴趣到终身的爱好发展。对每位学员第一学期的学习总况进行评价，结果分为一星级、二星级、三星级三档，第二学期可根据学生表现，给"一星"到"五星"不等。每个社团由辅导教师推荐若干名优秀学员作为校社团优秀学员，给予表彰奖励。将学生社团评价成绩纳入学生综合素质评价体系中，记入学生成长记录册，并在每学期的学生综合素质报告单中有所体现。

童化教育的演绎依托丰富多彩的课程活动，以立德树人为根本任务，以提高学生的综合素质为宗旨，以儿童的活动为中心，尊重儿童的身心发展规律，满足不同年段儿童的发展需求，结合学校办学特色和环境条件，合理开发校本课程。白鹿小学注重通过活动的体验及经验的获得与重构来学习，保护儿童的兴趣和好奇心，打破传统的学科框架，融入主题活动，在玩中学、用中学、创中学，让教育的精彩演绎成就精彩的教育。

第五章 童化教育的课程实践

《义务教育课程方案（2022年版）》指出：义务教育是国家依法统一实施的所有适龄儿童、少年必须接受的教育，旨在保障每位适龄儿童、少年接受教育的权利，提高国民素质。[①] 童化教育主张将教育的重心从教师转移到儿童身上，关注儿童的需求、兴趣和发展，确保儿童在教育过程中能够得到充分的关注和支持，促进他们的全面发展。童化教育，顾名思义，是以儿童为中心，以适合每一个儿童成长的需要为出发点，构建适合的课程资源，打通学科、跨越学段、联通时空、变通角色、贯通生活，优化教与学，用学科文化、中华民族的优秀传统文化、丰富而有意义的童年生活、具有挑战意义的实践活动化育儿童，以此推动学校教育教学改革的一种实践活动。

义务教育要在坚定理想信念、厚植爱国主义情怀、加强品德修养、增长知识见识、培养奋斗精神、增强综合素质上下功夫，使学生有理想、有本领、有担当，培养德、智、体、美、劳全面发展的社会主义建设者和接班人。童化教育的课程实施应该注重培养儿童的兴趣、创造力、社交能力和情感品德。通过提供丰富多样的学习资源和活动，激发儿童的学习兴趣和好奇心，让他们主动参与到学习过程中；通过开放性的学习任务和问题，培养儿童的独立思考和解决问题的能力；通过组织小组活动和团队项目，培养儿童的合作精神和社交能力；通过参与公益活动和角色扮演，培养儿童的情感和品德素养。这样的课程实施将有助于儿童全面发展，成为有理想、有本领、有担当的社会主义建设者和接班人。

---

① 中华人民共和国教育部. 义务教育课程方案（2022年版）[M]. 北京：北京师范大学出版社，2022.

第一节　童化教育的实施机制

课程的科学有效实施是达成课程目标的根本路径。课程实施是师生共同探索新知识的发展过程，是师生交互作用、共同完成价值创造的过程。多维的课程实施途径让学生以多样的学习方式参与课程实践，张扬学生生命活性。课程实施又是对童化育人理念的深度映照，关注课程实施中丰富的童化特色，呼应学校的社会属性，尊重课程本身的历史和文化。

一、童化教育的实施原则

（一）儿童为中心的原则

以儿童为中心是童化教育的核心原则之一。以儿童为中心的原则要求教育者要倾听儿童的声音，尊重他们的个性差异，为他们提供更有针对性的教育服务。教育者应该学会观察和理解儿童的需求，了解他们的兴趣爱好，从而设计出适合他们的学习任务和活动。例如，在儿童感兴趣的话题上开展探究性学习活动，可以提高他们的学习主动性和参与度。

以儿童为中心的原则也要求教育者要注重儿童情感和社交发展。通过创建良好的教育环境和人际关系，教育者可以帮助儿童树立积极的自我形象和自信心，培养他们的协作和沟通能力。例如，在集体活动中培养团队合作意识和互助精神，让儿童互相学习和支持。借助现代技术手段，教育者可以更好地实施以儿童为中心的教育。再如，通过使用个性化学习软件，教育者可以根据儿童的不同能力和学习风格提供符合他们需求的学习资源。此外，通过利用网络平台和社交媒体，教育者可以与儿童进行更多的互动和交流，了解他们的成长和进步。

以儿童为中心的原则是童化教育的基础。通过真正地关注儿童的需求和发展，教育者能够更好地满足他们的学习和成长需求，达到促进儿童全面发展的目标。这一原则在实际教育中需要教育者深入思考和实践，但它无疑是推动童化教育进一步发展和完善的重要基石。

（二）个性化发展的原则

个性化发展是童化教育中的一个重要原则，意味着根据每个儿童的不同特点、兴趣和能力，为其提供个性化的教育服务和支持，以促进其全面发展和成长。在个性化发展的原则下，教育者应该了解每个儿童的发展情况和需求，通过观察、记录、交流等方式，积极与儿童互动和沟通，了解他们的兴趣爱好、潜在才能和发展需求。基于这些了解，教育者可以为儿童提供与其个体特点相匹配的教育内容和学习环境。

例如，在语言学习方面，有一些儿童对阅读很感兴趣，他们喜欢阅读各种类型的书籍，对于阅读素材的选择没有太多的限制。这时候，教育者可以提供更多的阅读机会和资源，引导他们根据自己的兴趣选择适合自己水平的书籍，并通过讨论、写作等方式，进一步发展他们的阅读能力和表达能力。而对于一些儿童来说，他们可能对数学感兴趣，喜欢通过逻辑思考和解决问题来挑战自己。对于这些儿童，教育者可以为他们提供更多的数学游戏和挑战性的问题，激发他们的数学思维和解决问题的能力，并适时给予他们更高难度的学习任务，以满足他们的学习需求。

个性化发展的原则还要求教育者为儿童提供多样化的学习方式和评价方式。不同的儿童有着不同的学习风格和学习偏好，有的儿童喜欢以听、看、动手实践等方式来学习；有的儿童更擅长集中精力完成任务；而有的儿童更喜欢精力分散的学习方式。教育者应该根据儿童的学习特点，提供适合他们的多样化学习方式，例如小组合作学习、探究式学习、游戏化学习等方式，以激发儿童的学习兴趣和主动性。在评价方面，个性化发展的原则要求教育者不仅要关注儿童的成绩，更要关注他们的学习过程和态度。通过多元化的评价方式，如观察记录、学习档案、反思报告等，教育者可以全面了解每个儿童的学习情况和发展情况，并提供有针对性的反馈和指导。评价时要注重帮助儿童发现自己的优势和潜力，激发他们继续努力和改进的动力。

个性化发展的原则是确保每个儿童得到适合自己特点和需求的教育，促进其全面发展和发挥个人潜力。通过了解儿童的兴趣、能力和需求，为其提供个性化的学习机会和支持，可以激发儿童的学习兴趣和动力，培养他们的创造力和独立思考能力，促进他们在不同领域的成长和发展。

(三) 跨学科融合的原则

跨学科融合是童化教育实施中不可或缺的原则之一。它强调了不同学科之间的联系和互动，以提升学科整合能力和综合应用水平。为实现跨学科融合的目标，可采取多种方法，如设计多学科综合项目和组织跨学科学习活动。下面将从几个方面对跨学科融合的原则进行进一步探讨。

学科之间联系与交流是跨学科融合的核心，它打破了传统教育模式下学科的孤立性。学科原被拆分为相互独立的领域导致难以进行跨学科知识整合，跨学科融合的原则将学科之间的联系凸显出来。基于核心素养培养要求，明确课程内容选什么、选多少，注重与学生经验、社会生活的关联，加强课程内容的内在联系，突出课程内容结构化，探索主题、项目、任务等内容组织方式。原则上，各门课程用不少于10%的课时设计跨学科主题学习。① 为进一步贯彻新课程这一理念和要求，激发学生学习兴趣、提升学科综合素养、丰富校园文化生活，学校开展了"小白鹿在行动——拯救池塘"

---

① 中华人民共和国教育部. 义务教育课程方案（2022年版）[M]. 北京：北京师范大学出版社，2022.

学科项目活动，池塘生态研究组和水质净化研究组对浑浊的小池塘展开了深入的研究，学生融合科学、数学、语文、信息科学等学科知识，将它们有机结合以解决实际问题，从而提高学生对不同学科之间联系的认识。

除了促进学科联系和交流，跨学科融合的原则还有助于培养学生的综合能力。传统学科教育过程中，学生通常只关注学科知识的理解和掌握，但缺乏了解如何综合运用这些知识来解决问题的能力。然而，跨学科融合的原则强调学科知识的整合和应用，以培养学生的综合能力。还是以"小白鹿在行动——拯救池塘"学科项目活动为例，科学课上，"小池塘的动植物哪里去了？""池塘的水为什么变浑浊了？"学生大胆提出自己的猜测，并上网查阅相关资料进行分享，采访鱼池养护的专业人员和水族馆技术人员，让学生从多个角度理解科学知识，并进行批判性思维和综合性分析。通过这样的学习过程，学生不仅扩大了知识领域，还培养了他们的思维能力和创新精神。跨学科融合的原则还可以促进学生跨学科思维能力的发展。传统教育过程注重培养学生的专业性，却忽视了跨学科思维能力的培养。然而，跨学科融合的原则强调学科之间的交叉和融合，可以激励学生超越单一学科的限制，进行跨学科的思考。

跨学科融合是童化教育实施中至关重要的原则。它可以促进学科之间的联系与交流，培养学生的综合能力和跨学科思维能力。为了落实跨学科融合的原则，教师可以在课程设计中融入不同学科的内容，提供跨学科的学习机会。同时，学校和教育部门也应鼓励教师进行跨学科合作研究，并提供相应的培训和支持，以促进童化教育的跨学科融合实施。

（四）实践导向的原则

童化教育的重要原则之一是实践导向，通过实际活动和体验来促进儿童的全面发展。实践导向体现在以下两个方面。

一方面，实践导向的原则激发儿童的学习兴趣和动力。儿童是天生的探索者，他们通过亲身经历、实践和观察来获取知识和经验。童化教育中，教师应该提供丰富多样的实践活动，让儿童主动参与、实践和探索，从中获得快乐和成长的体验。例如，科学教育可以通过实验、观察、野外考察等活动培养儿童的科学探索精神和实验技能。语言教育可以通过戏剧、朗读、写作等活动来培养儿童的表达能力和创造力。不同学科的实践活动都能够激发儿童的好奇心，使他们在实践中学习和发展。

另一方面，实践导向的原则将学习与实际生活紧密结合起来。童化教育注重培养儿童的实际生活能力和社会适应能力，通过实际生活经验的教育，儿童学以致用，将学到的知识和技能应用到实际生活中。例如，数学教育可以引导儿童在购物、游戏等实际场景中进行数学计算和问题解决，培养他们的数学思维和实践应用能力。艺术教育可以通过参观博物馆、举办美术展览等活动，让儿童接触和欣赏真实的艺术作品，提高他们的审美能力和艺术表达能力。

实践导向的原则通过社会实践来培养儿童的社会责任感和拓宽视野。童化教育强调培养儿童的社会意识和社会参与能力，让他们了解社会问题、关心社会发展，并通过实践行动来改变社会。例如，社会教育可以带领儿童参观社区、参与公益活动等实践活动，让他们亲身感受社会的多样性和复杂性。通过实际经验的教育，能够培养儿童关注他人、关心社会的品质和意识。通过实践活动，可以激发儿童的学习兴趣，促进他们的全面发展。将学习与实际生活结合起来，培养儿童的实际应用能力。通过实践活动，培养儿童的社会责任感和拓宽视野。实践导向指导下的童化教育能更好地满足儿童的成长需求，推动他们的全面发展。

二、童化教育的实施机制

（一）构建适合儿童成长的课程资源

学校坚守"为每一个儿童设计课程"的理念，以国家课程为主构建了丰富多彩的课程资源，形成了具有校本特色的课程资源群。

首先，为了构建适合儿童成长的课程资源，学校需要从儿童的兴趣和需求出发。儿童天生好奇，渴望探索世界，因此，学校应该设计各种各样的课程资源，激发他们的学习动力。

其次，学校还需要关注儿童的实际生活经验。儿童正处在起步阶段，生活经验相对有限，因此，学校应该通过课程资源的设计，让他们接触到丰富的生活知识和经验。

再次，学校还需要关注儿童的能力发展。儿童的能力发展是一个渐进的过程，因此，学校需要根据儿童的年龄和发展水平，设计相应的课程资源。例如，在语文课程中，对于低年级的儿童，可以通过儿歌、童谣等形式进行教学，让他们通过唱、跳、读、写的方式来学习语文知识；而对于高年级的儿童，可以引导他们进行文学作品的分析与写作，培养他们的思辨能力和文学鉴赏能力。

最后，学校需要注重跨学科的融合。跨学科教学可以促进知识的整合和综合运用。在构建课程资源时，学校可以将不同学科的内容进行有机的结合，构建出能够满足儿童学习需求的综合性课程。比如，在科学和艺术课程中，可以通过设计手工制作的活动，让儿童在创造中学习科学原理和应用艺术技巧。

通过注重儿童的兴趣和需求、关注他们的实际生活经验、考虑他们的能力发展及实施跨学科融合教学，学校可以打造出一个有益于儿童全面发展的课程资源体系。这将有效促进儿童的学习兴趣和参与度，使他们在快乐中成长。因此，构建适合儿童成长的课程资源是童化教育中不可或缺的环节。

（二）打通学科、跨越学段、联通时空的教学模式

教学模式的打通学科、跨越学段、联通时空特征是童化教育实施的重要机制之一。这种模式旨在整合不同学科的知识与技能，超越学科边界，让学生在广泛学科领域中

进行综合学习和跨学段的学习。同时，学生可以在不同时间、不同空间进行学习和实践，丰富学习体验。

打通学科，要求教师将不同学科的知识有机结合，形成相互渗透、相互支持的学科网络。跨越学段，要求根据不同年级学生的需求和能力，在设计教学活动时调整难度。联通时空，要求将学习与学生的日常生活和实践结合起来，激发学生的实践兴趣，提高他们对学科知识的理解与应用能力。

教学模式的打通学科、跨越学段、联通时空特征是童化教育实施的重要机制。通过整合不同学科的知识，提供跨学段的学习经验，将学习延伸到学生的日常生活和实践中，可以促进学生的综合发展和创新能力的培养。同时，这种教学模式也可以激发学生的学习兴趣，提高他们的学习动力，促进教育教学改革的进一步发展。

（三）变通角色、贯通生活的教育方式

变通角色、贯通生活的教育方式是童化教育实施机制中的关键要素之一。它意味着通过创设情境、改变角色、模拟实践等方式，使教育变得更加贴近儿童的生活和成长需要。一方面，变通角色意味着教师可以扮演不同的角色，与学生一起参与到教学活动和实践中。例如，在语文课上，教师可以扮演一个作家的角色，和学生一起创作故事、写作文章，从而激发学生对语文的兴趣和创造力。在数学课上，教师可以扮演一个数学家的角色，与学生一起解决数学问题，引导学生发展数学思维和问题解决能力。教师通过扮演不同的角色，能够更好地理解学生的需求和兴趣，更好地与学生互动和沟通，从而实现教学的个性化和差异化。另一方面，贯通生活意味着将学科知识与日常生活相结合，使学习变得更具意义和实践价值。例如，在科学课上，教师可以组织学生进行实地考察和实验，探究自然现象和科学原理，可以让学生参与社区服务和社会实践活动，了解社会问题和发展趋势。通过将学科知识与实践结合起来，学生可以更好地理解和应用所学的知识，提升综合素养和解决问题的能力。

变通角色、贯通生活的教育方式还可以通过开展角色扮演、模拟实践等活动培养学生的多元智能和综合能力。例如，在美术课上，可以让学生扮演不同的艺术家，学习他们的艺术风格和创作方法，从而培养学生的创造力和艺术欣赏能力。在体育课上，可以组织学生参与团队运动和竞技活动，培养学生的合作精神，增强学生的身体素质。通过开展这些活动，学生可以充分发挥自己的潜能和特长，提升自信心和实践能力。

变通角色、贯通生活的教育方式是童化教育实施机制中的重要组成部分。它可以帮助教师更好地了解和满足学生的需求，使学习变得更具趣味性和实用性。通过扮演不同的角色和将学科知识与生活实践结合起来，可以培养学生的多元智能和综合能力。这种教育方式的实施不仅可以推动学校教育教学改革，还可以促进学生全面发展和健康成长。

（四）利用学科文化和传统文化进行教育

学科文化和传统文化都是教育中重要的资源，利用它们进行教育可以丰富儿童的学习内容和培养他们的综合素质。学科文化指的是各个学科中的知识、理论和方法，而传统文化则是指一个民族或社会群体在长期的历史和传承中形成的具有独特特征的文化。这两者的结合可以让学生在学习中更好地了解自己的文化身份，培养他们的思维能力、创造力和综合素质。

在利用学科文化进行教育时，教师可以将学科知识与学生日常生活和实际问题相结合。例如，在数学教育中，教师可以利用购物、游戏、运动等场景引入数学知识，通过实际操作和应用，让学生更好地理解数学的概念和原理；在语文教育中，教师可以引导学生阅读和分析文学作品，通过欣赏和创作，提升他们的语言表达能力和文学素养；在科学教育中，教师可以带领学生进行实验和观察，培养他们的科学思维和动手实践能力。通过这些方式，学科文化与学生的实际生活相结合，学习能够更加有趣和具有意义。

传统文化作为一种独特的文化资源，对学生的教育也具有重要意义。传统文化使学生更好地了解和传承自己的民族传统，培养他们的文化自信和民族情感。例如，在中华文化中，学生可以学习中国的诗词、绘画、戏曲等传统艺术，通过欣赏和创作，提升他们的审美能力和艺术修养。此外，学生也可以通过学习中国的传统节日、传统技艺和传统价值观，培养他们的文化认同和传统美德。通过利用学科文化和传统文化进行教育，可以实现对学生全面发展的目标。这种教育方式可以培养学生的思维能力和创造力，激发他们对学习的兴趣和动力。同时，学科文化和传统文化的融入，也有助于学生的情感和价值观的塑造，提升他们的综合素质和社会责任感。

利用学科文化和传统文化进行教育是一种有益的教育方式。教师可以通过创造性的教学设计和活动组织，将学科知识和传统文化与学生的实际生活相结合，让他们在学习中感受到学科的乐趣和传统文化的魅力，从而激发他们的学习动力和发展潜能。

三、童化教育的实施策略

（一）培养教师的童化教育意识和能力

教师的童化教育意识和能力是童化教育实施中至关重要的一环。教师作为教育改革的主体，直接影响教育效果。要培养教师的童化教育意识，需加强对童化教育概念和内涵的理解。教师应深入学习和领会童化教育的理论基础和实施原则，并明确其以儿童为中心、适合每个儿童发展需求的目标。同时，教师应关注儿童学习特点和发展规律，认同童化教育在培养儿童全面发展上的重要性。培养教师的童化教育意识能使其认识到自身的角色和责任，更好地实施童化教育。

提高教师的童化教育能力，需注重专业发展和教育教学能力提升。教师应积极参加培训，学习教学方法、资源和评价等方面的知识。通过反思教学实践，与其他教师交流分享，改进和完善教学策略。同时，教师还应加强童化教育课程的设计和实施能力培养，了解并使用适合儿童发展的教学方法和资源，为儿童营造有趣、具有挑战意义的学习环境，激发他们的学习兴趣和主动性。为了培养教师的童化教育意识和能力，学校可以开展师生共同参与的课程设计和实施活动，促进教师与儿童共同探究、探索知识；注重教师的专业发展，建立专门的教师培训中心，定期邀请专家进行培训和指导；通过建立教师团队和跨学科合作，实现多学科知识的整合和更高层次的教学效果。

培养教师的童化教育意识和能力是童化教育实施的关键环节。通过加深教师对童化教育的理解，加强专业发展和教育教学能力培养，以及给予充分支持和鼓励，可以促进童化教育在学校中的有效实施。

（二）加强家庭和社会的支持和参与

家庭和社会的支持与参与在童化教育中起着重要作用，对其实施起到至关重要的作用。家庭的参与反映在父母对儿童教育的理念和态度中，他们直接影响着孩子的成长。因此，家庭应全面支持童化教育，为儿童提供丰富的成长环境和教育资源。家长可以陪伴儿童参与户外活动，走进自然和社会，培养儿童的观察力和创造力。家长还可以在日常生活中发现学习机会，引导儿童通过实践和体验学习，培养实践能力和解决问题的能力。

社会的支持与参与对于童化教育的发展也是至关重要的。教育不能仅仅依赖学校，社会各界都应积极参与和支持童化教育。科技公司可以开发符合童化教育理念的教育软件和游戏，为儿童提供多样化的学习资源。文化机构可以举办与童化教育相关的展览和活动，让儿童在欣赏艺术作品的同时，也能够学到知识和启发思维。同时，社会各组织和机构也可提供赞助和支持，为童化教育提供物质和资金保障。

家庭和社会的支持和参与要建立在有效的沟通与合作基础上。学校应与家长定期沟通，分享童化教育的理念和实施方式，增进家长对童化教育的理解和支持。同时，学校也应积极与社会各界合作，建立起多方合作的机制，共同为儿童的童化教育提供更多的机会和资源。

加强家庭和社会的支持与参与是童化教育实施中不可或缺的重要环节。家庭和社会的支持能够为儿童提供更好的成长环境和教育资源，而家庭和社会的积极参与则能够促进童化教育的深入发展。通过家庭和社会的协同努力，童化教育将能够更好地为儿童的全面发展和未来的成功奠定基础。

（三）建立评价体系和监测机制

童化教育的实施离不开建立评价体系和监测机制，这是确保教育教学质量的重要环节。通过评价和监测，能够及时了解教育教学改革的效果，并发现问题和不足，进一步优化和改进教育教学工作。

建立评价体系是确保教育教学质量的关键。评价体系应该包括多个方面的指标，如学生学习成绩、学科素养提升和创新能力培养等。学校除了应该注重学习成果的量化评估，还需要关注学生的综合素质发展。因此，可以通过开展各类学科竞赛和生态环保实践活动等来评价学生的综合能力。监测机制是及时发现问题和提供支持的重要手段。监测工作可以通过定期的教学观察和学生评价来进行。教师可以定期进行课堂观察，了解学生的学习状态和情况。同时，还可以采用学生自评和互评的方式，让学生参与到教学过程的评价中来。这样不仅能够了解学生对教学的看法，还能够培养学生的自我评价和反思能力。

科技手段的运用也是建立评价体系和监测机制的重要支持。信息化技术的应用，可以更加方便地进行评价和监测工作。比如，可以采用在线练习和作业提交系统来评估学生的学习成绩，通过学生档案管理系统对学生的综合素质进行评价和记录。同时，教师还可以利用教学平台进行教学评估和监测。评价体系和监测机制应灵活多样，适应不同学科、不同阶段的需求。不同学科和年级有着不同的教育目标和要求，因此，评价体系和监测机制需要根据具体情况进行调整和改进。同时，评价和监测应注重定性和定量的结合，综合运用定性评价和定量评价方式，以使评价结果更全面准确。

建立评价体系和监测机制是童化教育实施的重要环节。通过科学完善的评价体系，能综合评估学生的学习成果和综合素质发展；通过有效的监测机制，能及时发现问题并提供支持。这样，能不断优化和改进教育教学工作，促进童化教育的健康发展。

四、构建童化教育评价标准

为了评估童化教育的实施效果，需要制定一套科学可行的评估指标和方法。评估指标的设计应综合考虑学生综合素养的发展、学科知识的掌握、学习能力的提高及学生的综合表现等方面。2020年，中共中央、国务院颁发《深化新时代教育评价改革总体方案》，提出完善立德树人体制机制，扭转不科学的教育评价导向，坚决克服"五唯"的顽瘴痼疾，坚决改变用分数给学生贴标签的做法。2021年，"双减"政策落地，做好减轻负担、增效提质的"加减法"，是学校落实立德树人、培养全面发展的人的时代命题，而评价是全面育人系统的重要一环，需要评价的同频同轨、适切对接。

（一）儿童观观照下的评价思考

儿童观决定课程观、质量观和评价观。白鹿小学以"为了一生的幸福"为办学理念，为儿童一生幸福奠基为办学宗旨，课程研究历经"童玩"课程"慧玩"课程"童创"课程，以儿童为中心，一脉相承。评价是课程体系的重要组成部分，评价本身也是系统工程。从2015年起，学校不断变革评价方式，重塑质量观，以嘉年华的形式，赋予评价教育的温度和成长的力量，让"考试"有意思、有意义。

1. 从育分向育人的价值转向

美国著名评价专家斯塔弗尔比姆提出，评价最重要的意图不是为了证明，而是为了改进和发展。建立促进学生全面发展的评价体系，就是要培育"完整的人"。"完整的人"而非工具化的人，片面化的人；完整的人，而非数学的他，语文的他，考试的他；育人为主，而非育分为主。学校嘉年华综合素养评价活动，不仅是一种测评形式，更是一种价值引领。在丰富、真实的游戏、活动、闯关中，彰显趣味性、凸显融合性、渗透教育性、关照差异性，让儿童发现自我，看见成长，努力实现评价目的、功能的发展性转向和育人属性的回归。

2. 从知识向素养的坐标位移

传统的纸笔考试侧重终结性评价，以冷硬的分数给学生贴标签，考察的是学生学科知识的掌握程度，随着中国学生发展核心素养的提出，知识本位向素养本位转向成为应有之义和应然要求。从学会做题到学会解决问题，培养学生应具备的、能够适应终身发展和社会发展需要的必备品格和关键能力，需要评价维度、方式的革新跟进。

3. 从单一学科向多向度融合的跨界统整

促进德、智、体、美、劳全面发展，培养时代新人，需要打通学科边界，加强学科整合，需要突破学习藩篱，加强学习与生活的融合统整。学生考点打卡，游戏闯关，尽情体验学习的乐趣，享受历练之后获取成功的欣喜。不仅仅是形式上的变脸，更是基于让每一个孩子都能获得成功体验的原则，激发学生学习兴趣，释放儿童天性，始于有趣，终于唤醒，让儿童不再畏惧学习，让学习好玩有趣、有滋有味。

(二) 嘉年华考核的实践路径

本着评价科学有效、改进结果评价、强化过程评价、探索增值评价、健全综合评价的指导思想，从童玩嘉年华，到慧玩嘉年华，再到童创嘉年华、百日成长迹，学校嘉年华学生综合素养评价的内容、形式不断迭代升级。

1. 考试变脸，嘉年华有温度、有滋味

嘉年华是探索评价的加减法，取消低年级纸笔考试，不是不考查学生的基础知识、基本能力和综合素养，而是减少"分数"的权值，增强趣味性、情境性，丰富体验性、综合性，探索表现性、增值性评价。

玩耍是儿童的天性，游戏中的儿童才是自然成长的儿童，游戏的本身就是一种学习。嘉年华抛却纸笔，舍去答卷，取消答题，快乐游园。从教室到体育馆，考场变成游乐场。在缤纷多彩的情境中，每项考查以"摊点"的形式呈现在儿童面前，考查内容以游戏实践的方式推动进行。

2. 看见学习，思维学力可视化、能建构

嘉年华不是纯粹的游戏和玩耍，是在真实情境场域下考查学业水平和综合素养的小校场，是藏考于玩、寓学于乐。在教学评一致性视域下，每一个项目都对标学科素养，让学科考核成为儿童展示学力的秀场。

(1) 游必有"方"，评必有"标"

嘉年华评价是表现性评价的外显，由表现性目标、表现性任务和评价规则"三要素"组成。没有目标就没有评价，没有评价规则就没有目标的达成，考核中，各学科聚焦整合学段关键能力和素养，创设活动情境，设计活动任务，继而把"教师的明晰"转变为"学生的明晰"。学生理解评价规则的过程，就是提高学习品质的过程。（表5-1）

表5-1 语文学科口语交际考核评价标准

评分要素	具体指标	优秀	良好	合格
主题内容	主题以童话为主，健康向上	主题切合，健康向上	主题较为切合，健康向上	主题有些偏，内容健康
普通话	发音	语言准确	较准确	基本准确
	语调	声音洪亮，表达自然流畅	比较熟练，有1～2处停顿	能基本讲完，但停顿较多
表达	表达	表达得体，动作恰当	表达较为自然大方，动作设计合理	表达基本自然，动作较少
	感情	富有感情	基本有感情	感情较少
	感召力	富有创意，引人入胜	有创意，有一定感召力	感召力较少，较少趣味
形象	服装得体，举止自然大方	很好	较好	一般
	上下场致意答谢	很好	较好	一般
总体评价				

（2）思维可视，学力进阶

在"核心素养"视角下，嘉年华考核更关注考查儿童问题意识和问题解决能力、创新能力等人的素养结构中的核心技能。在评价中，学校重视考查思维过程，教师想方设法让学生头脑中隐藏的思维过程能够被观察，即让思维可视。如在数学中设计了不同等级的考核任务，在科学中设计了不同主题的探究任务。

数学学科一年级"比一比"项目，在天平上，橘子比果冻重，果冻比糖果重，学生肉眼可见哪一个最重，哪一个最轻则需要学生运用抽象思维，将三者进行比较。再如"微解决"活动，设计了具有梯度的三类星级题，学生根据自己情况选择不同难度的题型，采用喜欢的方式来表达自己的思考过程。学生在亲身经历、体验中，主动地解决数学问题，通过动手操作探究、小组交流研讨，以小视频讲述、图文式表达、嘉年华交流等方式，把脑中的内隐性思维外化为具体的操作，从而形成数学表象，让思维可视化、条理化。科学学科，三年级"测量水的温度"，需要学生学会正确使用温度计，会读会写温度示数；四年级"点亮小灯泡"，需要学生成功点亮小灯泡，并且把各种电路连接方式认真细致地记录在实验记录单上，活动的过程既是解决问题的过程，也是思维可视化的过程。

从简单的答题到深度的学习，从知识的累积到学力的外显，嘉年华更加注重核心素养的落地生根，凸显智慧的应用，注重动手动脑，引领转知成智、化学为用，培养看得见的素养。

3. 合纵连横，评价融整全过程、全要素

嘉年华活动不是终点式结果性评价，而是将学生纵向学习的全过程与横向发展的全要素整合起来，尊重学生人格的完整性、表现的日常性、成长的动态性、发展的差异性，让每一个小美好都被照亮。发展性评价强调在真实的或接近真实的、有意义的活动情境中进行评价，激发儿童最真实的行为反映。一颗小星星、一张小奖状、一次校长颁奖日的登台领奖……百日成长中，总有值得自豪的纪念日。表现性评价、过程性评价、多元评价，让每个学生看到更好的自己。

"学科+"实现全要素的连横。"学科+学科"的融通体现不同学科的交叉渗透和跨学科课程资源的整合，为学生构建跨学科知识网络。如"运球数我行"项目，规定单数格两脚并拢跳，双数格两脚分开，然后任选一个足球，口算足球上的算式，根据得数运球并将其射进相应的球门内。在同一种活动当中融合、调用、激发和满足了学生多种欲望和本能，检验了数学学科单数与双数的辨别、20以内进位加法、体育学科的身体协调能力、足球运球技能等学科素养，实现了多点驱动。"童塑·童话"项目融合了语文与美术，学生用彩泥塑造自己喜欢的一个形象，创编一个小故事；在"童音·童趣"项目中学生或选择一首自己喜爱的英语儿歌，或选择合适的乐器边唱边演；在"好运数我棒"项目中学生用飞镖投掷转盘，完成对应的考核项目，融合体育的投掷与数学的比轻重、定位置、识图形。

"学科+生活"的融通，赋能生活力。"分文不差"项目考验拼读音节词，根据词语意思进行垃圾分类，并将词语条投进相应的垃圾桶里。"童塑·童话"项目介绍泥塑作品、评价自己的创作，创设具体的情境，说一说遇到不同情形的灾害的应对办法。活动将学习与生活对接，为学生走向真实的世界奠定生活力，指向素养落地，生命成长。

（三）评价改革的探真开新

评价是学校教学改革、课程改革实践的一部分，实施几年来，对于教师的理念转向和学生的发展都起到了一定的推动作用。评价倒逼教学改革，开展嘉年华，于教师而言，是不小的鞭策和挑战。学校的理想愿景是教师成为学生学习的支持者，学习活动的情境创设者和任务设计者，学科核心素养、标准、目标的整合者，最终成为学生主动学习、全面发展的唤醒者。学校努力让学生成为问题发现者、知识能力的建构者、具有自我审视和调整能力的积极主动的学习者。当然，评价既是教、学、评闭环的终点，又是重塑质量观的原点，也是撬动教学改革向纵深推进的起点。白鹿小学嘉年华学生综合素养评价虽常改常新，但仍须不断更新迭代。

聚焦核心素养，更加体现科学性。一个人的全面发展应包括人的需要的满足、能力的提高、素质的提升、社会关系的丰富、自由个性和主体性的充分发展等丰富内容，进而实现人的全面、自由、和谐的发展。学校需要不断审视与校准，让嘉年华的考核更加符合儿童的学习规律、成长规律，更快促进学生的全面发展。

促进多重交互，更加凸显融合性。教育的本质是给儿童这些"花朵"以最适合的阳光、雨露、空气，让生长成为最大的可能。学校在设计活动中更深层次地思考如何冲破重重藩篱，促进学科、学段、时空等多重连接，使之交互融通，合力育人。

尊重个体成长，更加关照差异性。嘉年华的出发点是面向全体，不能成为少部分优秀学生的秀场，考核内容上增加自选的形式，给学生扬长避短的机会和平台；在考试结果上允许复试重考，对于有特别需求的学生，还可以"私人定制"考核项目，让每个学生都能获得成功的喜悦和自我认同感。

五、童化教育的发展前景和建议

（一）童化教育的发展趋势

童化教育是教育领域的一个新兴概念。它以儿童为中心，以满足每个儿童成长发展需求为目标，打通学科、跨越学段、联通时空、变通角色、贯通生活，通过丰富的学科文化、传统文化、童年生活和实践活动，培养儿童的多元能力和综合素养。童化教育的发展趋势有以下几个方面。

1. 科技融合

随着信息技术的快速发展，科技对教育的影响越来越深入。童化教育将更加注重与科技的融合，开发和运用各种教育科技产品和工具，提供更丰富、多样化的学习资源，激发儿童的学习兴趣和创造力。例如，虚拟现实技术，可以为儿童创造一个沉浸式的学习环境，让他们身临其境地体验历史事件或科学实验；人工智能技术，可以根据儿童的个性化需求提供个性化的学习内容和指导。

2. 跨界合作

童化教育强调学科之间、学校之间、学校和社区之间的合作和联动。在童化教育中，学科的划分将变得更加模糊，教师和学生将跨越学科边界进行学习和合作。例如，通过跨学科的项目学习，儿童可以在实践活动中综合运用不同学科的知识和技能，培养解决问题的能力和创新思维。同时，学校和社区可以紧密合作，为儿童提供真实且有意义的学习场景，使他们能够在真实的社会环境中学习和实践。

3. 个性教育

童化教育强调以儿童为中心，关注每个儿童的个体差异和特长发展。未来，童化教育将更加注重运用科技和数据分析工具，实现个性化的教与学。例如，人工智能和大数据分析技术，可以根据儿童的学习表现和兴趣，为他们提供个性化的学习内容和学习路径；利用自适应学习系统，可以实时调整学习资源和策略，使每个儿童都能发挥自己的潜力。

4. 综合素养

童化教育强调培养儿童的综合素养，包括认知、情感、社交、创造等多个方面。未来，童化教育将更加注重培养儿童的综合素养，注重培养他们的学习能力、创新能力和社会责任感。例如，开展团队合作、社会实践等活动，可以培养儿童的沟通合作能力和社会责任感；开展创客教育和艺术教育，可以培养儿童的创造力和表达能力。

童化教育的发展趋势是科技融合、跨界合作、个性化教育和培养综合素养。借助科技的力量，童化教育将为儿童提供更丰富、多样化的学习资源和学习方式；跨界合作将开拓学习的范围和深度；个性化教育将帮助每个儿童发展自己的潜力；培养综合素养，促进儿童全面发展，为迎接未来的挑战做好准备。这些趋势将推动童化教育的不断发展和创新。

（二）推动童化教育发展的建议

推动童化教育的发展需要从多个方面进行努力。要从教师培训和支持入手，提高他们的教育能力和对童化教育理念的理解。教师培训机构应加强培训，学校也应提供教学资源和支持。评价体系也需要建立和完善，不仅关注传统的考试评价方式，还需注重儿童的全面发展。家庭和社会的合作也是重要的一环，学校应与家长沟通，了解儿童的需求，并鼓励家长参与学校活动和教育决策。同时，学校也可以与图书馆、博物馆等社会机构合作，为儿童提供更多学习机会和资源。政府的支持和投入同样不可或缺，政府需出台相关政策并提供资金支持，健全监测机制。通过各方的共同努力，童化教育才能够在我国得到深入发展，真正实现儿童个性化发展的目标。

第二节 国家课程的实施策略

国家课程具有统一规定性和强制性。从广义上来说，国家课程指国家有关部门制定和颁布的各种课程政策，如教育部制定、颁布的课程管理与开发政策、课程方案，各类课程的比例和范围，教材编写、审查和选用制度等。从狭义上来讲，国家课程是指国家委托有关部门或机构制定的基础教育的必修课程。无论是广义的国家课程，还是狭义的国家课程，都集中体现了国家的意志，对基础教育的质量具有不容忽视的影响和作用。[1]

张家港市白鹿小学以国家课程转化为抓手，聚焦课程、课堂、评价等核心领域的

---

[1] 呼建勇. 国家课程高质量实施的有效路径探索［J］. 未来教育家，2020（1）：14-17.

关键问题，进行系统化、机制化破题，构建了国家课程行动体系。

一、针对问题，立足"转化"，着眼体系构建

张家港市白鹿小学作为张家港市直属公办学校，以素质、教育、人文、科技见长，以办好人民满意的教育为初心，追求高位优质的均衡发展。面对新时代育人的新要求，如何实现教育的公平、优质、均衡，从课程教学视角看，主要面临四个方面的问题。一是学校课程建设与国家课程方案"不对接"，学校课程规划缺乏系统设计，整体性、综合性、实践性及选择性不够，学段衔接、学科关联及校本课程与国家课程融合度不高。二是教学与学科课程标准"不衔接"，将课程育人目标窄化为知识与技能的一维目标，教、学、评不一致成为课业负担过重的一个诱因，校本化实施的科学性、专业性校际差异大。三是课堂教学方式与发展学生核心素养要求"不匹配"，学习方式及评价多与学习目标缺少关联，以知识传授为主的教学方式难以支持学生学习方式的转变。四是教师课程理念与行为"不合一"，教师在课程视域下理解课标、把握教材、分析学情、规划单元、设计学习过程、持续地评价学生发展等能力都亟待提升。

2019年6月23日，中共中央、国务院印发《关于深化教育教学改革全面提高义务教育质量的意见》（以下简称《意见》），强调加强课程教材建设，国家建立义务教育课程方案和课程标准修订和实施监测机制，完善教材管理办法。省级教育部门制定地方课程和校本课程开发与实施指南，并建立审议评估和质量监测制度。县级教育部门要加强校本课程监管，构建学校间共建共享机制。学校要提高校本课程质量，校本课程原则上不编写教材。严禁用地方课程、校本课程取代国家课程，严禁使用未经审定的教材。义务教育学校不得引进境外课程、使用境外教材。《意见》从各个视角提出了国家课程的重要地位和育人价值，并对各级教育行政部门和学校提出了明确具体的要求。那么，如何建立合理的国家、地方、学校三级课程管理体系，以国家课程为统领，发挥地方的自主性，形成育人合力？

为解决以上问题，学校先后通过实施《基于课程标准教学的国家课程策略研究》《高品质优化基于核心素养的课改实践体系》等项目，形成以"项目驱动、校本自主、专业支持、行政推动、联盟联动"的运行机制，通过系统设计、整体架构，设计开发转化技术，实践优化与推广应用等环节，探索构建学校高质量课程教学体系。

二、系统设计，推进学校国家课程体系构建

白鹿小学聚焦课程、课堂、评价三个领域进行系统设计，构建了以理念引领系统、技术支持系统、研修支撑系统、评价反馈系统为主要内容的国家课程建构体系。（图5-1）

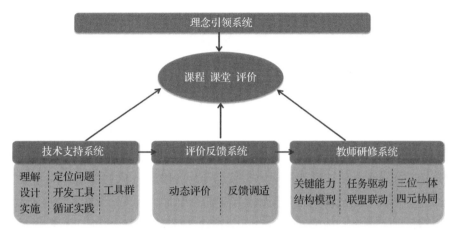

图 5-1 国家课程建构体系

在理念引领系统层面，坚持价值引导、目标定向和问题导向，充分发挥学校的主体作用、教育局的推动作用，以及学校各部门专业支撑作用，协同共振；坚持在课程转化核心环节及课堂主阵地，实现教师关键能力的提升和研修转型。在行动指向上立足高位优质均衡发展，基于学生发展核心素养，实现从知识本位到素养本位、从教为中心到学为中心的转变，推进育人方式变革。在行动方略上，进行整体设计、整体推进、整体落实。

在技术支持系统层面，围绕理解、设计、实施三个关键环节，运用定位问题、开发工具、循证实践三种策略，旨在系统性、结构化地破解问题，引导育人方式变革。构建教师课程育人关键能力的结构模型，通过任务驱动、联盟校际联动，开展针对痛点的系列化、结构化、分层分类多样化研修。基于国家课程体系运行的开发、使用、优化等进行动态评价与反馈调适，促进教师课程育人关键能力的提升和学校课程改革的持续健康发展。

三、技术开发，形成国家课程实施工具

（一）研制国家课程方案校本化实施工具

依据国家课程方案，构建"五育"并举、融合实施的学校课程体系是高质量课程教学体系建设的首要任务。针对学校课程规划缺乏系统设计，整体性、综合性、实践性和选择性不够，学段衔接、学科关联及校本课程与国家课程融合不够等问题，学校着眼开发国家课程方案校本化实施工具，以帮助学校实现国家课程向学校课程的实施转化。学校研制了由"六大领域"和"十个要点"组成的学校课程规划思考框架（表5-2）和学校课程规划内容框架（表5-3），并辅以《学校课程建设评估方案》，为学校课程规划的研制提供指引的同时，对学校课程体系建设和完善进行动态评估与反馈指导。

(二) 开发课程标准转化的工具

要减小国家给定的正式课程到教师理解设计的课程之间的衰减，建立通道、搭建"脚手架"是关键。针对课程实施中将课程育人目标窄化为知识与技能目标，教、学、评不一致、课程实施校际差异大等问题，学校为教师开发提供了《学科教学指南》（表5-4）、《学科教学手册》（表5-5）、工具设计与开发流程和若干专题研修课程。

《学科教学指南》作为课程标准的第一级转化，运用"关联"和"统整"的思想，由学科教研员带领学校教研组长组成的核心团队，将学科课程标准进行转化，建构指向核心素养培育的"学年—学期—单元"目标与评价要点；依据课程标准和教材规划单元，强化学程设计；提供单元教学设计与实施的样例，为学校开展教学提供指引。

以《学科教学指南》为依托，参照《学科教学手册》内容模板，要求教研组长带领学科教师结合校情进一步将《学科教学指南》具体化、校本化，为教师开展课堂教学提供支架，完成课程标准的第二级转化。此外，还从方法论的角度开发了由课程目标转化为教学目标的流程(图5-2)及单元规划流程（图5-3）两个工具，为教师提供操作指引。

表5-2　学校课程规划思考框架

领域	要点	具体内容
一、课程	建构立德树人、"五育"并举的学校课程体系	
	特色课开设，即学校特色课程建设	
	"五育"融合实施，强化实践性学习经历	
二、教学	推进教学改革	1. 单元教学设计 2. 教与学的方式 3. 作业
	优化学生发展指导	
三、评价	探索考试评价改革	1. 学业评价 2. 活动表现评价 3. 综合素质评价
四、管理	创新组织管理	1. 组织架构 2. 选课走班 3. 学术认定 4. 质量保障 5. 课程制度
五、研修	技术研修	1. 突出全面育人研究 2. 加强关键环节研究 3. 创新研修方式

续表

领域	要点	具体内容
六、环境	开发课程资源	1. 实验室 2. 场馆 3. 图书 4. 课例 ……
	信息化融入课程教学	

表 5-3 学校课程规划内容框架

板块	内容
一、编制依据 （回答为什么）	1. 背景现状：政策分析
	2. 办学理念：办学传统、理念提炼
	3. 培养目标：针对国家培养目标的强化和补充
二、课程设置 （回答是什么）	1. 课程体系：结构示意图、类别学示意图
	2. 科目设置：各科目周课时安排、一日活动安排
	3. 特色课程：结构示意图、类别学示意图
三、实施建议 （回答如何做）	1. 课程建设：方向、路径、抓手
	2. 发展指导：方向、路径、抓手
	3. 教学改革：方向、路径、抓手
	4. 评价改革：方向、路径、抓手
四、实施保障 （回答如何做）	1. 组织领导：组织架构、工作机制
	2. 校本研修：开放性、针对性、实践性
	3. 环境建设：环境、资源、技术

表 5-4 《学科教学指南》内容模板

主要内容	要素
导言	《学科教学指南》功能说明
单元规划	单元规划工具、策略 单元规划样例
目标体系与评价要点	课程目标转化为单元目标路径 学年目标、学期目标、单元目标 单元目标与评价要点样例 课时目标与评价要点样例
单元教学设计与实施	单元教学设计模型与策略 单元教学设计样例
……	……

表 5-5　《学科教学手册》内容模板

主要内容	要素
导言	《学科教学手册》功能说明
学期目标	确定学科总目标
学期教学计划	单元规划、单元课时建议、学科实践活动安排、学期测评安排
单元设计样例	课标分析、教材分析、学情分析、单元目标、单元课时目标、单元评价、单元活动设计
课时设计样例	课时目标、学习过程、作业设计……
评价样例	单元评价、课时评价……

为了让课程实施更有效，围绕关键问题的研修伴随始终。譬如，如何针对国家培养目标，开展课程统整，形成国家课程框架下学校课程体系；如何应用课程规划编制工具；如何依据学科核心素养、内容标准、学业质量水平，形成"学年—学期—单元"学习与评价目标；如何以大概念、大观念或学习主题统领建构课程内容；等等。就这些问题展开的专题研修，增强了教师应用工具和解决问题的能力。

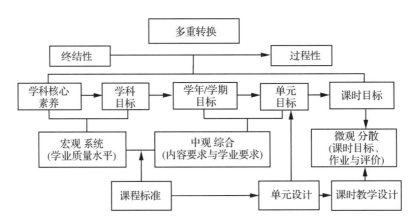

图 5-2　课程目标转换为教学目标的流程

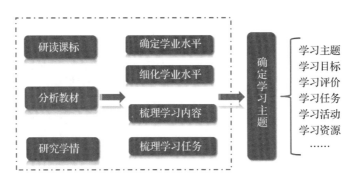

图 5-3　单元规划流程

（三）童趣课堂实施案例

童趣课堂，使国家课程指向核心素养的培养，从儿童的身心发展规律和认知特点出发，探索国家课程校本化实践路径，以学科基础课程和学科拓展课程为两翼，推进课堂教学方式的变革和育人方式的优化。苏教版《义务教育教科书·数学（三年级上册）》第78、79页教学设计可作为典型案例。

顺应儿童思维，凸显"规律"的教育价值
——"间隔排列"教学实录与评析

教学内容：苏教版《义务教育教科书·数学（三年级上册）》第78、79页。

教学目标：

（1）使学生初步感知间隔排列的特征，并经历间隔排列的两种物体个数之间关系的探索过程，能用一一对应的思想来解释其中的规律与关系。

（2）使学生在探索活动中体会观察、比较、归纳是发现规律的基本方法，领悟数学知识之间的整体性与关联性，发展数学思维。

（3）使学生感受数学与生活的联系，培养用数学角度分析生活现象的意识和能力，感悟数学之美。

教学重点：经历探索，发现间隔排列的两种事物数量关系的过程。

教学过程：

一、游戏引入，感知间隔特征

师：《探索与发现》是老师最喜欢的电视节目之一，这个节目追求的宗旨是在未知领域努力探索，在已知领域重新发现。你们觉得与我们的数学课有什么关系吗？（板贴：探索……发现……）

今天我们数学课的探索与发现从老师带来的一份礼物开始。

（出示一串小球的一部分，依次是黄色、红色……）

猜一猜下一个小球会是什么颜色？再下一个呢？

生：黄色，再下一个是红色。

师：太厉害了！你们是怎么猜的？

生：小球的排列是有规律的。

生：它们是按一个黄色、一个红色排列的。

师：是他们说的这样吗？我们一起来看——（拉出这串小球）一个黄的、一个红的、一个黄的、一个红的……

师：同学们都特别会观察，像这样两种物体一个隔着一个交替出现的排列方式，我们把它叫做"一一间隔排列"（板贴课题）。

师：今天，我们就来研究这样的排列规律。

【评析】简洁、鲜艳的教学素材，从学生感兴趣的情境导入，既能激发学生的好奇心，也可以在"猜一猜"的活动中，引导学生关注并观察一一间隔排列的外在特征，让学生从外形结构去关注"一一间隔排列"现象的基本特征。并由此产生进一步研究和探索一一间隔排列规律的心理需求。

二、探究规律，感悟知识本质

1. 寻找间隔，丰富感知

师：我们认识了一一间隔排列的现象，那么，一一间隔排列的两种物体有什么特点呢？我们一起到兔子庄园里去看一看吧——（课件演示）

师：仔细观察，你能从图中找到一一间隔排列的物体吗？

生1：兔子和蘑菇是一一间隔排列的。

生2：木桩和篱笆是一一间隔排列的。

生3：还有夹子和手帕……

师：同学们真会观察！从不同的事物中发现了相同的排列特征，这就是我们的数学发现。

2. 仔细观察，体验规律之美

师：再来观察一下小兔和蘑菇，开头是——小兔，接着——蘑菇，接着又是小兔蘑菇，按顺序读一读，你能读出一一间隔的节奏感吗？

生自由读，体会规律节奏之美

【评析】有规律是有节奏的、不杂乱的，因此，规律能自带美感。数学不仅仅是解决计算问题，感悟数学规律之美无处不在是小学阶段数学教育的重要价值。在"找一找""读一读"的活动中，抽象的数学之美能够转化为直观形象的多感官之美，让学生整体去感受，数学之魅力即在此——数学好玩。

3. 探索数量间的关系

师：一一间隔排列看来很简单，除了关注排列的规律，还可以研究——数量与数量之间的关系。

我们先看兔子和蘑菇的排列，猜一猜图中的兔子和蘑菇，它们的数量一样多吗？

生1：我觉得一样多。

生2：我觉得不一样多。

生3：我知道，兔子比蘑菇多1个。

师：是的，如果仅凭猜测，自然会有不一样的结果。想一想，怎样研究这些间隔排列现象中两种物体的数量？

生：数一数、算一算就知道了。

师：说得很好！下面就请同学们拿出"学习单"，完成上面的第1题。（学生独立完成并填表，教师巡视）

小兔（　　）只	木桩（　　）根	夹子（　　）个
蘑菇（　　）个	篱笆（　　）块	手帕（　　）块

师：通过研究，你有什么发现？

生：我发现，表中上面一行物体的个数多，下面一行物体的个数少。

师：能具体说说吗？

生1：我发现，兔子的数量比蘑菇多1个；木桩的数量比篱笆多1个；夹子的数量比手帕多1。

生2：如果反过来，就是蘑菇的数量比兔子少1个；篱笆的数量比木桩少1个；手帕的数量比夹子少1个。

师：为什么像这样间隔排列的两种物体的数量都相差1个呢？你们有办法让大家一眼就能看得很清楚吗？

师：请大家以兔子和蘑菇的排列为例，先自己想一想，再与小组里商量商量，然后把你们的想法在图中表示出来。

（学生按要求活动，教师巡视，然后组织全班交流。展示两组同学的结果后演示课件）

师：不管用什么符号，它们都在做一件什么事情？（课件演示）

把一只小兔和一个蘑菇看成一组，每一组里都是一只小兔对着一个蘑菇，这样一组一组地圈到最后，发现剩下1只小兔，说明小兔比蘑菇多1个。

【评析】数学是研究"关系"的学问，对于数学推理而言，归纳推理是为了得出结论的推理，只有经历了演绎推理的过程，才能从真正意义上确立所发现的结论。学生从关注三组物体外在现象聚焦到数量关系，紧接着通过"为什么每排两种物体数量都相差1呢？"的追问，寻找证明"为什么每排两种物体数量都相差1"的依据，学生经历了一次从现象到本质，从直观到抽象的数学探索和数学思考。

小结：在"圈一圈""画一画"中，我们看清楚了一只小兔对着一个蘑菇，这样的方法称为——一一对应。一一对应是一种比较的方法，在我们之前的数学学习也有运用这方法来比较的吗？（课件出示）

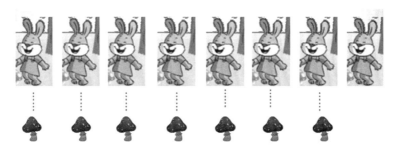

通过研究我们又明白——原来研究规律可以利用我们已有的方法，那我们今天的经验也可以成为以后探索新知识、新规律的经验。

那木桩和篱笆、夹子和手帕……你们也能和同桌解释一下谁多、谁少吗？

课中回顾：刚才在小兔乐园里，我们是怎么来研究这些一一间隔排列的？（随课件回忆）

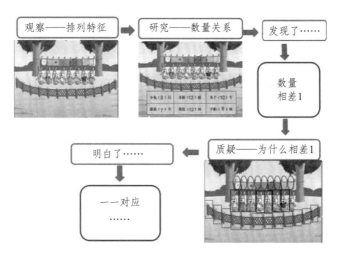

【评析】俗话说，千金难买回头看。数学学习过程中，适时引导学生回过头来再思考，对他们积累数学学习方法和经验、形成和发展良好的数学思维品质，能起到重要的促进作用。本环节，在学生初步感知一一间隔排列现象的基础上，带着学生审视自己所经历的过程，体会自己是通过哪些步骤探索新知，从而把程序性知识从所经历的过程中凸显出来，为接下来深入探索一一间隔排列现象做好准备。

三、建构模型，完善认知结构

1. 操作体验，丰富感知

师：同桌合作，利用两种图形摆出一行一一间隔排列的序列。

学生自主操作，教师巡视，选取代表性作品进行板贴。学生快速判断是不是一一间隔排列。

2. 观察判断，打破思维平衡点

选取两组让学生判断哪种图形多，让学生发现两种情况。

师：看来相同中还有不同，一一间隔排列除了两种物体相差1，原来还有两种物体数量相等的情况。

你们能根据这两种情况对黑板上这些排列进行分类吗？（指两名学生合作分类）

研究两端物体不同的情况。

师：既然一一间隔排列的现象存在两种情况，我们就一种一种地分开来研究。先看数量相等的情况，（指相应的图）虽然同学们摆的图形不同，数量也有多有少，但它们有共同的特点吗？

生：每一组里的两种图形的个数是相等的。

生：我通过一一对应去圈，都没有多余的。

生：我发现开头的图形与结尾的图形不一样。（谁听明白了，就指名谁说）

师：想一想，如果接着后面再摆一组两种图形的个数还相等吗？为什么？如果再摆一组呢？

小结：一一间隔排列的物体，只要两端的物体不同，这两种物体的个数就一定相等。（完成板书：两端不同，两种物体数量相等）

3. 研究两端物体相同的情况

师：按照你们的想法，那这一类（指相应的图）又有什么共同排列特点呢？（板书：两端相同，两种物体数量相差1）

师：通过刚才的研究和探索，你发现了什么？

根据学生回答，小结：一一间隔排列的物体，可以有两种情况，一种是两端的物体相同，另一种是两端的物体不同。

判断：你们同桌创作的一一间隔排列序列属于哪一类？同桌说一说。

4. 拓展想象，完成模型建构

师：老师带来的这两串又分别属于哪一类呢？中间的省略号表示什么呢？你们怎么去判断？

师：研究到这里，关于一一间隔排列物体的数量是不是又有了更多的判断方法？和同桌说一说。

【练习应用】

○△○△○△……○△○中,如果○有20个,△有多少个?△有20个,○有多少个?

【评析】学生从同学们创作的作品中发现——间隔排列不仅仅都是物体数量相差1,打破了学生刚刚建立的思维的平衡点。在和"小兔乐园"情境图对比中,学生就可以自觉类比运用刚刚"一一对应"的方法,重新架构新的平衡:间隔排列的两种物体,两端相同,数量相差1;两端不同,数量相等。在此基础上,引导学生再次对所研究的实例进行比较、分析和归纳,摒弃非数学因素,完成对间隔排列现象中数量关系模型的主动建构。至此,学生不仅获得了对一一间隔排列的正确理解,还深刻感受了从具体现象出发探索和发现规律、归纳和描述规律。

1. 构造变式,深化理解

用□和○画一个一一间隔排列的序列。如果有10个□,画的○可能有多少个?

师:会解决这个问题吗?在练习纸上画一画,看谁想的方法多。(学生独立尝试后,组织展示和交流,得到如图所示的四种画法。)

排列方法	□的个数	●的个数
□●□●□●□●□●□●□●□●□●□	10	9
●□●□●□●□●□●□●□●□●□●□●	10	11
□●□●□●□●□●□●□●□●□●□●	10	10
●□●□●□●□●□●□●□●□●□●□	10	10

师:如果把这四种情况分类,你认为可以怎样分?说说你的理由。

生:这四种情况可以分成两类,一类是两端的图形不同,还有一类是两端的图形相同。

师:看看两端相同的情况,为什么圆的个数有时是9个,有时又是11个呢?

生:在第一行中,□是排在两端的图形,□的个数比○多1个,所以○有9个。在第二行中,○是排在两端的图形,○的个数比□多1个,所以○有11个。

师:通过研究,你们又有什么发现?(不同中发现了相同,相同中又存在不同)

2. 联系生活,介绍间隔摄影

师:看来,一一间隔排列的规律大家都已经掌握了,听说过间隔摄影吗?来看。(介绍并播放一朵玫瑰花盛开的过程)

【评析】学生在发现一一间隔排列中"两端相同"和"两端不同"两种情况时,往往只看到它们之间的不同,看不到它们之间的联系。本环节让学生根据条件进行自主创作,他们会带着更深入的思考去完成,其间获得的感受也更为深刻和丰富。这样既能加深学生对间隔排列现象的认识,又有利于他们感受数学与生活的联系、体验数学的价值。同时,也反映出学生对一一间隔排列现象的理解不再是肤浅的,而是深刻的、可迁移的。

四、回顾整理，自然迁移

师：今天我们研究了什么规律？一起回顾一下咱们探索规律的过程，（边演示课件边说）同学们，今天有什么收获和感悟？

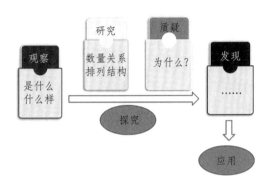

拓展：研究到这里，你还有疑问吗？

（1）课前的一串小球，如果围起来还是一一间隔排列吗？（两端相同，围不成）那可以怎么办？（打通两端相同与两端不同）

（2）一一间隔排列还有其他情况吗？延伸到两两间隔……

【评析】回顾什么？反思什么？知识、能力、情感、思想、方法、收获、启示……一切都值得品味。对于结构的感受、体验、启发、触动是这节活动课的重中之重。本节课结构清晰，如何让教师的理解转化为学生积极的学习行动与能力？课尾可以带领学生结合板书回顾反思，再现"探索规律"研究全过程，帮助学生完善认知结构。

【总评】

叶圣陶先生说，学生"跟种子一样，全都是有生命的，能自己发育，自己成……所谓办教育，最主要的就是给受教育者提供充分的合适条件"。两种物体间隔排列，是一种简单的规律探索，其中的要素不多，规律比较明显。同时"一一间隔排列"处于知识节点，属于种子课，需要充分理透脉络，顺应儿童思维，凸显规律的教育价值，为学生的生长而教，促使学习自然发生。

基于以上思考，本节课从两个维度进行，从学生的角度看，要顺应学生"好探究"的本性设计活动，给予学生探究的空间，引导学生学会探索；从规律的承载的教育价值看，需要教师整体设计有层次的探究活动，发现规律后面的内涵，让学生完整建构，并在探究探索活动中体会观察、比较、归纳是寻找和发现规律的基本方法。

1. 瞻前顾后，预见学习

数学内涵是抽象的，小学生思维以形象思维为主，三年级学生已经初步掌握了一些建立在直观操作、表象支撑基础上的数学认知，也积累了一些简单的数学学习经验和方法。正确把握学生学习的逻辑起点和生活起点，缩短认知过程，让学生经历从图到理的过程，有助于学生穿越具体与抽象的节点，直抵数学本质，化解数学抽象知识与学生形象思维之间的矛盾。数学思想早就蕴藏在之前的课程中，如一年级开始涉及探索简单情境下的变化规律，会按一组一组圈起来的方法找到规律，接着往下画，在一年级学习"比多比少"时，就已经开始接触"一个一个对应排列"也即"一一对应"，"分类比较""一一对应"都是这节课的学习起点。

2. 顺应天性，主动建构

本节课活动设计尊重了儿童的主体地位，顺应了儿童喜欢自主探究的天性。教师在真正理解教学内容及其承载的价值之后，整体设计有层次的探究活动，在探究活动中学生不知不觉地被"卷入"探究规律的过程，学生在沿着阶梯一步一步向上"攀爬"的过程中，学习活动在不知不觉地向前推进，思维在一步一步地朝纵深进发，学生自主学习的意识和能力也在一点一点提升。这主要有两个层次：一是借助多种方式感知规律，初步体会规律的意义。比如猜一猜、看一看、说一说、找一找、读一读等，对间隔排列的外形排列结构认识越加清晰；二是多种方式表征规律，把握了规律的实质。从关注外形到关注数量，从了解数量关系到追问现象背后的道理，从一种特征到完整结构的建构……顺应儿童思维，步步深入。

3. 迁移生长，学会学习

三年级的"一一间隔排列"是起点种子课，后面教材对规律的探索也有类似的编排形式，学习内容、探索方法，都可以进行迁移。本课中关注学生获得知识的同时，更加注重让学生完整经历探索过程，感悟规律背后的内涵，体会数学思想方法，培育学生提出问题、解决问题的能力，并在此基础上，让学生从整体、系统、全局的视野展开思考，将相关知识点置于整体关系中探究，不仅能使学生感受到探索和发现规律的一般过程及背后所蕴藏的数学思想，而且有助于他们在头脑中形成一个整体的知识结构，使他们的思维更清晰、更有条理，真正学会学习。

四、实践落地，提炼国家课程实施路径

在通过国家课程实施校本化，落实国家课程育人精神，落实学生核心素养方面，学校做了以下三个方面的探索。

（一）国家课程实施校本化，开足、开齐、开好国家课程，增加学生学习的多样化、个性化、可选择性和高品质

"凡事预则立，不预则废"，为整体规划、科学实施，学校把国家课程标准与具体学科教学整合为一体，指导教学，并在深入研究国家课程标准的基础上，精准施策。首先，针对具体年级、学期指导层次不够分明，实施精度不够准确等层级问题，学校采取将学段拆解到学年、具化到学期的做法，为一线教师精准教学提供了明确的目标。

其次，针对国家目标以能力为参照，缺乏具体的实施策略的问题，学校集思广益、智慧众筹，号召骨干教师献计献策，制定出具体的目标达成指标及措施，为一线教师提供了具体途径和方法。

学校鼓励教师进行理解为先的逆向设计，促进教育学的方式方法的转变。一是优化设计理念。由传统的教教材、教内容、教知识与技能转向用课程育人的设计理念，把核心素养和课程标准作为设计的坐标，把为党育人，为国育才作为设计的核心目标。二是优化设计思路。由原来"教什么、怎么教、教得怎样"的设计思路转向"目标是什么、怎样评价、教什么"的逆向设计思路。以学科课程培养目标为核心点，以表现性评价为连接点，以完整性学习经历为落脚点，使新课程改革的培养目标落实在每一次备课中。三是优化设计模式。由注重内容覆盖、活动覆盖的传统设计模式转向目标、评价、活动、教学内容整合设计模式，呈现单元整合设计（表5-6）、课时设计模式，使教学有方向，可监控，能评估，真正做到教、学、评一致。

表5-6 理解为先的童趣课堂单元设计模板

	阶段一：明确预期学习结果	
	学习迁移	
课程标准：	学生能自主地将所学运用到…… 学生将获得何种持久的、自主的学习效果？	
本单元（课时）要达到的内容标准和任务目标是哪些？ 本单元（课时）要发展的思维品质、关键学科能力和核心素养有哪些？	理解意义	
	深入持久理解： 学生将会理解…… 教师期望学生理解…… 学生如何将它们联系在一起？	核心问题： 学生将不断地思考…… 何种引人深思的问题能促进学生的质疑难、理解意义和学习迁移？
	掌握知能	
	学生掌握的知识是…… 学生应当掌握并能再现哪些事实和基本概念？	学生形成的技能是…… 学生应当会运用哪些具体的技能和程序？
	阶段二：确定恰当评估办法	
目标代码	评估标准	
是否所有的预期学习结果都进行了合理的评估？	采用何种标准来评估预期学习结果的成效？ 不考虑具体形式，评估中最重要的本质属性是什么？	真实情境任务： 将用哪些表现说明学生实现理解…… 在复杂的情境任务中，学生将如何展示学习迁移和理解意义？
	其他评估： 通过其他哪些方式说明学生达成了"阶段一"中的目标？ 教师将采用哪些其他方式说明学生达成了"阶段一"中的目标？	

续表

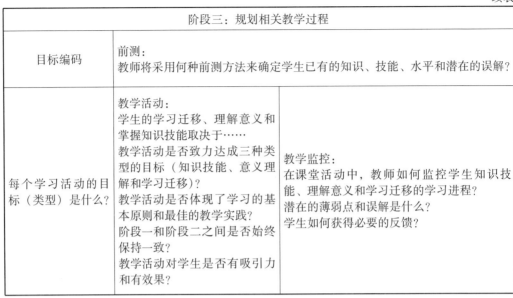

进行学科团队建设，实现国家课程的整体有效实施，提高整体教学质量。学校组建十大学科共同体，致力在学科教研中引导教师思考自己的成长规划，做到有目标、有方向、有落实。开学初，学校举行了"领雁协翔，共生共长"教师成长团队启动仪式，各学科共同体形成以领衔人、核心组和团队成员的点、线、面引领辐射，分层分类促进教师的专业发展，锤炼教师的专业思维。对于善教的教师，着力引导成长为教学名师；对于善研的教师，帮助发展为科研型教师；对于善思的教师，鼓励以思想型教师为专业发展的坐标体系……学科共同体开展不同主题的教研活动，充分焕发教师专业发展的内驱力，使教师成长由个别转向群体、由被动参与转向主动卷入，使得白鹿教师形成了有热情、肯奉献、能创新、敢担当的团队气质。

（二）立足核心素养和课程标准，将育人融入课程实施链条的每一个环节之中

1. 探究学科与德育的深度融合，在学习过程中培育学生的思想道德品质

教育部《关于全面深化课程改革 落实立德树人根本任务的意见》（以下简称《意见》）中指出，要深化课程育人。各学科在教学时，要有意识地让学科本身所蕴含的德育资源与儿童认知发展规律融合到一个学习过程当中，生成育人的契机，再自然地融合到课堂教学的各个环节之中，从而实现其育人功能。在中华人民共和国成立70周年时，英语学科教师布置了一份"小白鹿知多少？"的作业。请学生用英语介绍中国之最、当代科技、中国历史、美德故事、老物件背后的故事等内容。学生的作业有的用英语介绍了中国的长城、中国的简书、中国的语言、中国的丝绸之路和北京天安门；还有的用英语介绍了孙康映雪的故事，让人了解到中华民族自古就是一个爱学习、能吃苦的民族；还有的用英语介绍中国的5G，介绍中国的科技发展日新月异。相信这些学生将来会用英语向世界讲述中国的故事，会用英语向世界传播中国的文化，会用英

语向世界表达学校的民族自信和文化自信。

2. 丰富体育课程，培植学生强身健体之元气

"为祖国健康工作五十年"，强健的体魄是关键。《意见》中明确提出了让学生掌握一两项体育技能。体育技能的掌握能激发学生对体育锻炼的兴趣与热情，为培养终身体育锻炼习惯、形成坚强的意志打下良好的基础。学校开设了足球、篮球、排球、羽毛球、乒乓球、跆拳道、武术、健美操、艺术体操、游泳、滑雪等课程，满足不同学生的需求，从多方面强健学生的体魄，效果显著。

3. 落实综合特色课程，提升学生综合素养

最新课程方案修订，增设劳动课程，延续开设综合实践活动课程。为满足学生综合素养提升的需求，结合学校的培养目标，建构的可选择的综合实践活动、地方课程和校本课程的课时共占总课时的14%~18%，并且劳动、综合实践活动、班团队活动、地方课程与校本课程课时可统筹使用，可分散安排，也可集中安排。这样的规定给学校较大的自主空间，学校可以统筹课程内容、节约时间、不同的课程互补互构，使学校课程体系更加完备。构建的思路之一，是让国家课程劳动与综合实践活动凸显地方及校本特色。例如，借助地方设立的区域劳动教育基地，或充分利用学校周边资源，设计全校学生的劳动任务清单，同时彰显地方性与校本化；再如，很多学校都在组织研学活动，可通过深度挖掘社会教育资源，走出课堂，使规划馆、科技馆、博物馆、文化馆、艺术馆、图书馆、大型高端企业成为学校的新课堂。学校可将这些研学活动整合为一门博物馆教育课程，抽离出可达成的素养目标，系统设计不同年级的研学课题、活动任务，规划不同年级的研学场地以及研学方式等，形成连贯的研究性学习课程。课程体系，主要包含梦想孵化系列、自我启动系列、合作与感恩系列、世界眼中国心系列等，打破学习的边界，提升综合素养。如全校开展"小苹果奇遇记"项目化实践活动、"我和家乡同成长"暑期项目化学习实践活动、"拯救池塘"综合实践活动……所有这些课程的设计都旨在让学生发现自己的兴趣，帮助学生完成由兴趣到志趣的过程，实现他们的梦想与抱负。

4. 探索跨学科、项目式学习

培养学生高阶能力跨学科课程学习、项目式学习（Project-Based Learning，PBL）是以真实问题为驱动的学习，是具有延续性、探究性的合作学习，是用高阶学习带动低阶学习，让学生达到知行合一的学习。在新课程方案及课程标准中，以主题、任务、项目等实现课程内容的结构化，在所有学科的结构化内容板块中，都有10%的内容设计了跨学科主题实践。跨学科主题实践是依托学生生活中的现象、问题、情境等，给学生创设一个体验的过程，将所学的知识迁移，从而促进学生的深度理解，提升学生的问题解决及创新能力。学生在真实问题解决中，不仅要调取已有经验，还要对所学知识融会贯通、综合应用。这样一来，必然要跨学科，当然"跨"不是跨的学科越多越好，也不是跨得越远越好，而是以任务为核心，超越或者说不拘泥原有的学科边界

限制，调取不同学科的知识，解决真实问题。当然跨学科实践毕竟不是全面综合的研究性学习，从课程设计的视角看，跨学科实践还是从学科中涉及的问题出发，考虑本学科的阶段性的育人目标。但是从课程实施的视角看，如果所有学科都要完成跨学科学习，内容相互之间交叉重复，学校的空间场地冲突都不可避免。因此，对于学校而言，怎样多学科联动，共同设计主题、情境，节约时间、空间等多种资源，共同设计跨学科实践是一个有挑战的命题。学校可以以主题为轴，统筹协调多个学科的跨学科实践单元，比如水的主题，数学课可以借助水计算立方体的体积，道德与法治课可以探讨保护环境，美术课可以设计绘制节水宣传画，语文课设计节水宣讲词等，几个学科围绕水的主题，拟定一项共同的、连贯的任务：设计一套节约用水宣传方案，并在班级搞一次模拟宣传；以资源为轴，借助学校周边的博物馆、公园，甚至超市等社区资源，作为跨学科实践的场域；把不同学科的实践调整在相同的时间或空间中，通过不同学科同台合作课、相关学科接力课，不同年级共同项目分担不同任务等方式整合跨学科实践学习，产生整体的学习效应。

5. 探索基于核心素养的课程评价，研发评价工具，让评价成为一种学习的方式

学校进行了基于核心素养的过程性评估和终结性评价体系的开发，逐步从只关注学习结果的"对学习的评价"，转变为关注学习过程的过程性评估，逐步走向把评价作为学习的一种方式，让课程评价更加多元化、立体化、丰富化，扩大了评价的内涵。例如，英语学科制定的量规，旨在培养学生的自学探究能力和自主规划能力。学生通过量规的质性表达，既知道了评价标准，又明白了更高层次学习的方向与方法。

学校还在基于课程标准的学习，细化学生学习目标，探索课程学习工具的研发，促进学生主动发展，探索游戏化思维，激活学生内动力，探索空间育人课程，提高空间课程领导力，探索博物馆课程，让世界成为学生的课程等方面做了诸多探索。

（三）课程实施的自我评估和改进

1. 组织保障

学校成立了课程委员会和学术委员会，对课程实施的每个阶段进行诊断与评估。主要从课程育人目标、核心素养落实、课程计划与进度、课程资源配置、学习方式、课程评价方式、课程设置、主观感受等方面进行。

2. 检验规划落实，调整实施策略

学校注重过程性管理，开学初就及时发布各项文件，如《课程规划落实实施细则》《行政巡查实施办法》《教学常规检查办法》，明确过程性检查的形式和标准。其中，行政巡查须每天检查课堂教学、课程进度、集体备课、作业批阅等情况，如发现问题要及时反馈并给予指导；教学常规检查包括校级教学常规抽查、联查，集中检查课程规划使用、集体备课、作业反馈等情况。

在实践中，检测学生是否理解，最好的方式就是通过是否能够灵活、正确迁移知

识与技能来加以评估，学校从六个维度的行为来加以评估。（表5-7）

表5-7　同理解的六个维度相关的行为动词

解释	释义	应用	洞察	移情	自知
演示	创建类比	适应	分析	像似	意识到
派生	批判	建立	争论	开放	实现
描述	证明	创建	比较	相信	认识
设计	评估	调试	对比	考虑	反馈
展示	说明	决定	批评	想象	自我评估
表现	判断	设计	推断	涉及	
促使	创造意义	展示		角色扮演	
指导	弄懂	发明			
辩解	提供隐喻	演出			
模型	领悟言外之意	生产			
预测	代表	提出			
证明	讲述故事	解决			
显示	翻译	测试			
合成		使用			
教授					

结合学科特点，各学科在实践中积极围绕六个维度设计表现型任务，引导学生积极参与，通过自己、教师或他人的评估来评判是否达到了理解的程度。以数学为例，学校的设计见表5-8。

表5-8　基于理解六个维度的表现型任务思路

科目	解释	释义	应用	洞察	移情	自知
数学	研究一个普遍现象，如生活中的天气数据，揭示数据中细微而又容易被忽视的模式	根据天气数据的变化情况，进行整体数据的变化趋势分析	评估长跑运动员在关键时期的作用，针对数据提出新的建议和数据统计方法	学会用统计的方法计算自己的学习成绩，检查运用不同统计数据所带来的差异。如平均数、百分数等	采用数学小论文、统计图表等来解释数据概念，甚至表达自己抽象的数学观点	尝试开发一种统计方法，对自己或朋友的学习状况或知识掌握程度重新进行简单的描述
……	……	……	……	……	……	……

结合学习的全过程，科学设计评估性学习单。学生学习的一般方式有课前学、课中学、课后学。针对这三种学习方式，学校结合理解为先的六个评估维度的某些关键行为词，设计有针对性的"预学单""共学单""延学单"，引导学生个性化地学、教师儿童化地教，把做中学、用中学、创中学三种新的学习方式科学融合，在学生学习的全过程中不断培养他们的好奇心、想象力、探究力，涵养每一位学生的终身学习能力。

此外，要调整课程规划，完善课程实施。全面质量管理以鲜明的目标、扎实的过程、有力的督导、先进的评价保证了课程规划的扎实落地，同时它又是一个周而复始的循环体系。当学校在既定的课程规划基础上进行完一年的教育实践后，就会发现其中一些预想的目标或措施可能不合适，此时，就需要各备课组骨干教师再一次商讨原课程规划，将合适的目标、适用的措施、学生喜欢的学科活动保留下来，对一些不太合适的目标、措施、活动进行调整，以进行下一个学年的课程规划。如此循环往复，学校课程规划不断完善，而且教师教学和学生学习臻于精准、教师和学生的素养不断提升，从而有力促进国家课程的有效落地。

国家课程体现了国家的意志，是决定一个国家基础教育质量的主要因素。学校要全面落实好国家课程，让国家课程在学校的实施更符合学生生命成长的节律；引导学生将个人梦想和民族梦想、国家梦想结合起来，为2035年基本实现社会主义现代化、2050年把我国建设成为富强民主文明和谐美丽的社会主义现代化强国而贡献自己的力量。

第三节　校本课程的实施路径

校本课程主要分为两类：一是使国家课程和地方课程校本化、个性化，即学校和教师通过选择、改编、整合、补充、拓展等方式，对国家课程和地方课程进行再加工、再创造，使之更符合学生、学校的特点和需要；二是学校设计开发新的课程，即学校在对该校学生的需求进行科学的评估，并充分考虑在当地社区和学校课程资源的基础上，以学校和教师为主体，开发旨在发展学生个性特长的、多样的、可供学生选择的课程。

当前新课改、新课标、新教材及国家"双减"政策背景下的教育变革，呼唤校本课程的开发和实施。白鹿小学一贯坚守"为每一个儿童设计课程"理念，以国家课程为主构建了丰富多彩的课程资源，提倡义务教育阶段通过课程引领，实现减负增效，提升学生的核心素养。

一、校本课程的需求分析

（一）学生对校本课程的需求

为确保课程的有效性和适应性，在实施校本课程之前，学校需要深入了解学生的需求。学生需求分析是基于对学生个体和群体的观察和了解，涵盖了他们的兴趣、学习特点、认知水平和情感需求。通过多种方式进行学生需求分析，如个别访谈、问卷调查、观察和学生小组讨论，校本课程的实施，使每一位学生成长为纯洁灵动、勇敢睿智的白鹿学子，是"慧玩慧学"、快乐发展的全新学生。

个别访谈是了解学生需求的重要途径之一。学校询问他们最喜欢的童话故事类型、角色，以及他们对不同课程的期待。通过与学生一对一的交流，学校更加深入地了解了他们在学习方面的兴趣和爱好。这样的个别访谈帮助教师更好地了解学生的喜好，从而在课程设计中更好地满足他们的需求。

问卷调查是收集学生意见和反馈的一种有效方式。学校设计关于校本课程的问卷调查，让学生就他们的阅读习惯、喜好和学习期望进行匿名填写。通过分析问卷结果，学校了解了学生对不同类型故事的偏好程度，以及他们对于课程内容和教学方法的期望。问卷调查还帮助学校发现潜在的问题和挑战，从而优化校本课程设计和实施过程。

观察学生在课堂上的表现和互动也是了解他们需求的重要手段。通过观察学生的参与度、情绪变化和合作互动，学校获得了他们在童化校本课程学习过程中的反应和体验。这些观察可以揭示学生对不同课程的喜好和接受程度，以及他们在情感发展和道德价值观培养方面的需求。观察还可以帮助学校调整教学策略，更好地促进学生的参与度和学习效果。

学生小组讨论是收集学生需求的有效途径之一。通过组织学生进行小组讨论，学校可以促使他们分享彼此的学习经验、观点和反思。学生可以在讨论中表达对校本课程学习的理解和情感体验，同时也可以提出对课程改进的建议和意见。这样的小组讨论可以培养学生的合作和沟通技巧，同时也为学校提供了宝贵的学生反馈和需求信息。

通过以上学生需求分析的结果，学校可以更准确地了解学生对校本课程的期望和需求。基于这些需求，学校将能够设计出更富有吸引力、有针对性的童化校本课程的教学活动，确保课程能够有效地满足学生的学习需求，并激发他们对不同学科学习的兴趣和热爱。

（二）教师对校本课程的需求

教师需求分析是确保校本课程成功实施的关键环节。通过进行教师需求分析，学校可以了解教师的专业知识水平、教学经验和教学资源的可利用性，以满足他们在课程设计和实施过程中的需求。学校将通过与教师的交流和讨论，了解他们对校本课程的期望、疑虑和需求。

在教师需求分析过程中，学校采用多种方式收集教师的意见和建议。例如，组织教师座谈会，让教师分享他们的教学经验和挑战，并提出对校本课程的期望。此外，学校还提供教师培训和专业发展机会，以提升教师在课程设计、教学方法和评价方面的能力，建立反馈机制，定期与教师进行沟通，了解他们在实施过程中的需求和反馈意见，并及时提供支持和资源。通过积极响应教师需求，校本课程得以成功实施，为学生带来丰富的学习体验和成长机会。

二、校本课程的构建与内容

(一) 校本课程的构建

校本课程是国家基础教育课程体系的重要组成部分，是根据国家、地方、学校三级课程管理要求，结合学校教育资源办学特色等要求开发，满足学校对学生发展的具体要求而设置的课程。国家课程、地方课程、校本课程有机结合在一起，对实现课程模式的多样化和课程结构的优化起着不可估量的作用。

张家港市白鹿小学校本课程建设能坚持育人为本，能针对学校、学生实际发展水平，切实根据学校的办学特色，学生的兴趣、爱好、特长和教师的特点，有效地安排教学内容，保证教育目标的实现，充分利用学校所特有的教育资源，凸显学校校园文化，满足学校学生发展需要，充分体现学校特色和课程的时代性。

(二) 校本课程的内容

学校始终以儿童为中心，基于"为了每一个儿童"的课程理念和"为了一生的幸福"的办学理念设置学校课程目标，以适合每一位学生成长的需要，构建适合的校本课程。基于学生及教师对校本课程需求的分析，学校将拓展型课程和探究型课程相结合。拓展型课程分为学科拓展课程、九色鹿少年宫社团活动课程、体验活动课程，包含传统游戏、小农人、小发明、辩论社团、创客社团、社会研学、童话创作……探究型课程以主题探究课程为主，有"成长的节律""校园的四季""国际理解""律动音乐"等十类主题课程，它们打通学科、跨越学段、联通时空、变通角色、贯通生活，优化教与学，用丰富多彩的课程资源化育儿童，实现了学校高质量发展的办学目标。(表5-9)

表5-9 校本课程结构表

校本课程			
拓展型课程			探究型课程
学科拓展课程	九色鹿少年宫社团活动课程	体验活动课程	主题探究课程
小思辨话题	辩论社团	社会研学	成长的节律
小博士实验	小实验社团	自然笔记	校园的四季
小红帽故事	写作社团	童话创作	童话表演
小迷宫数学游戏	思维社团	数学游戏	数学奥秘
小马车情景剧	英语阅读	三语表达	国际理解
小飞侠游戏	体育社团	运动技能秀	科学运动
传统游戏	康复社团	康复训练营	成长密码
小翅膀歌舞	声乐社团	合唱 舞蹈……	律动音乐
小画板艺术创作	美术社团	彩塑 绘画……	果与蔬的味道
小农人	种植社团	四季蔬果种植	编程与生活
小发明	创客社团	创客成长营	

三、校本课程的目标

学校新课程背景下的校本课程，基于学生和教师需求分析的结果，制定了白鹿小学校本课程即拓展型课程、探究型课程两大类。以文化建设为载体，围绕人文底蕴、科学精神、学会学习、健康生活、责任担当、实践创新六大素养，实施立德树人的新途径、新策略，明确课程目标的导向性和针对性，培养学生的综合核心素养。以趣促学、发现儿童，以学定教、涵养儿童，慧学慧教、成就儿童，具体操作为"五学四教"模式，把育人目标进行了细化，形成了低中高年段的分阶段课程目标。以探究型课程"律动音乐"为例，学校设置了如表5-10所示的分年段课程目标。

表5-10 "律动音乐"分年段目标表

年级	课题	维度目标一 知识与技能	维度目标二 过程与方法	维度目标三 情感、态度与价值观
低年级	《多快乐》 《隆咚锵》 《彝家娃娃真幸福》 《白云》 《儿童在游戏》 《春晓》 《乃哟乃》 《圆号歌》	学生通过音乐学习，培养对音乐的学习兴趣，能够理解基本的音乐知识	学生跟着教师用肢体接触音乐，用心感受音乐，参与到音乐教学活动中，感受音乐带来的快乐	学生初步尝试和体验动作、表情，与他人交流的方法和乐趣 培养学生热爱生活的情感和活泼乐观的情绪
中年级	《木瓜恰恰恰》 《顽皮的小杜鹃》 《嘀哩嘀哩》 《恰利利恰利》 《让学校荡起双桨》 《送别》 《村居》	学生通过音乐学习，可以感受音乐与肢体的关系，能运用和控制自己的身体。根据音乐做出韵律动作，掌握基础的音乐知识，提高音乐表现力	学生喜欢参加律动活动，用肢体大胆表现音乐，用心感受音乐，合拍地随音乐做律动动作，激发他们主动参与到音乐教学活动中，感受音乐带来的快乐	学生感受、体验动作、表情，学会主动与他人交流的方法并获得乐趣 在轻松愉悦的音乐氛围中提高音乐表现能力，陶冶情操
高年级	《校园的早晨》 《蓝天白云》 《外婆的澎湖湾》 《来和我划船》 《四季童趣》 《歌声与微笑》	学生通过音乐学习，对音乐知识有很好的掌握，用律动形式创造性地表现音乐，提升对音乐的审美能力及探究能力	学生积极参与律动活动，通过学习用肢体表现音乐，用肢体创编感受音乐带来的快乐与美好，拓展兴趣，提高音乐核心素养	在合作表演中尝试用创造性的动作、主动地表现音乐 增强学生的音乐审美能力，丰富学生的情绪情感体验

通过校本课程目标的设立，为学生一生的幸福奠基，将童真、童趣融入学生的学校、家庭、社会生活中，使得学校、家庭、社会在学生教育中共生共长，形成向上的合力。

四、校本课程的实施路径

（一）面向全体，重在普及的拓展型课程实施路径

在学科基础型课程之外，为了满足学生的个性化需求和全面发展，基于学校课程文化和实际情况，学校开设校本课程——拓展型课程，旨在培养学生的创造力、批判性思维、沟通能力、团队合作等综合素养，帮助他们在学科之外获得更广泛的知识和技能，以学科拓展课程"小画板艺术创作"为例，见图5-4。

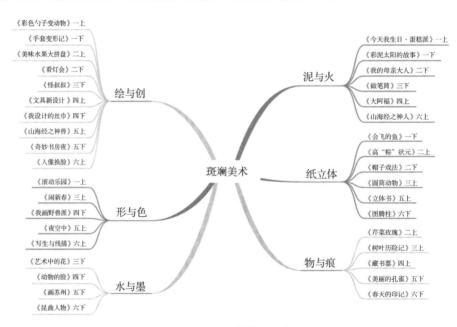

图5-4 小画板艺术创作

在课程实施教育普及实践中，学校主要采取以下普及路径。（图5-5）

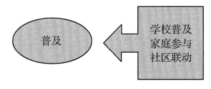

图5-5 普及路径

1. 学校普及

学校注重校本课程——拓展型课程的开发，拓展型课程是在国家课程基础上，依据不同年级学生身心发展特点，开发实施的面向全体的校本化普及型课程。在课程设计阶段，学校围绕课程主题制订详细的教学计划，确保课程的连贯性和有序性。根据课程目标和学生需求，确定教学重点和难点，结合教材和教学资源，制订相应的教学策略和教学活动。教学计划的制订将帮助教师有条不紊地组织和实施教学，确保课程

的有效性和高效性。

2. 家庭参与

为让普及更深入，学校除了开设"鹿爸鹿妈进课堂""学科文化艺术节""学科融合"等系列活动，鼓励家长全面参与活动，引导家长与学生共同学习画画，实现画画教育的家庭普及。如在低年级开展"纸巾艺术"活动，家长与学生共剪、共贴、共画、共创；中年级开展"美在身边——生活中的美术"活动，通过剪、折、画等形式完成一幅幅美丽的作品，参与共绘美好港城作品竞赛活动。高年级开展"追寻文明的足迹"活动，学生与家长一起通过画思维导图，感受港城文明建设的变化。学校还举办"美术教育论坛"，每月请有美术专业特长的家长走进校园、走上讲台，为学生开展艺术讲座，实现家庭、学校科学教育的融通。

3. 社区联动

学校积极拓宽美术知识普及空间，与街道、社区紧密联系，将美术普及的触角向社区延伸，实现社区联动，让艺术的普及走向普通民众。如带领学生走进张家港市美术馆，面向普通居民开展美术知识讲座；走进学校周边社区，开展"学校的节日——画端午"活动，与社区居民一起包粽子、画粽子、话端午；走进张家港市博物馆，向游客展示"我是小小插画师"，绘画夏令营作品，与游客一起赏名字画。学生还走上街头、公园、菜市场等公共场所进行油画作品展示，让艺术走进社区，走向普通居民。学生在普及美术知识的过程中实现不断地生长、提升。拓展型课程的开发，构建了学校校本课程的基础框架，实现了学校美术教育的普及。

（二）合作探究，注重融合的探究型课程实施路径

探究型课程以学生为中心、注重学生主动参与和探究，强调学生通过实际操作、观察、实验、讨论等方式主动探索问题，在课程实施过程中，主要通过课程内容的融合、学习方式的融合培养学生的思维能力、创新能力和解决问题的能力。（图5-6）

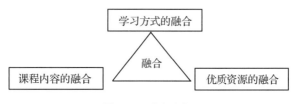

图5-6　融合路径

1. 课程内容的融合

课程的跨学科整合已成为共识。以学科为龙头，进行活动拓展和延伸，融汇其他学科优势，达成知识互通，是融通活动的主要样态之一。学科课堂教学整合，聚焦三点：一是聚焦核心素养的落地生根，使得目标更明晰；二是聚焦学生课堂的乐教乐学，使得路径更实效；三是聚焦课程活动的创意创新，使得形式更多样。课程的融通交叉，使得儿童、生活、学习之间有了互相连接的筋脉，既有利于培养儿童的创新思维，又

有利于培养儿童的跨界思维；使得课程有了自主造血功能，活力无限，从而形成全科育人、全员育人、全程育人的学科新模式。

在科学课程设计与实践中，学校积极转化课程结构，打破原有单课程教学模式，实现学科间的有机连接与融合，从课程单一化走向立体化，建构符合时代需求的综合课程体系，实现课程与课程、社会的融合，让学生走进社会，在社会实践中学习，在真实情境中获得成长。

学校探索科学教育课程与学科课程的融合。学校邀集专家与学校各学科教师，进行教材分析，寻找融合源，研究创意点，建构以科学素养培育为目标的、以课程融合为特点的各学科教学体系，并根据教学进度，融合在具体的单元组织教学中。如将数学"年月日"单元的学习与学校融合教育课程"玩动科学"相结合，带领学生参观、了解地球的公转、自转，认识太阳系。

学校将科学教育与美育课程连接，组建"编程与生活"项目。通过科学可视化、实践化建设，探索科学与艺术的交叉融合，引导学生在活动中发现科学美、体验创造美。再如，在学校彩塑课程教学中，学生追本溯源，探寻中国传统文化，用彩塑和科学知识连接过去、当下、未来，使中华优秀传统文化传承发展工程落地生根，体验艺术与科学的完美融合。白鹿合唱团演绎《天之大》《仰望星空》，在旋律传唱中，学生了解神舟系列飞船，传承中国航天精神，感悟星空之美。

2. 学习方式的融合

陶行知说过："处处是创造之地，天天是创造之时，人人是创造之人。"[①] 学校提倡和发展学生主动参与、探究发现、交流合作的学习方式，积极解放学生的双手和大脑，引导学生在实践中培养创新思维，锻炼动手操作的能力，真正实现手脑并用、手脑活用。童趣课堂积极性学习实践研究重点培育课堂中听、说、读、写、思、演的学习素养，小组学习有效实施的规范化训练；提炼"以学定教、慧学慧教"的童趣课堂，生成"以趣促学、发现儿童，以学定教、涵养儿童"的校本化教学范式，提升教师教学力，引领学生学会学习，提升学生学习力。学生学科核心素养的提升、学校课程研究的实践、学生学习力的培养，必须根植于课堂教学。学校着力研究课堂结构和形态，探索课堂教学改革的有效渠道和路径，寻求卓越课堂和高品质教学的有效范式，形成具有学科特质的教学思想和课堂文化。

校本课程的实施可以不受年级和班级限制，学生不分学段，依据兴趣爱好自由走班、自由选课，实现跨学段融通。如学校邀请当地著名儿童文学作家以学校名称来源的白鹿为创作原型，创编了9则小白鹿绘本童话，一、二年级小学生共同学习、互相辅导，实现了低学段融通。学段融通将知识进行有效串联，同时，教学的前后衔接，使课堂教学环环相扣、前呼后应，使得知识与生活、学生之间有了互连筋脉的良性沟

---

① 转引自黄胜. 教育学新编[M]. 成都：西南交通大学出版社，2015：272.

通，让知识成为一个整体、课堂成为一个整体，让学生感受到过程之美、学习之美。

在活动空间上，学科融课程不仅仅停留在班级和校园，而是突破围墙，走向家庭、社区、社会。它最大限度地利用社会环境、自然环境和社区资源，并关注学校生活和社会生活的联系，做到了活动空间的融通；在活动时间安排上，也不仅仅局限于课堂40分钟，根据课程需要时间可长可短，如美术学科的短课时间为40分钟，长课时间长达90分钟，无论长课或短课，都是依教学内容来制定课时安排，课时短，效率提升；课时长，学无止境。每节课都会抓住教学重难点，采用先学后教、以学定教、小组合作等教学策略开展有效教学，保证课程的有效实施，让每位学生受益。

3. 优质资源的融合

学校基于童化教育的理念思路，结合学校个性化办学目标，通过学校、家庭、社区人力资源的融合、校内校外育人资源的融合、线上线下课程资源的融合，从课程建设、课堂教学、德育活动、学生评价、教师发展等方面进行基于儿童、发展儿童、成就儿童的教学，这在实施校本课程中起到重要作用。

（1）学校、家庭、社区人力资源的融合

学校以"五育"融合为基石，以优质资源为载体，将"学校、家庭、社区"作为三个辐射点，形成动态三向通道，实现优质资源共享和均衡发展，多渠道、全方位、立体式地深入推进校本课程的实施。学生在教师的带领下走出校园、参加社区实践活动，通过学习、了解、体验多种实践活动，在劳动、手工、展演、绘制等活动中绽放白鹿学子纯洁灵动、勇敢睿智的特有品质。

（2）校内校外育人资源的融合

为培育"有理想、有本领、有担当"的时代新人，学校倡导校内外协同育人的方式，通过聘请校外专家进校园、鹿爸鹿妈进课堂等形式，以责任和使命感带动教育者的育人理念，实现教育拔节向上的生长。

（3）线上线下课程资源的融合

在线教学的应急性、阶段性、试探性探索，转为不断融合的线上线下教学新形态，是当前教学的新趋势。相比于单独的线下教学或纯粹的线上教学，线上线下融合教学更具复杂性与挑战性，在一定程度上保留了传统课堂的基本功能，为传统课堂带来了持续性改善的机会，让传统课堂能在发挥本身优势的基础上转变教学方式、提升教育质量。

（三）激励赋能，注重保障的校本课程实施路径

杜威曾说："教育不是把外面的东西强迫儿童或青年去吸收，而是需要使人类与生俱来的能力得以生长。"[①] 因此，适应儿童的天赋资源，淡化教育的"塑造"痕迹，让

---

① 转引自高洪娟. 认知冲突，让数学课堂更有味［J］. 教育视界，2015（4）：70-71.

儿童体验发展的愉悦，才能还教育以本来的美感，真正实现真善美的统一。

童化教育的实践探索，指的是教育在以儿童发展为本的观念的统领下，顺应儿童的天性（即成长的特点、实际、需要、规律），结合学校办学特色、因势利导，不断研究、探索和实践教学。学校领导的支持、教师培训的支持、教学资源的支持、机制建立的支持，为校本课程的实施给予了有力的保障，促进了校本课程的高效实施。

1. 学校领导的支持

学校领导的支持对于校本课程的成功实施至关重要。学校领导意识到校本课程对学生发展的重要性，并积极提供了必要的资源和支持，促进了校本课程的有效实施。

学校以祁仁东校长为核心的所有中层领导，积极参与了校本课程的规划和设计过程。他们根据学科要求与教师共同制订课程目标、教学计划和评价机制，确保校本课程与学校整体教育目标相一致。学校领导的参与和指导为校本课程的发展提供方向和支持，同时也为教师提供清晰的教学指导和期望。

学校领导为校本课程的实施提供了必要的支持和资源，为校本课程制定了专门的预算，用于购买教学资源、提供教师培训和发展机会，以及改善教学设施和技术设备。学校领导还鼓励教师参与专业发展项目和研究，提升教师的教学能力和专业水平。通过提供必要的资源和支持，学校领导为教师积极实施校本课程创造了有利的条件。

学校领导通过开会协商建立了实施校本课程的激励机制，鼓励教师参与校本课程的开发和创新。通过奖励和表彰制度，激励教师在校本课程中的优秀贡献和创新实践。学校领导的认可和激励将激发教师的积极性和创造力，推动校本课程的不断发展和改进。

2. 教师培训的支持

实施校本课程，教师需要掌握新的教学理念、教学方法和评估方式，以确保他们能够有效地实施校本课程，学校采取了以下措施，帮助教师快速适应校本课程的要求。

学校教务部门分学科教研组、备课组，制订培训计划，针对不同学科的校本课程内容和目标，为教师提供系统性的培训。培训包括教学理念的介绍、课程设计的指导、教学方法的演示和练习等。通过理论与实践相结合的方式，教师可以深入理解不同主题校本课程，并掌握相应的教学技能和策略。教务部门还对各课程提供教学指导和反馈机制，以帮助教师不断提升教学能力和专业水平。教学指导包括定期的教学观摩和评估，教师可以观摩其他教师的课堂，分享教学心得并接受同行的反馈和建议。这种相互观摩和反馈的过程，可以帮助教师发现自己的教学优势和改进的空间，从而不断完善自己的教学实践。

学校教师发展中心建立教师QQ群、开展阅读悦享活动，促进教师之间的互相学习和合作。通过定期组织教师交流会、教学研讨会或教学示范课等活动，教师可以分享彼此的教学经验、教学资源和教学成果。教师QQ群提供了一个相互支持和共同成长的平台，教师可以在这里互相激励、互相学习，共同探讨教学中的挑战和解决方案。

这些措施有助于教师掌握相关知识和技能，不断提高教学水平，同时也促进教师之间的互相学习和合作。通过对教师的培训与支持，学校为教师提供良好的教学环境和发展机会，从而推动校本课程的成功实施。

3. 教学资源的支持

校本课程的成功实施需要充足的教学资源支持。教师可能面临获取和管理教学资源困难的挑战。为了解决这一挑战，学校采取了一系列措施，以确保教师能够轻松地获取和有效地管理教学资源，进一步推动校本课程的发展和实施。

学校建立了资源库和数字平台，集中管理和共享教学资源。这样的平台可以方便教师浏览、搜索和下载各种教学资源，包括教材、课件、多媒体资料、阅读材料等。学校与白鹿书苑图书馆、张家港市新华书店等建立合作关系，确保获取高质量的教学资源。资源库和数字平台的建立促进了教师之间的资源共享和合作，让教师能够从彼此的经验和创意中获益。

学校鼓励教师参与资源的开发和分享。教师是宝贵的教学资源的创造者和使用者，学校积极鼓励教师开发自己的教学资源，每学年根据课程实施考核评选年度"十佳课程教师"，在期末总结大会上进行表彰颁奖，让教师能够互相借鉴和分享自己的教学资源，这样的活动可以促进教师之间的互相学习和合作，保证教学资源的多样性和高质量。

学校提供技术支持，帮助教师有效地利用和管理教学资源。学校为每位教师提供必要的技术设备和软件，确保教师能够顺利地创建、编辑和存储教学资源。学校还提供技术的培训和指导，帮助教师掌握教学资源的有效使用和管理技巧，通过技术支持，教师能够更好地利用教学资源，提升教学质量和效果。

4. 机制建立的支持

校本课程的评价与督查是确保和改进校本课程实施质量的关键，学校教务部门建立了实施校本课程的评价和督查机制，定期通过现场观摩、听课等形式，及时评价教师实施校本课程的效果，并根据评价和督查结果进行改进和调整，为学校提供了了解校本课程实施情况的重要依据，帮助学校领导发现问题和优化课程设计，进一步提高校本课程实施的质量和效果。

学校建立评价机制，利用多种评价手段对校本课程进行评估。教学观察是一种重要的评价方式，通过观察教师的教学过程、学生的参与度和学习表现，可以了解课程的实施情况。学校还可以通过学生作品评价和学生自评等形式，评估学生的学习成果和发展情况。同行评估也是一种有益的评价方式，教师之间相互观摩和评价，可以促进教学的改进和提升。学校可以设立评价小组或专门的评价机构，负责收集、分析和解读评估数据，并向教师和学校提供评价报告和建议。

学校建立督查机制，对校本课程的实施过程进行定期审查和评估。督查机制可以包括教学观摩、课后访谈、教师交流和反馈等形式。通过定期的教学观摩和课堂访问，学校可以直接了解教师的教学实践和学生的学习情况。教师之间的交流和反馈也是督查机制的重要组成部分，可以促进教师之间的互相学习和共同成长。通过督查机制，学校可以及时发现问题所在和改进空间，为校本课程的持续改进和发展提供支持。（表3-16）

通过评价和督查，学校可以全面了解校本课程的实施情况和学生的学习成果，及时发现问题和改进方法，为学生提供更优质的教育体验，从而推动校本课程的不断发展和提升。

五、校本课程的反思与改进

（一）反思是实施校本课程中不可或缺的环节

通过反思，教师可以回顾和评估自己的教学实践，发现问题并提出改进方案。定期进行教学反思有助于教师不断提高自己的教学水平。

1. 教师可以反思教学目标的针对性

教师应该确保教学目标明确具体，以便指导学生的学习。在反思过程中，教师可以回顾自己在设定教学目标时的准确性和可行性，并评估学生对这些目标的理解和实际应用情况。

2. 教师可以反思教学方法的有效性

教师应该思考自己所采用的教学方法是否能够激发学生的学习兴趣和积极性，帮助他们理解和掌握课程内容。教师可以评估学生的学习成果和表现，以确定所采用的教学方法是否符合学生的学习特点和需求。

3. 教师可以反思教学管理的时效性

教师可以思考自己对课堂的组织和对学生管理是否有效。教师可以回顾课堂管理策略的实施情况、评估学生参与度和课堂纪律的情况，从而确定是否需要调整和改进自己的课堂管理方式。

在教师反思过程中，教师可以记录自己的教学过程，这包括教学策略、学生反应和课堂管理等方面的观察和记录。通过仔细分析和反思这些记录，教师可以发现自己的教学优势和不足之处，并提出改进的具体措施。教师可以思考如何调整教学策略，更好地满足学生的学习需求，并通过适时的反馈和指导帮助学生取得进步。同时，教师通过不断反思和改进，可以不断提高自己的教学水平，为学生提供更优质的教育。

（二）改进是适应学生学习需求和提升教学质量的有效途径

根据教师反思和学生反馈的结果，教师可以进行课程改进，以提升校本童化课程的质量和效果。

1. 调整教学目标

教师可以根据教师反思和学生反馈的结果，调整教学目标。教师可以重新审视原有的教学目标，确保其与学生的学习需求和课程目标相一致。如果发现原有的教学目标不够明确或不适应学生的需求，教师可以进行调整，以确保课程目标更加具体、明确和实用。

2. 改进教学方法

教师可以根据学生的学习特点和反馈意见，探索新的教学方法和策略。例如，引入多样化的教学活动，如项目制学习、探究式学习、合作学习等，以提供更丰富的学习体验，促进学生的主动参与。此外，教师可以优化教学资源的获取和管理，确保教材、多媒体资料和其他教学工具的有效应用，以支持学生的学习需求。

3. 优化课程内容

教师可以根据学生的兴趣和反馈，对课程内容进行调整和扩充，以更好地吸引学生的注意力和激发他们的学习动力。教师可以引入更多的多元文化故事，涵盖不同主题和领域，以拓宽学生的视野和培养他们的文化意识。同时，教师也可以在课程中加入动手实践和实地考察，使学生能够亲身体验和应用所学知识。

4. 创新教学策略

教师可以在原有的教学模式上进行创新，以丰富课程的内涵和学生的学习体验。例如，跨学科整合可以帮助学生与其他学科知识进行关联，拓展他们的学习视野。通过不断改进课程，教师能够更好地满足学生的学习需求，提供具有挑战性和适应性的学习环境。教师的积极探索和创新能够促进教学的进步和提升，使校本童化课程更具吸引力和实效性。

通过教师的反思和课程的不断改进，校本课程可以逐步完善和优化，以更好地满足学生的学习需求和达成教学目标，不断提升教师自己的教学能力和专业水平，为学生提供更优质的教育体验。

白鹿小学校本课程是一种具有前瞻性和创新性的教育模式。通过持续的努力和改进，学校能够为学生提供更加个性发展和综合素养提高的机会，为学生的全面发展和终身学习奠定坚实基础。通过以上校本课程的实施路径，学校能够不断优化和提升校本课程的质量和效果，童化教学、童化生活、童化生命，激发学生的好奇心、想象力、探求欲望，化育好每一个儿童，办中国式现代化高质量好学校，为实现中国式现代化目标做出应有的贡献！

第四节　学校特色课程实施案例

——以九色鹿足球课程为例

随着我国基础教育改革的不断深入，对多样化人才的需求更加迫切，中小学校自身发展的需求更加强烈。为此，中小学校通过打造学校特色课程，形成学校办学特色，满足学生个性发展需要，提升学生核心素养。张家港市白鹿小学从2010年起，学校因地制宜开发实施九色鹿足球课程，满足不同学生的兴趣和需要，充分发挥校园足球所特有的功能和价值，以足球激发学生运动兴趣，提高学生运动技能，强化学生体质，培养学生良好的体育品格。学校把"勤学、善问、尚美"的学风与足球运动精神相融合，在课程建设中，把足球课程列入学校课程改革纲要主题课程，并予以重点推进。足球对学生性格的塑造起着重要作用，足球使学生变得有感情、有灵性，充满朝气，提高了他们的团队协作能力和荣誉感。足球不仅使学生享受无限的快乐，而且陶冶了他们的情操、塑造了他们的性格，经过"战场"洗礼获取的知识和感受是无法在平时课堂里和生活中获得的。

一、九色鹿足球课程背景

（一）文化的引领

张家港市白鹿小学自开展足球教育的第一天起，就紧紧扣住"为了一生的幸福"这一办学理念，确立正确的足球教育观，用自己的理解与行动，扎实而有温度地开展足球教育，促进了学校教育质量的优质发展，构建了适合每一位学生成长的"润泽"课程体系，其中九色鹿足球课程是整个课程体系中的特色课程之一。学校体育的发展离不开文化与体育的融合，高洁灵动的白鹿与校园足球灵活生动之特性契合，"九色鹿"足球课程应运而生。学校改变传统足球课程内容单一、个性不鲜明等弊端，形成一种丰富的、具有创造力的课程，为学生打造阳光健康的童年。

（二）资源的优势

一支稳定、高质量的师资队伍是开展校园足球教育的关键，为此学校配齐培强足球师资队伍。目前学校足球专职体育教师一名，主要担任一年级足球课与女足训练。外聘教练三名，以加强学校师资实力，负责训练男足大队与男女足球梯队，其中一位兼担学校三年级的足球课教学任务。同时，加大全体体育老师足球业务培训力度，提高足球课教学质量。

（三）学生的需求

小学阶段不仅是学生生长和发育的重要阶段，也是培养学生良好运动习惯和塑造个性品质的重要时期。学校遵循儿童身心发展规律和特点，传承和弘扬新时代校园足球精神，以国家课程为基础，开发九色鹿足球课程，让学生亲身体验足球运动的魅力，发展体育核心素养，促进学生健康快乐地成长。学校大力推进校园足球普及工作，把足球列入体育课教学内容，一、二、三年级的足球课排入课表，由专职足球教练或经过足球专项培训的体育教师承担教学工作；四、五、六年级的足球课由专职体育教师组织教学，保证每周一节足球课。为了提升专兼职足球教师的教育教学水平，学校采用"请进来"策略，不定期邀请俱乐部高水平教练来校进行面对面指导，拓宽教师的视野，转变教师的足球教育理念，激发学生参与足球运动的热情。

二、核心概念

九色鹿足球课程根据体育新课程理念，面向全体学生，从兴趣入手，以足球为载体，以身体练习为主要手段，融学校文化和运动为一体，通过灵活、生动、有趣的游戏教学，有效激发学生学习足球的兴趣，提高足球运动技能，培育足球文化，弘扬足球精神，使学生养成良好的运动习惯，开展富有创新和个性的校园足球特色课程。

九色鹿足球课程秉承立德树人、培养学生综合素质的教育理念，具体体现在以下几个方面。一是以学定教，正确定位。学校体育的核心价值是让每一位学生积极参与，在运动中受益。九色鹿足球课程是针对目前学生身心发展的现状而设置的特色课程，旨在让全体学生通过足球运动人人有发展、个个有进步。二是融入课程，立德树人。九色鹿足球课程按照《体育与健康课程标准》设置，突出课程的教育性、基础性、综合性、实践性和健身性特点，让学生体验课程学习的成功与快乐，在全面发展中培养兴趣和特长，培养学生团结合作、善于竞争和遵守规则的意识，养成运动习惯。三是遵循规律，循序渐进。九色鹿足球课程遵循球技、战术形成规律，明确学生足球学习的课程目标和内容，循序渐进学练，逐步提高技能。四是弘扬传统，突出创新。九色鹿足球课程传承江苏体育教学改革成果和经验，突出白鹿小学的课程特色和创新理念。

三、课程开发与实践

（一）基于学生，确立课程内涵

九色鹿足球课程以激发学生运动兴趣、普及足球知识和技能、增强学生体质、形成足球文化、传承体育精神、全面提高学校运动水平为宗旨。学校确立了九色鹿足球课程的内涵：一是以足球为载体，激发学生运动兴趣，普及足球技能的学习课程；二是以足球为手段，增强学生体质的锻炼课程；三是以足球为中心，学习科学健身，培养运动习惯的健康课程；四是以足球为抓手，塑造健康人格，培养良好个性品质的育人课程。

（二）立足学科，建构课程框架

1. 课程理念

九色鹿足球要从培养学生健康、全面、和谐发展的目标出发，用理念引领课程实践。一是以球育人，主要指向以球润德、以球健体、以球启智、以球育美。二是灵动成长，主要指向通过足球这一载体，激发学生的无限潜能，让学生在足球运动中自信起来、自主起来、灵动起来，健康快乐地成长。

张家港市白鹿小学九色鹿足球课程设计结构从校内足球课程、校园足球文化氛围和课外足球课程这几个角度出发,围绕如图 5-7 所示的几个方面进行设计。

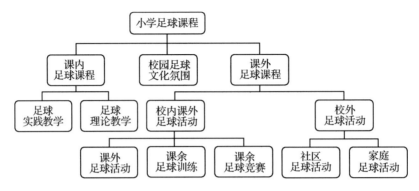

图 5-7　九色鹿足球课程设计结构

2. 课程目标

（1）足球课程目标

白鹿小学足球课程目标为深入挖掘和提炼"快乐、好玩、乐学、苦练"足球特色文化,将之升华为足球精神,努力探索足球运动、足球团队良好运行机制,以足球为载体,使学生在足球运动中不仅能强健体魄,更能树立组织纪律观念,培养集体协作精神和勇于拼搏、坚韧不拔的意志品质。它在带给学生精神快乐和愉悦心情的同时,也促进学生的终身全面发展。[①]

（2）足球学习目标

2016 年 6 月 27 日,教育部办公厅印发《全国青少年校园足球教学指南（试行）》（以下简称《指南》）和《学生足球运动技能等级评定标准（试行）》（以下简称《标准》）两份文件,白鹿小学足球课程学习目标的设计基本与《指南》要求保持一致。（表 5-11）

表 5-11　一至六年级足球课程学习目标

年级	学习目标
一年级	1. 学习运球基本技术动作,培养球感 2. 体验足球活动的乐趣
二年级	1. 学习运球、踢球、接球等基本技术动作,培养球感 2. 体验足球活动的乐趣
三年级	1. 初步掌握简单的足球组合技术 2. 培养相互配合意识

---

① 周伟华. 苏式教学理念下的"灵动体育"[J]. 上海教育科研, 2015（10）: 73 - 75.

续表

年级	学习目标
四年级	1. 学习各种部位的运球 2. 发展运球、传接球等基本技术能力及基础战术能力 3. 培养合作意识和规则意识
五年级	1. 主动参与足球学习 2. 逐步提高组合技术能力及与同伴的协作能力 3. 强化规则意识，学会调节情绪
六年级	1. 主动参与足球学习 2. 进一步提高学生在小场地比赛中技战术的运用能力 3. 强化规则意识，学会调节情绪

3. 课程内容

《义务教育体育与健康课程标准（2022年版）》根据学生的身心发展特征，将学生的学习划分为三个水平，即水平一（低年级）、水平二（中年级）、水平三（高年级）。水平一以观摩为主：强调基本功（带球跑、原地传接球等）；水平二以熟悉球性为主：3~5人一组面对面传球、直线带球射门、绕标志物射门、了解足球的相关知识；水平三以系统训练为主：行进间传接球、运球过人、足球小场地比赛及熟悉足球规则。

学校针对三个水平段学生身心发展阶段性和连续性的特点，在课程内容设置上按照"我和足球交朋友""学校一起来踢球""我是足球小能手"的线索安排具体内容。水平一的学生天真活泼，好奇心和模仿能力强，但注意力易分散，这个阶段的足球课程目标放在普及和认识足球上，安排一些例如"木头人""足球信号灯"等灵活、生动、有趣的足球游戏，提高学生身体的协调性，培养学生对足球运动的兴趣，为水平二阶段的足球技术的学习打下良好基础。水平二的学生活泼好动，模仿能力和好奇心较强，爱展现自我，有一定的足球运动基础。这个阶段在水平一的基础上安排一些足球基本技术教学，例如正脚背运球、脚内侧传接球等技术动作的学习，普及相关的足球知识和足球技术，进一步提高学生对足球运动的兴趣。水平三的学生正处于身心发展的重要阶段，接受能力和组织纪律性强，喜欢挑战和竞赛，具备一定的足球知识与基本技术。此阶段足球课程目标在水平二的基础上，增加有一定强度和对抗性的足球比赛内容，通过实战，进一步提高学生学习足球的兴趣和足球基本技术的实际应用能力。（表5-12）

表5-12 各年级九色鹿足球课程内容

水平段	水平一	水平二	水平三
主题	我和足球交朋友	学校一起来踢球	我是足球小能手
具体单元	1. 走进足球小世界 2. 有趣的九色鹿足球游戏 3. 九色鹿足球活动 4. 观赏比赛	1. 你好，足球 2. 熟悉球性 3. 九色鹿足球基本技术 4. 九色鹿足球简易球赛	1. 学校的世界杯 2. 九色鹿足球基本技术 3. 技战术配合 4. 九色鹿足球嘉年华

对于学生而言，足球运动项目的学习相对于其他运动项目来说更具灵活性、趣味性，能够更好地激发学生的运动兴趣，更加直观地展现学生是课堂的主人。因此，在"具体单元"内容的安排上，主要体现足球课程内容的灵活、生动、有趣。以水平三为例，学生通过低、中年级足球课程的学习，已经具备一定的足球理论基础和运动基础，理论课内容可以让学生自主创编、自主选择，学习方式更是可以采用自学、互学、课堂学等多种形式。实践课内容以"足球+"为主，一节足球课可以是"足球+游戏"，也可以是"足球+体能+竞赛"，最大限度满足学生的个性需求，让学生在选择的过程中享受足球运动的快乐。

4. 课程评价

课程评价的主要目的，是对课程设计和组织实施的科学程度进行诊断，并确定课程目标的达成程度，发挥评价的导向、诊断、鉴别、激励的作用，让师生从中受益。学校的九色鹿足球课程评价注重主体多元，即教师、学生和家长共同参与；评价方式多样，有课堂及时评价、课后实践活动、各类竞赛等；评价标准多维度、多层次，情感态度和基本技能相结合、过程性与终结性相结合、学生自评与教师自评相结合等。

（1）技术评价

技术评价评估学生在足球技术方面的掌握程度，包括传球、射门、盘带、防守等技术动作的准确性和流畅度，可以通过观察学生在实际比赛或练习中的表现，以及进行技术测试来评价。

（2）战术评价

战术评价评估学生在足球战术方面的理解和应用能力，包括对战术体系的理解、团队配合的能力、战术决策的准确性等，可以通过观察学生在比赛中的战术表现，以及进行战术训练和战术测试来评价。

（3）团队合作评价

团队合作评价评估学生在团队合作方面的表现，包括与队友的配合、沟通和协作能力等，可以通过观察学生在集体训练和比赛中的团队合作表现，以及进行团队合作测试来评价。

（4）运动素质评价

运动素质评价评估学生在身体素质方面的发展，包括速度、耐力、灵活性、协调性等，可以通过进行体能测试和身体素质评估来评价。

（5）自我评价和反思

自我评价和反思鼓励学生进行自我评价和反思，让他们对自己的学习和进步有清晰的认识，可以通过学生的书面反思、口头表达或者个人面谈来进行评价。教师可以根据以上评价指标，结合学生的实际情况，制订相应的评价方法和评价标准。同时，要及时给予学生评价和反馈，帮助他们认识自己的优势和不足，并提供相应的指导和支持，促进他们在足球课程中的全面发展。

九色鹿足球课程评价以课程目标为依据，制订以参与态度、技能掌握、体能素质、心理健康和社会适应为一级指标的评价内容，每个一级指标又细化为多个二级指标，总分为100分，全面反映知识与技能、过程与方法、情感态度与价值观三方面的要求。由于学生水平段不同，所表现出来的态度、能力等都有所不同。在具体操作中，三个水平段的评价指标不变，但权重做灵活调整。其中，水平一以参与态度为主，占比40%，其余三项均为20%；水平二以技能掌握为主，占比40%，其余三项均为20%；水平三以技能掌握、体能素质两个方面为主，占比分别为30%，参与态度、心理健康和社会适应两个方面占比分别为20%。在评价方式上，主要有学生自我评价、组内互评、家长评价、教师评价四种方式，通过评语与等级评价相结合的方法综合评价学生，体现客观公正和科学合理的原则。

　　足球课程教学内容评价要注重学生的过程性评价和终结性评价，也要加强对教师教学效果的评价。考核是为了更好地检查教学内容的合理性，是提高学生掌握技能水平、运动兴趣的重要手段。在足球教学中，教师依据教学计划和进度合理安排教学内容，从足球运动的起源发展、基础技术、战术、体能、比赛等方面开展教学，学生通过教师的引导在思想和行为上初步建立足球认知框架。在不同的教学阶段应制订不同的符合学生和教师需求的考核评价方法。足球课程教学内容评价体系的构建，不仅可以满足学生对自己肯定，还对足球课程教学内容的设置具有参考价值。依据学生各阶段不同的身心特点，主要从颠球、传球、运球和射门等四个方面进行考核。

　　在足球技能评价体系中，要特别提出以下两种评价，对学生学习足球的兴趣和足球技能水平的提高起到了显著的作用。一是将足球技能测试纳入期末考核内容。为了充分地了解学生的足球技能掌握情况，学校将各年级学生学习的足球技能测试纳入期末考核。考核以技术评定为主要形式，不仅可以反映出学生掌握足球技能的水平，还能有效地调动学生学习足球的积极性和主动性，促进学生对自身足球技能的掌握和提高；二是足球小将升级制度。学校根据学生年龄特点，制订了各年级足球学习的具体目标和足球考级细则。如果学生考核通过，就发给色彩不同的腕带以证明其足球水平，一至六年级的腕带颜色分别为黄、红、蓝、绿、橙、黑色。在手腕处佩戴腕带能让学生体验成功的喜悦，增加自信，在腕带的吸引下，学生纷纷认真练习、积极争取，为获得腕带而努力拼搏。

　　（三）依托教师，创新课程实施路径

　　1. 明确课程导向

　　只有树立正确、科学的课程价值观，才能科学推进课程的实施。一是建立课程育人观。以育人为根本，将校园足球和全面发展教育有机整合，并学习借鉴国外青少年足球训练体系和国内校园足球课程建设的先进经验，进行校本化实践研究。二是建立课程实践观。通过足球课、大课间活动、兴趣班、课余足球训练、课余足球小场地比赛和足球文化节等活动，鼓励全校的学生都参与校园足球活动，这些足球活动既包含文化知识，也包括足球实践。白鹿小学"校长杯"足球文化节中设置多个环节：手抄报、绘画、征文、海报设计、足球宝贝、足球裁判、足球解说员、足球赛，让全校的学生，包括不会踢球或踢得不好的学生都能有机会参与到每年一度的校园足球世界杯中。特色课余足球活动设计，让每位学生都能接触足球，每个层次的学生都能得到锻炼与提高，每位学生都能从足球中找到快乐，也挖掘了许多学生身上的特长，让足球文化真正在学生中渗透，做到"人人爱足球、班班有球队、年年有小场地比赛"。足球课程中通过听、看、学、练等多种活动，发展带、停、传、射等动作技能，重在学生的身体练习。三是建立课程游戏观。根据学生的身心特点，采用足球游戏的教学方式，激发学生学习课程的内在动力。

2. 共建课程资源

要保证课程的有效开展，丰富的课程资源是关键。要开展校园足球课程，师资是关键的关键。为此，学校采取了四种方式建设课程资源。一是请进来。一支稳定、高质量的师资队伍是开展校园足球教育的关键，目前学校足球专职体育教师一名，主要承担一年级足球课与女足训练工作；外聘教练三名以加强学校师资实力，负责训练男足大队与男女足球梯队，其中一位兼任学校三年级的足球课教师。同时，加大全体体育老师足球业务培训力度，提高足球课教学质量。二是走出去。本校体育教师参加全国、省市举办的足球专项培训，与其他学校结成足球发展联盟。三是校内培训。每学期对全体教师进行两次足球培训；实行年级、班级足球导师制，体育教师是年级导师，正副班主任经培训、考核后方可成为班级导师。四是家校合作。邀请"足球爸爸""足球妈妈"进课堂一起教学。五是营造足球文化氛围。在楼道、走廊等处利用可利用的空间创设丰富的九色鹿足球课程环境，如荣誉墙、故事屋、游戏馆等，让九色鹿足球深入每一位师生的心中。

3. 扎实足球课堂

九色鹿足球课程的主阵地在课堂。学校大力推进校园足球普及工作，把足球列入体育课教学内容。一、二、三年级的足球课排入课表，由专职足球教练或经过足球专项培训的体育教师担任教学工作。四、五、六年级的足球课由专职体育教师组织教学，保证每周一节足球课。学校积极探索九色鹿足球游戏式教学模式，形成扎实、灵活、生动、有趣的教学风格。从一年级开始，每班每周都有一节足球课。以水平二中三年级的"小足球：脚背正面运球"为例，此课的教学重点是用正确的部位进行运球，难点是运球中对球的控制。在课的开始部分，教师运用生活中"照镜子""谁是木头人"两个生动、有趣的小游戏，有效激发学生学习的欲望，巧妙渗透主教材元素；"足球韵律操"则让学生通过小足球认识身体的12个重要部位，动手又动脑。课程的主体部分是主教材的教学，教师首先提出问题："同学们，你们能不能运用正脚背带着你的球宝宝走一走呢？"给予学生充分自主的学习空间，让学生带着思考去学习。通过看一看、摸一摸、读一读、练一练，学生很快了解正脚背的正确位置及正脚背运球的动作要领。教师设计了"串门"主题游戏，通过有趣的"好朋友串门""颜色串门""全场串门"等游戏，学生可以逐步提高脚背正面运球的技术，在"星球大战"游戏中，学生自由选择队员，自由选择比赛场地和方法，在比赛中充分运用课堂上的所学所能，把整节课推向高潮。最后，教师组织学生利用足球进行"跳高高"素质游戏，学生根据自己的能力，灵活选择适合自己的运动量。这样的足球课堂上，师生的思维、行动始终是灵活的，课堂是生动而扎实的。学生的技术得到了提高，体能得以提升，在此过程中还学会了合作、学会了学习、学会了竞争。开展"九色鹿足球进课堂"活动，课堂除了教授拉球、踩球、运球、传球等基本技巧和足球比赛规则、运动员赛场公德等专业知识，也有"校园足球操""世界足坛巨星知多少""足球小故事"等内容。

4. 拓展课程形式

课程的实施需要借助不同的形式来进行。

大课间来加入：在进行大课间体育活动时，由各个班级班主任带队，将学生带往操场进行跑操和足球训练，按照各年级大课间活动安排，低年级到高年级均有不同项目的练习。一年级是"快乐足球"，即完成直线运球、进行运球接力小场地比赛；二年级是"快乐跑杆射门"；三年级是"快乐踩推拉"；四年级是"快乐变向往返球"，即脚外侧带球基础练习，脚底拉球基础练习；五年级是"快乐运球带人跑"，即脚外侧带球基础练习；六年级是"快乐绕杆"，双脚带球绕杆、不规定脚带球绕杆，脚内侧带球绕杆。要求各个年级的学生都动起来，参与与足球相关的活动，活动设计上各年级均不重复且难度内容逐渐减递增，相互衔接。保证了每一位学生在相应水平都能得到一定程度的发展。"校长杯"班级足球联赛精彩纷呈：利用课外活动，组织三对三、五对五的足球小比赛，提高学生的实战能力。白鹿小学"校长杯"班级足球联赛一般在 3 月开幕，直至 6 月闭幕，每年都要组织近 200 场比赛。2020 年受到新型冠状病毒感染影响，联赛从 10 月开幕，大约到 11 月底结束。学生在联赛中充分展示了球技，体现了团队的合作精神，获得了运动的欢乐。在足球联赛的闭幕式上，校长宣布获得"校长杯"班级足球联赛男子、女子前三名的班级和各年级男子、女子足球最佳射手，并亲自为获奖的班级和队员颁发奖杯和奖状。获得第一名的球队领取奖杯后，全体队员手捧奖杯与校长合影。在班级联赛活动中，校足球队队员充分发挥了引领作用，带领本班的非校队成员积极开展足球练习，学校的踢球人数一下子增多了，好多学生放学后主动留下来练习足球，并积极要求参加校队。在比赛中也涌现了一批具有一定潜质的足球队员，校队积极吸纳，在往年参加张家港市"市长杯"足球联赛的队员中，有几位就是从班级联赛中发现的苗子。

足球兴趣班来添彩：校足球兴趣班报名对象为一至五年级全体学生，教师将所有报名学生按水平由低到高分为 6 个班级：萌芽 1 班、萌芽 2 班、萌芽 3 班、萌芽 4 班、萌芽 5 班和精英班。其中萌芽 1—3 班上课时间为每周一、三 16：00—17：00；萌芽

4—5班和精英班上课时间为每周二、四16：00—17：00，被选拔为精英班的学生再经过一学期的训练可以进入校队。足球兴趣班共计20个课时，各课时内容均由体育教师制定，通过对兴趣班教学内容选择进行研究，可发现学生的足球技术、体能方面被提出更高的要求。（表5-13）

表5-13 足球兴趣班教学内容一览表

课时	萌芽1—3班	萌芽4—5班，精英班
1	熟悉球性	学习脚弓传、接球
2	熟悉球性，脚内侧运球（缓慢步伐）	复习脚弓球
3	熟悉球性，脚内侧运球，脚外侧运球	敏捷练习，传球练习
4	敏捷练习，脚背外侧运球	复习脚弓传球，学习空中球
5	球性、球感练习，正脚背运球	敏捷练习，学习二过一
6	敏捷练习，运球练习	复习空中球，复习二过一
7	运球游戏，正脚背运球	三对三小场地比赛
8	敏捷练习，运球接力	传球练习，二过一练习
9	球感练习，内外结合运球	复习传球，练习二过一
10	敏捷练习，内外结合运球	复习空中球，学习逗猴游戏
11	运球练习	运球练习
12	熟悉球性，教学小场地比赛	熟悉球性，教学小场地比赛
13	控球练习，学习脚弓球	传球练习，三对三练习
14	控球练习，学习脚弓球	传球练习，二过一练习，三对三
15	传球练习	传、接球练习
16	控球练习，传球练习	传、接球练习
17	熟悉球性，传球练习	传、接球练习
18	脚内侧练习，正脚背射门	脚内侧练习，正脚背射门
19	抢圈	五对五小场地比赛
20	熟悉球性，踢球练习	熟悉球性，踢球练习

足球训练营精英培训：体育老师在二至六年级学生中通过校足球联赛选拔运动员。校队训练时间为每天7：00—8：00和16：00—18：00，比赛前还会利用周末和假期集训。校队所有队员均建有档案。目前白鹿小学设有周训练计划，内容包括理论知识、技战术练习、体能训练、教学小场地比赛等。（表5-14）

表 5-14　足球训练营精英培训教学内容一览表

时间/周	训练内容
1	热身训练，控球、传接球练习，分队小场地比赛，讲解足球知识 1
2	讲解控球技术，分组抢圈训练，熟悉球性，分队小场地比赛
3	讲解传球技术，讲解长传技术，分队小场地比赛，讲解足球知识 2
4	复习传球技术，纠错，进行传球精准度小场地比赛，分队小场地比赛
5	讲解射门技术，颠球练习，带球射门练习，讲解足球知识 3
6	复习所学内容，综合训练，足球故事会评奖
7	简单的战术训练和团队配合，分队小场地比赛，讲解足球知识 4
8	进一步讲解战术配合，任意球、颠球小场地比赛
9—10	队内小场地比赛

5. 探索研究策略

积极探寻科学有效的方法来提升课程实施的效果。一是树立以人为本的思想。尊重每一位学生，正确对待学生的个性差异，学校通过创造积极的运动体验，让学生爱上足球课程、爱上足球运动，为养成终身锻炼的好习惯奠定基础。二是注重行动研究。以课堂教学为中心，研究教与学的方法，关注学生的学习体验，重视不同类别、不同层次、不同功能和方式的组合。例如，校园足球搭配啦啦操模式、普及与提高组合式教学、足球育人评价等，促进足球与各学科课程教学有效融合。

四、课程实施的经验

近年来，学校通过教学改革实践，在教材的理论研究、实际操作、活动开展、资源整合等方面都得到了一定的发展，学生的个性得到了张扬、教师的特长得到了展现、学校的特色得到了彰显。

（一）落实学生素养新载体

白鹿小学结合足球社团课程中的相关内容，根据学生年龄特点及不同层次社团的培养目标，对学生进行了以足球为载体的体育、德育、劳育融合式培养，并重点设定课程五育融合目标，将课程的教学内容、价值观念、知识能力等进行融合。一是开展足球专项技能课程，鼓励学生参加各种足球竞赛，感悟运动的价值、力量之美，夯实身体素质、感受矫健阳光之美，同时培养团结争胜、坚韧不拔的品德。二是开展外出集训比赛课程，根据球员不同年龄能力，设计出不同的学习内容和评价方案，涵盖队形队列、内务整理、行为养成，按社团管理的需要，设定不同的服务岗位，如考勤打卡、整理器材、清洁场地、清洗队服等，让每位参与社团学习的球员轮岗负责与实践，培养球员的动手能力、创造能力等。学生通过日常学习和足球锻炼，把集体观念、规则意识、文明言行转变成自己的道德品质和行为习惯，学会做人、学会交往，达成以球健体、以球养德、以球勤劳的目的。

以课堂教学为载体，有机渗透足球基本知识、基本技术和技能，形成人人知晓足球、人人喜爱足球的良好局面，参与足球运动的学生为100%。学生主动参与足球运动的动机增强，学习方法与习惯得到改良；学生主动学习的能力得到明显发展；学生的兴趣爱好和个性特长得到了良好的发展。学校作为江苏省学生体质健康监测点校，近年来，足球运动已成为学生体质健康促进的有效途径。它发展了学生运动能力，提高了学生的灵敏、速度、力量、耐力等身体素质，学生体质与健康水平也有一定的提高，学生体质健康测试及格率、优秀率明显提高。足球运动还拓宽了学生的知识面，开阔了学生视野，展示了学生特长，还为他们的个性发展提供了良好的机遇。

（二）撬起教师成长新支点

1. 课程的实施加强体育教师的专业化成长

第一，提高个人素养。通过足球课程的学习和实践，教师可以提高自己的足球技能，包括传球、射门、防守等，从而更好地教授足球技能和战术。第二，增强教练能力。足球课程可以让教师了解如何成为一名优秀的教练，包括如何制订训练计划、如何鼓舞学生、如何与球员沟通等，从而提高自己的教练能力和水平。第三，拓展教学方法。足球课程可以激发教师的教学创意，让他们尝试新的教学方法和策略，从而提高教学质量。第四，了解学生需求。足球课程可以让教师更好地了解学生的需求和兴趣，从而更好地制订教学计划和提供个性化的教学服务。第五，培养团队合作精神。足球课程可以促进学生之间的团队合作，让教师了解如何培养学生的团队合作精神和领导能力。只有体育教师的足球专业素养、先进理念、职业精神得到提升和放大，才能保证足球运动的持续发展，为国家培养更多的足球后备人才。近年来，学校先后外派多名足球教练远赴苏州市区、南京等地学习先进的足球理论和技战术；多名国家、省级高级足球教练到现场授技；体育组范志浩等教师在市教学基本功获一等奖，黄云涛等教师荣获"优秀教练员"称号。

2. 课程的实施让教学内容和方法先进化

如何针对足球运动的发展趋势，吸纳先进的教学理念，与国际接轨，不断充实、拓展教学内容，如教案、足球游戏、足球知识、足球明星、足球趣闻等，进一步完善校本教材体系是白鹿小学体育教研组今后研究的方向。一是要理念先行，确保足球特色课程的方向明确。理念是行动的灵魂，教育理念对教育教学起指导、引领作用。学校针对自身情况，进行足球课程开发及实施的前期调研和可行性分析，把握发展方向，统筹学校体育工作，量力而行，大胆尝试。通过外出培训、专家指导、网络学习、交流研讨等方式，为足球课程校本化开发提供理论支撑，引导全体教师加强理论研究，积极提高思想认识。二是要计划落实，确保足球课程的目标达成。依据《体育与健康课程标准》，做好课程开发的总体策划与设计。始终坚持"健康第一"指导思想，坚持以激发学生兴趣为出发点,坚持以学生发展为中心,坚持关注学生个体差异,努力找寻校园足球与小学体育课程的契合点。三是以生为本,确保足球特色课程的实际效果。始终将学生的发展作为课程开发的根本。以"名师工作室"为引领,从实践创新,到反思修订,又从实践提高,再到总结提升,教研组要潜心实践、真心实践、理性分析,向纵深有效推进,不急于求成,关注实际效果,及时进行总结与提升。

(三)构建"五育"融合新路径

为使国家课程不同学科能结合其特定教学内容,渗透校园足球的育人内涵,白鹿小学组织各学科教师结合教学目标,梳理了学科教学内容,并有机融入足球运动的元素,形成了"足球+学科"的相互融合。如在音乐课中,学生通过欣赏足球世界杯主题曲,了解不同主办国的音乐风格与文化特色,感受动感奔放的巴西激情、节奏明快的南非热情、典雅感性的德国深沉;在美术课中,学生创作足球人物画,学习设计足球队服、队徽、队旗等;在劳动课中,学生设计足球运动"营养餐单",学做力所能及的菜式;在数学课中,学生利用足球的场地数据、器材数据及活动数据等创编数学题,用统计知识统计球赛的胜负率等。足球不再只存在于运动场上,还融入各学科的课堂教学中,培养学生的创新意识和创造能力,实现以球育德、以球益智、以球尚美。

在跨学科项目学习活动中,教师以具体的项目学习内容为载体,横向打破学科间壁垒,进行不同范畴的知识整合和学科联动,将语文、数学、艺术、科学、劳动、体育等多学科知识、技能、方法进行融合。学生可自主选择个人完成或组成学习小组共同开展跨学科项目学习。在学习过程中,学生从多个角度建构知识、掌握知识,有效拓展了学生的思维广度与实践深度。"足球+"跨学科课程,拓宽了学校五育融合的实践路径,为学生提供了施展才华、体验生活、动手操作的开放式平台,引导学生从足球学习中发掘更多的活动元素,迸发更多的足球创意设想,"以球健体、体健身躯,以球养德、德定方向,以球益智、智长才干,以球勤劳、劳助梦想,以球尚美、美塑心灵"的五育融合理念得以全面落实。①

九色鹿足球课程,基于学校发展的需要,同时也基于学生成长的需要。在一年一度的九色鹿足球特色课程展示舞台上,班班有球队、周周有比赛、人人能踢球,每一个学生都是主角,自信和快乐在一张张笑脸上绽放;毕业班足球能力考级,100%的学生达标;足球课程的开展推动了校园足球的普及,也带来了学生体质水平的整体提升。目前全校常年在训足球队员100多人,共6支队伍。近几年,学校男足和女足已多次蝉联张家港市"市长杯"足球联赛一等奖,已四次代表张家港市参加了苏州市"市长杯"足球联赛总决赛,获得过第五名的好成绩。女足还获得了姑苏晚报杯小学乙组冠军。通过课程,学校实现了以球育人的华丽转身,让更多的学生通过这项课程,学会合作、学会竞争、学会生存,让绿茵场成为每个学生成长筑梦的舞台。

---

① 李颖致. 构建"足球+"模式:推动五育融合的校本化实践[J]. 华夏教师,2022(13):16–18.

第六章
童化教育的课程评价

张家港市白鹿小学按照国家基础教育的基本要求和当代中国学生核心素养的发展框架，以培养全面发展的学生为宗旨，形成了童化教育学科评价体系，实现了从育分向育人的价值转向、从知识向素养的坐标转移、从单一学科向多向度融合的跨界统整。为促进每一位师生的积极生长，童化教育德育评价主要回答了三个问题：聚焦"评什么"，树立了鲜明的成才导向；明晰"谁来评"，发挥了立德树人根本任务下的全境域评价功能；细化"如何评"，探索梳理了清晰可操作的评价实践路径。同时，学校还深化童化教育特长发展课程，通过多元化的学习和评价，培养学生的综合素质和终身学习能力。

童化教育课程评价过程实质上是一个确定课程目标与实际达到教育目标程度的过程。课程评价具有发展性功能，既要重视学生解决问题的结论，也要重视其得出结论的过程，重视对学生学习潜能的评价，立足促进学生的学习和充分发展，为童化教育创造有力的支持环境。童化教育的课程评价，关注过程取向，强调评价的过程性、真实性及情境性；倡导激励性、发展性的评价方式，努力践行不一样的评价方式，让每一个儿童都被看见，让每一个儿童都朝向积极变化。

第一节 让每一位师生积极生长

张家港市白鹿小学以"为了一生的幸福"为办学理念，多年来，学校积极探索如何通过评价促进学校教育高质量发展。

童化教育以儿童为立场的学校教育新样态，既是一种教育理念，也是一种教育策略。目标上，每一位教育者都富有一颗童心，善于

"化为儿童",成为儿童通向美好生活的使者;路径上,从儿童的立场出发,用充满童真、童趣、童味的实践手段去"感化"儿童;评价上,基于师生的成长需求,以儿童发展为中心,关注儿童的身心健康、情感发展、社交能力和创造力等方面的培养。

一、基于学生的成长需求分析

在小学阶段,学生处于身心发展的关键时期,他们需要得到全面、科学的成长支持。因此,对学生的成长需求进行深入的分析和研究显得尤为重要。

(一)身心发展

学生的身体素质是其学习和发展的基础。他们需要足够的营养和运动来保持健康的身体。此外,适当的休息和充足的睡眠也对他们的身体发育至关重要,在此基础上,认知能力也会有显著的发展。他们需要通过各种方式,如阅读、游戏和实践,来提高他们的思维能力和解决问题的能力。

(二)情感发展

小学生的情感发展同样重要。他们需要建立健康的人际关系,学会表达自己的情感,理解和尊重他人的情感,这将有助于他们在未来的生活中更好地处理人际冲突。随着年龄的增长,学生需要学会适应社会环境的变化。他们需要学会独立思考、解决问题,同时也需要学会尊重规则、接受权威。

(三)艺术与审美

艺术和审美教育可以丰富学生的生活经验,提高学生的审美能力和创造力。通过音乐、绘画、戏剧等形式,他们可以更好地理解世界、表达自我。

二、基于教师的专业成长分析

教师是学生成长道路上的重要引路人。教师发展事关学生的发展、学校的发展,这是教育发展的一个永恒的话题。在全面推进素质教育的今天,加快教师的培养和发展,实现教师发展与学校发展的和谐和统一,是童化教育的旨归之一。

学校有一个群体认同的目标——童化教育。多年实践以来,童化教育已转化为全体教师的共同行为,并以此激活教师在岗位上创造出富有生机的教育行为。教师在充满勃勃生机的教育园地辛勤耕耘的同时,通过积极参与教育实践,努力探索素质教育的规律,充实自我、发展自我,从而推动了学校的不断发展。

(一)建立研究型学科共同体

学校充分重视团队建设的重要性,成立了10个学科共同体,涵盖语文、数学、英语、德育等多个学科,对学科共同体的研究和管理,使每位教师都有了存在感、归属感,也使各学科组更具创造力和战斗力。青年教师作为教师队伍的生力军,既承载着接续奋斗、载梦前行的使命，也肩负着开源活水、立德树人的担当。学校成立了"青年教师成长营"，规范实施青年教师"三年过三关"要求，促使不同背景、不同学段、不同学科的教师在团队学习中，形成相互信任、彼此接纳的人际互依关系，对知识进行交换和创新，形成个体难以独自形成的更高层次的创新观点。

（二）发挥教师的榜样示范作用

法国作家卢梭说过："没有榜样，你永远不能成功地教给儿童任何东西。"[①] 教师是学生的榜样，教师的一言一行会对学生产生最直接、最大的影响，正所谓"德高为师，身正为范"。学校每学期末，都会评选"十佳班主任""十佳配班""优秀班队""优秀教研组""优秀备课组"等多项荣誉。通过表彰先进、礼赞典型，传播爱心育人的正能量，释放榜样的引领作用。

（三）增强教师的教科研意识和能力

现代教师必须具备教育科研的素质，成为研究型的教师。学校教科研工作由江苏省特级教师程言峰副校长主抓，鼓励教师积极申报从江苏省到苏州市，再到张家港市的各级各类科研课题，鼓励教师人人有课题，个个参与研究，让青年教师有一个高起点，中年教师有一个再发展，老年教师有一个新贡献。在研究中各年龄段的教师相互学习、取长补短、相互合作、共同研究、共尝甘苦，共同体验成功喜悦。同时，学校组织教师积极参加各级各类的课堂教学评比、基本功大赛等，成果斐然，每学年还会进行课堂教学评比，如三年内新上岗教师、市级以上骨干教师、45周岁以下校级骨干教师等，力求人人参加，让每一位教师加强实践反思，不断提高发展。

三、构建课程的开发体系评价

学生是童化课程开发、实施的亲历者，更是受益者。学生在童化课程学习活动中不断体验进步与成功，认识自我、建立自信，这些都体现了学生的成长需求。

（一）建立新型评价关系

童化课程的评价主体是多元的，他们之间构成一种彼此对话、互补共生的状态。对于学生而言，童化课程开发本身是为学生的学习而存在的，课程实施也是以学生的发展为终极目标的；对于教师而言，他们对教学起到定向和指导作用，同时他们的专业能力也在教学过程中得到发展；对于学校而言，童化课程开发不仅为教师和学生服务，也可以促使学校做出特色，做亮品牌；对于家长而言，童化课程开发可以形成校家合力，帮助学生更好地认识自我和健康成长。因此，建立互相尊重、平等对话的新型评价关系尤为重要。

[①] 转引自滕大春，贺国庆，朱文富，何振海. 教育史研究与教育规律探索［M］. 北京：人民教育出版社，2019：54.

发展性评价倡导多元化主体，包括教师评价、学生自评和互评、学生与教师互评等，也可以把小组互评与教师对小组每个人的评价结合起来，把学校评价和家庭评价结合起来。这种评价不再是评价者对被评价者的单向反馈，而是评价者与被评价者之间的互动过程。学生在评价时与自己做对照和比较，既看到优点，也看到不足，这有助于激发学生内在的潜能，帮助学生提高自我调控能力，促使学生主动发展，起到学生之间互相帮助、互相促进的作用。

基于时代发展的要求，学校致力"让每一个儿童感受到课程的关怀"的实践探索，从关注"教师如何教"走向关注"学生如何学"为特征建构新的学习样态，致力让每位学生找到适合自己的学习方式。学习不是背不动的书包，而是能带得走的能力。学校积极培育"以学定教、慧学慧教"的童趣课堂，生成"以趣促学，发现儿童；以学定教，成就儿童"的课堂教学范式。拓宽教育渠道，积极实践校、家、社共育。"鹿爸鹿妈开讲啦"家长进课堂活动中，家长们给学生带来了新奇无比的学习内容：一件包裹的旅行、多肉种植、轮胎的秘密、海洋里的水母、神奇的液氮……家长进课堂给学生无穷的学习资源和学习互补的机会。

总之，教师、学生、家长、学校之间应建立互相尊重、平等对话的评价关系，既有助于童化课程的应用，也有助于学生的成长。

（二）形成多元评价方式

新课程标准中指出，对学生的评价应从甄别式的评价转向发展性评价，要关注学生学习的结果，更要关注他们学习的过程；要关注学生学习的水平，更要关注他们在学习活动中所表现出来的情感与态度。评价要反映学生学习的成绩和进步，激励学生学习，帮助学生认识到自己在学习策略、思维或习惯上的长处与不足，认识自我，树立信心，真正体验到自己的成功与进步，因而评价方式要多样。童化课程在实施的过程中，关注学生个性差异，形成多元评价方式，满足学生成长需求，学校主要采用了以下几种评价方式。

1. 强化过程性评价

现代课程评价理念倡导过程性评价和发展性评价。"课堂观察"评价法是一种有效的过程性评价法，它能很好地了解学生的学习情况，反馈学生的学习过程，观察学生的学习态度。开展以学生发展为中心的"课堂观察"评价，要求教师在课堂中充分关注学生的状态，从学生的注意状态、参与状态、思维状态、情绪状态、生成状态等方面去观察、了解学生，并随机做出适当的引导和评价，以鼓励学生去思考、去体验、去实践。过程性评价可以很好地推动教学进程，将学生引向深度的思考和交流。评价时要中肯，例如"你真棒！""你太棒了！""你真是一位小将军/小诗人/小天才……"类似这样的评价虽然能够鼓励学生，但是有些空泛。结合问题、过程进行评价，学生能够真正地感受到被赏识。例如，"你的感受很深刻，发现了新特点""你流利而有条理的表达是大家的榜样""他的想法和大家不一样,很独特,他开始把思考引向哪里?"等。

2. 注重增值性评价

学生参与学校课程学习活动所需的知识与能力储备有明显差异,其情感与个性品质等非智力因素也不尽相同。在评价时,对那些学有余力的学生,可以在更高层次上对其提出要求;对那些别出心裁、有创新意识的学生,可以多加鼓励和引导;对偏离学习主题的学生,要适度引导,降低要求,提高其参与意识;而对性格内向、能力较弱的学生,绝不能戴"有色眼镜"去审视他们,对其点滴变化,要用"放大镜"来肯定,帮助其建立自信,获得进步。比如,学校坚持做的"未成年人成长档案",就是鼓励家长跟孩子一起记录"成长足迹",主要记录校内外学生的表现,让学生与过去的自己相比;记录学生在学业成绩、活动参与、才艺成果等方面的变化,收集、记录相关的评价材料,如教师奖励的"小白鹿""喜报""积分表""奖状"等,以此来评价学生学习和进步的状况。①②

3. 淡化总结性评价

美国著名评价专家斯塔弗尔比姆提出,评价最重要的意图不是为了证明,而是为了改进和发展。因此,评价的最终目标是促进儿童"完整的人"的发展。"完整的人"而非工具化的人、片面化的人,而非只会语文、数学、英语考试的人。基于此,童化课程各学科评价将平时表现与期末考核结合起来,评价方式有嘉年华考核、笔试、节目展演、实践操作等,参与方式可以是个人,也可以是小组合作。

(三) 形成动态评价结构

童化课程的学习强调的是过程,并非仅仅结果。童化课程要注重全过程的考查,并且重点考查学生是否有积极参与的态度,具体获得了什么样的体验和经验,以及提出问题、解决问题的主动精神和实践能力。既要关注现状,又要着眼未来,发挥评价的教育功能,促进学生在原有水平上的发展,这些就组成了动态评价结构。

学校从单一学科向多向度融合的跨界统整式评价,为促进德、智、体、美、劳全面发展,培养时代新人提供了方向。动态评价结构需要打通学科边界、加强学科整合,需要突破学科、学习藩篱,加强学科、学习、生活与新情境中应用的融合统整。比如,从学习活动的内容到形式,从准备过程到呈现状态,都可以给予恰如其分的评价。在探究式、情境式的学习活动中,可侧重对学习方法的评价,关注学生综合运用能力;在实践式的活动中,可充分注意学生在解决问题的过程中所采用的思路和方法;在体

---

① 祝健群. 基于学生成长需求的校本课程开发及应用 [M]. 长沙:湖南大学出版社. 2020:28-29.

② 孙云晓. 家校合作共育:中国家庭教育的新趋势 [M]. 北京:中国人民大学出版社. 2020:194-197.

验式活动中,可侧重"自主合作、主动探究"方式的评价,评价学生参与活动的程度及与人合作的态度;在感悟式课程中,可对学生情感、想象力、表达等方面进行综合评价。此外,还要对学生的人格素养方面有所考查,因为这些非智力因素也会影响学生参与活动的效果。

总之,童化教育是一种以儿童为中心的教育理念和方法,旨在促进每一位师生的健康成长。基于学生成长需求和教师专业成长的童化课程实施的评价策略扎根校情和学情,科学地从学生的最近发展区出发,在悉心培养学生良好的学习和生活习惯中,帮助他们养成适应今后社会发展需要的价值观念、关键能力和必备品格,促进有效学习真正发生,为学生的幸福人生奠基。

第二节 给学生带得走的学科素养
——童化教育的学科评价

张家港市白鹿小学,一座童话般的校园,环境润心、课堂生智、活动赋能、全时育人,在这里处处闪烁着纯洁灵动的光;在这里时时跃动着睿智勇敢的身影。根据新时代发展对未来人才培养的需要,按照国家基础教育的基本要求和当代中国学生核心素养的发展框架,结合学校的教育哲学,以培养全面发展的学生为宗旨,学校提出了童化育人目标,形成了童化教育学科评价体系,给学生带得走的学科素养。

一、评价目标

当代倡导教育革新的著名学者布卢姆提出"以目标达成度为中心,注重适应并发展每个人能力"的评价理论,为课程评价提供了有效依据。[1]基于此,白鹿小学提出了童化教育评价,指以儿童为中心,适合每一个儿童成长的需要,构建适合的课程资源,表达教为学服务、师生平等、共同发展的理念。童化教育评价,关注学生的学,创设多样化的情境,鼓励学生交流、探究,激发学生的思维,关注并保护学生的个性发展,帮助学生总结学习方法并学会应用。

(一)从育分向育人的价值转向

评价的最终目标是促进儿童"完整的人"的发展,而非育分为主。课程评价的改革,不仅是一种测评形式,更是一种价值引领。目的是关照差异性,让儿童发现自我、看见成长,努力实现评价目的、功能的"发展性"转向和育人属性的回归。

---

[1] B. S. 布卢姆,等. 教育目标分类学:第一分册 认知领域[M]. 罗黎辉,丁证霖,石伟平,等译. 上海:华东师大出版社,1986.

(二) 从知识向素养的坐标转移

随着中国学生发展核心素养的提出，知识本位向素养本位转向成为应有之义和应然要求。从学会做题到学会解决问题，培养学生应具备的、能够适应终身发展和社会发展需要的必备品格和关键能力，需要评价的维度、方式革新跟进。

(三) 从单一学科向多向度融合的跨界统整

促进德、智、体、美、劳全面发展，培养时代新人，需要打通学科边界、加强学科整合，需要突破学科、学习藩篱，加强学科、学习、生活与新情境中应用的融合统整。

二、评价原则

《义务教育课程方案（2022 年版）》明确指出：全面落实新时代教育评价改革要求，改进结果评价，强化过程评价，探索增值评价，健全综合评价，着力推进评价观念、方式方法改革，提升考试评价质量。①课程评价对促进学生核心素养的发展具有重要的作用。课程评价有助于学生不断体验学习的进步和成功，更加全面地认识自我、发现自我，保持并提高对学习的兴趣和自信心；有助于教师获取教学反馈信息，对自己的教学行为和效果进行反思，不断提高教学水平和专业能力；有助于学校和教育行政部门及时了解课程的实施情况、课程目标的达成情况和人才培养的实际效果，不断改进教学管理，推进课程实施，提升课程育人质量。因此，有效的课程评价应该以一定的原则加以规范。学校在实施课程评价时，主要遵循以下基本原则。

(一) 发展为本原则

我国专家学者余文森等人认为，发展性教育评价是一种秉持以人为本、以评价对象为中心、以促进人的全面发展为根本宗旨的现代教育评价理念和方法体系。②教育的本体功能在于促进学习者的发展，这是教育的最终目标，任何教学活动都要以促进个体的发展为目标，离开了学生的发展的教育教学活动是不可想象的。课程的所有活动也要以学生的发展为根本价值取向。因此，课程评价要坚持个性原则，凸显学生的发展性取向，既要强调通识教育，要求学生具有一般性知识基础，也要强调不同学生的差异，特别是在具体培养目标上的差异，真正落实全面发展的教育方针。

(二) 注重过程原则

新课程标准指出，应重视对儿童活动过程的评价，而不是仅仅重视最后的结果。过程性评价能够及时矫正学生发展的方向，避免学生在发展中走过多的弯路，使学生

---

① 中华人民共和国教育部. 义务教育课程方案（2022 年版）[M]. 北京：北京师范大学出版社，2022.
② 黄光扬. 新课程与学生学习评价[M]. 福州：福建教育出版社，2005.

从改进中获得成长；过程性评价关注过程，能够及时发现和纠正学生发展中的问题，并与过去比较对照，有助于学生对自己的发展进行监督和调节。因此，在继续进行结果评价的同时，应注意发挥过程性评价的积极作用，使评价贯穿于教育教学活动的每一个环节，通过关注过程来促进结果的提高。

（三）探索增值原则

2020年10月中共中央、国务院印发的《深化新时代教育评价改革总体方案》提出要探索增值评价。2022年3月教育部颁布的义务教育课程方案和课程标准（2022年版）也提出各学科评价要体现增值性。增值性评价以人的全面发展理论为基础，以激发学生潜能为目的，不断催生和集聚每位学生自我学习的能力，不断挖掘和提升每位学生的智力，从而对他们不断发展、终身发展和创造与享受美好生活等方面产生积极影响。因此，着眼于学生成长进步的增幅来开展评价的方式不仅重视过程，而且兼顾教育评价的诊断、激励与改进，同样也体现着教育教学评价的动态性和生成性。

三、评价实施过程

童化教育评价将学科素养与关键能力考核融入日常学习中，结合国家课程核心素养的要求，研制了以下几方面的评价标准、内容、方法：一是制订了童趣课堂评价标准，落实学科育人目标，培养学科素养；二是制订了童创课程评价指标，凸显创新人格、意识、能力、思维等创新素养培养；三是推行了多元主体评价策略，师生家长、社区人员等多元主体都参与评价；四是开发有效的评价工具，利用《小白鹿成长迹——男女生手册》《小白鹿成长迹——童化家育篇》"未成年人成长档案"等载体，将过程性评价和终结性评价相结合，实行多层评价、即时评价，让成长看得见，使教育生活更具有幸福感。

（一）评价内容

根据新课标和"双减"精神，学校要打破传统的学科评价理念，不要局限于学科知识、学科能力的纸笔测试，要积极开展学科能力技能专项评价、学习行为评价、作业作品评价等过程性评价，形成一套校本化学科评价内容体系，由单一的纸笔测试转向多元化测评，弥补单一测试类型的局限，使得测评内容立体丰富。[①]每位学生都有自己的特点，有自己的独特需求，针对不同的学生要有不一样的课程，来实现培养"纯洁灵动、勇敢睿智"的白鹿学子的目标。学校基于童化教育的教育哲学及学校课程目标，设置了学科基础课程体系，包括链接语文、行动数学、情境英语、思辨道法、玩动科学、旋转音乐、斑斓美术、悦动体育、慧玩技术九大类课程。（图6-1）

---

① 王旭东. 项目化、等第化、校本化：促进小学生健康成长的学业评价体系构建[J]. 未来教育家，2017（12）：56–59.

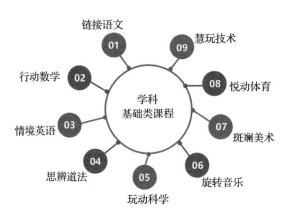

图 6-1 童化教育课程结构图

链接语文:"晓语"语文共同体聚焦深度学习、发展学生学力、汲取教学智慧、推进教学改革,精心设计预学单、导学案和练习单,追求教、学、评的一致高效。

行动数学:"同心圆"数学共同体在童心共育、童创共建的教学理念引领下,积极探寻单元整体结构化教学的新路径,促进学生实现知识结构与认知结构的整体融通,致力构建高效数学课堂。

情境英语:"SVIP"英语共同体以主题为引领、语篇为依托、活动为途径开展新的教学模式,提出"Less is More"(越少就是越多)教学理念,让英语学习"活"起来、让英语学习"演"出来、让英语学习"秀"出来。

思辨道法:"道法"共同体秉持爱心育人、慧心做事的教育理念,恪守团结、互助、睿智、敏行准则,教育学生乐于奉献、爱岗敬业、齐心协力、锐意进取。

玩动科学:"一鹿有你"科学共同体将生活"融"入课堂、"融"入探究、"融"入作业,关注学生的体验过程,激发学生思维的活跃度,以此来提升学生解决实际问题的能力,探寻科学与生活的"融"点。

旋转音乐:"DRM"音乐共同体在学期中开展了"声势律动"主题研究,让原本静态式的课堂动起来,学生通过多方位感官通道的调动、外在表达的释放,来彰显内在精神自由。

斑斓美术:"青崖"美术共同体秉承"突出美术视觉的形象与魅力,坚守美术教育的品格与追求"理念。结合《山海经》《丝绸之路》等古籍开展项目研究,致力在美术教师专业技能提升的同时,唤醒学生对美的感悟。

悦动体育:"6→N"体育共同体践行童创体育理念,通过高质量课堂、趣味大课间、多样室内操、自创民间游戏等,创新体育教学,全面提升学生体育素养。

慧玩技术:"共创"信息技术共同体在合作、互助、共享中,吸纳彼此的长处而形成有效的团队合力,积极推进学校"精学宝"智慧平台,使用大数据分析促进每位成员和每位学生的共同成长。

各学科共同体在主题化实践中，贴地而行，依据学科特点，探索教与学的优化、行与思的聚合。用发展的眼光看待学生的成长变化，共同体的主题实践研究致力让每位学生找到适合自己的学习方式，实现学为中心的童趣化课堂范式。

（二）评价方法

学校各学科共同体基于新课程标准理念和"双减"精神，重新建立了一套素养导向的校本化学科评价体系，均从评价时间、评价类型和内容、评价性质、评价方式、评价主体、评价结果和评价功能七个维度进行评价，形成一套顶层设计评价体系。（表6-1）

表6-1 学科评价新体系模型

项目	评价时间	评价类型和内容		评价性质	评价方式	评价主体	评价结果	评价功能
结果性评价	期末	学科期末评价	学期整体内容	基于课程标准的过关性测试	纸笔性评价	教师评价	评估性+诊断性	
过程性评价	适时	技能专项评价	口算		纸笔性评价	教师为主	等第评价+增值评价	形成性+诊断性
			操作					
		能力专题评价	阅读		表现性评价	自评为主		
			解决问题					
	定期	学习行为评价	课堂表现		表现性评价	自我评价+协商评价		
			活动表现					
			学习品质					
	日常	作业作品评价	纸笔型作业		纸笔性评价	教师评价		
			实践型作业		表现性评价	自评为主		

在评价时间方面做到过程评价为主、结果评价为辅。在评价内容和类型方面，积极探索现场表现性评价、学习行为评价和作业作品评价等项目化评价。在评价性质上，把学校考试评价定性为基于课程标准的过关性测试，严格控制试卷难度，废弃选拔性常模考试理念。在评价方式方面，大幅度减少纸笔性评价，大力开展行为化表现性评价。在评价主体方面，加强师生协商评价和学生自我评价。在评价结果方面，严格遵守评价伦理，取消分数定性评价，实施等第评价和增值评价。在评价功能方面，淡化评估功能，凸显评价的形成性功能和诊断性功能。

1. 加强项目化表现性评价

表现性评价的内容侧重操作实践性技能和应用知识解决真实问题的能力，不仅能够评价高层次能力，还可以测评情感、态度、价值观等。[①] 各学科按照教学进度不定

---

① 王旭东. 小学表现性评价的行为分类及其评价要点［J］. 教学与管理，2020（20）：70-72.

期组织学生项目表现性评价,如学校开展体育节、艺术节、英语节、数学节、语文节等学科活动节。在学科活动节上设计一些与学科知识、学科技能和学科素养紧密关联的情景和问题,侧重听、说、读、讲、演、奏、实践操作等非纸笔行为,考查纸笔测试难以测评的能力,如合作能力、探究能力和创新能力等。语文和英语学科可以测评学生听、读、说、辩等能力;数学学科可以测评学生测量的能力、画几何图形的能力、做几何模型的能力等;科学学科可以测评学生的观察能力、实验操作能力、探究创新能力。

例如,为贯彻落实"双减"精神,践行新课程标准教育理念,提升学生的数学核心素养,营造浓厚的校园文化氛围,借3月14日国际数学节之际,依托学校行动数学课程构建,开展创玩数学节主题活动,与学生共赴一场智、趣、美的数学邂逅。(创玩数学节活动项目表见表3-10)

数学节的开展充分调动了学生数学学习的兴趣,让学生沉浸式地体会数学的智、趣、美,感悟数学的应用价值,感受数学文化的无穷魅力。"同心圆"数学共同体以学科素养为导向,致力深耕数学课程,真正实现让数学文化润泽儿童生命成长。

2. 重视过程性学习行为评价

课堂是教学的主阵地,学生在课堂上的学习心理和学习行为直接决定课堂学习效果。学校要随着课堂教学过程开展评价,捕捉学生有价值的表现,即时给予学生指导性、激励性评价;注重对学生综合素质、学习习惯与学习表现、学习能力与创新精神等方面的评价。

因此,学校每月积极开展学生学习行为评价,以学生自评和师生协商式评价为主、同学评价为辅。课堂评价通常有课前准备、听记行为、提问交流、合作探究四个层级。

3. 改进期末结果性评价

学校以"为了一生的幸福"为办学理念,不断变革评价方式,重塑质量观,以嘉年华的形式,赋予评价以教育的温度和成长的力量,让考试有意思、有意义。

嘉年华抛却纸笔,舍去答卷,取消答题,快乐游园。学生考点打卡,游戏闯关,尽情体验学习的乐趣,享受历练之后获取成功的欣喜。嘉年华的重心不仅仅是形式上的"变脸",更是基于让每一位学生都能获得成功体验的原则,激发学生学习兴趣,释放学生天性,始于有趣,终于唤醒,让学生不再畏惧考试,让考试好玩有趣、有滋有味。

以嘉年华为载体的学生成长型评价推动了教师的转向,教师成为学生学习的支持者,成为学习活动的情境创设者和任务设计者,成为学科核心素养、标准、目标的整合者,成为学生主动学习、全面发展的唤醒者;促进了学生的转变,助力学生成为问题发现者、知识能力的建构者、具有自我审视和调整意识的积极主动的学习者。(图6-2,表6-2)

图 6-2　百日成长迹　童创嘉年华

表 6-2　童化嘉年华项目表

考查项目名称	考核内容	组织形式	设计意图
记忆超人	根据古诗的插图背诵古诗内容	闯关规则：小朋友们，请你们抽取要背诵的篇目，然后用普通话正确、流利地背诵吧	本册书上要求背诵的古诗都配有插图，能够帮助学生了解古诗的大致内容，通过背诵感受古诗的意境与情趣。以 4 人为一组进行考核
百发百中	学生用沙包击中生字卡片，并迅速查阅字典，说出读音及该字的页码	闯关规则：小朋友们，请你们用沙包击中墙上的一个汉字，并迅速查阅字典，大声说出它的读音以及页码	融合体育学科，以"丢沙包"的形式呈现，考查学生运用音序查字法查字典的能力、查字典的速度，以 6 人一组进行考核
能说会道	借助课文插图，分角色演一演这个故事	闯关规则：小朋友们，请你们选择一个故事，用普通话正确、流利、声音响亮地向教师表达清楚。预祝你闯关成功	借助课文插图，图文对照讲故事、演故事。根据故事中的主要人物，以 4~6 人为一组，用抽签方式选择故事，戴上头饰演一演
飞速光年	图形找规律	闯关规则：不同的图形排列，找出它们的规律，并利用学具摆出接下来的图形	考查学生对图形的认识，了解它们在日常生活中的应用
集集小镇	认识人民币	闯关规则： 1. 学生说出打算购买哪两件产品，说出需要多少钱 2. 两个学生相互配合，模拟购物环节，一人为顾客，一人为店主	考查学生对人民币单位的认识，在模拟购物中会认币、换币、付币和找币
活力大转盘	100 以内的加减法	闯关规则： 1. 学生转转盘抽取计算题 2. 说出得数，将足球踢进对应的足球框	以体育游戏形式检验学生口算、估算 100 以内的加减法水平

续表

考查项目名称	考核内容	组织形式	设计意图
"数"你最棒 I can count（我能算术）	考核数字单词（英语+数学）	闯关规则： 1＋2＝？ 2＋3＝？ 3＋1＝？ 4＋0＝？ 5－2＝？ 3－1＝？ 4－1＝？ 2＋2＝？ 根据图片内容，算出得数，用英语回答	考查学生数字类单词的识记和运用能力，与数学学科融合，培养学生跨学科思维能力
诗歌我来秀 I can sing（我能唱歌）	本册书的歌曲和诗歌	闯关规则：教师在盒子中放入本学期所学诗歌的题目，学生抽取一张，打开书进行朗读或歌唱，声情并茂加上动作的可以额外加分	考查学生对于本册书所学小诗和歌曲的朗读和演唱，感受诗歌的韵律之美
节奏编变辨	认读节奏	闯关规则：用不同的节奏型，如ＸＸＸＸ－等节奏型随机编排成一组节奏，学生能够准确快速地辨别并用 ta titi ta a 正确认读	巩固对ＸＸＸＸ－等节奏型的掌握，能灵活掌握不同节奏型，培养学生的韵律性和节奏感
障碍组合：小鹿闯关向前冲	前滚翻 跳跃过障碍 足球射门 三个项目组合	闯关规则： 1. 在垫子上完成一个标准的前滚翻（要求：方向正、团身紧，滚翻圆滑） 2. 前后左右跳跃过几个障碍物（要求：提膝收腹、跳跃连贯、落地缓冲轻盈） 3. 完成跳跃障碍动作后，快速跑到指定地点拿足球，直线运球，射门。（要求：脚法正确、射门有力度、精准） 以上完成可得5★，其他视情况给相应的★	考查本学期所学的技巧动作，熟练辨识方位的能力和足球射门技术。综合考查学生身体控制能力和身体素质
花儿朵朵	美术+音乐	闯关规则： 1. 学生观察万花筒中不同的花卉组成方式和丰富的颜色。感受生活中的花与艺术创造后的花之间的区别 2. 用活泼、有弹性的声音演唱歌曲《花儿朵朵》，体会音乐活动的丰富性和趣味性，情绪要饱满	1. 探索自然，发现生活与艺术中的美，并用游戏的方式来感受大自然的美，从而更加热爱生活 2. 歌曲短小精悍，一字一音，节奏规律性强，培养学生的律动性和感知力

考查项目名称	考核内容	组织形式	设计意图
变化多多	美术	闯关规则：学生在实物投影仪上自由摆自己喜欢的手形，并把手形描摹下来，接着通过自己的想象，添加装饰，联想出新颖有趣的形象	培养学生观察能力、形象思维能力和想象能力

4. 积极探索增值性评价

学校教育目的是培养德、智、体、美、劳全面发展的社会主义接班人，不是狭隘的"育分"。采取传统的学科成绩水平评价方式，被表扬和肯定的学生是部分优秀学生，这种评价机制对大部分中等生和后进生没有起到激励作用。学校积极探索学生增值性评价，激励每一位学生进步，强调学生自己与自己竞争，而不是仅仅与同学竞争。① 增值性评价让很多中等生和后进生因为进步得到了肯定和激励，有利于激发全体学生的上进心。新课标要求"关注学生真实发生的进步，积极探索增值评价"，基于此，学校在每次重大评测活动结束时，既表扬水平优秀的学生，又赞赏进步的学生，充分发挥了增值性评价的积极效应。

教育增值性评价就是以学生学业成就为依据，追踪学生在一段时间内学业成就的变化，并将客观存在的不公平因素的影响分离开来，考查学校对学生学业成就影响的净增值的评价。基于此，学校运用"精学宝"智慧平台，通过高速描绘仪扫描后上传到云上作业分析系统平台进行数据分析，形成精细的讲评与反馈，做到"一题一档"和"一生一档"。依据大数据分析，为学校、教师、学生三个层面，提供优质的智能化测评服务，创造性地为教和学提出诊断和改进的分析报告，助推精准评价。（图6-3）

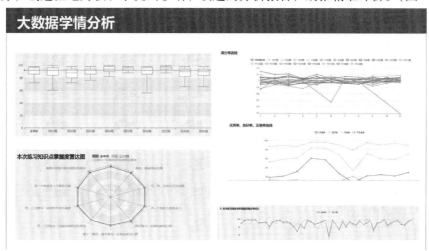

图6-3 大数据学情分析

① 王旭东. 学校学科考试评价改革的"五个转向"[J]. 教学与管理，2021（28）：78-80.

(三) 评价路径

评价不仅在教学的末端阶段出现，而且贯穿于整个教学实施过程，呈现流动、循环和递进的态势。结合新课标过程性评价建议，学校童化教育评价模式通过三条实施路径展开活动，即日常表现评价、集体活动评价和纸笔测试评价。

1. 日常表现中的评价量表

日常表现评价是落实评价最重要的形式，是培养习惯最有效的方式。学校把日常表现中的评价又分为习惯评价和知识评价。习惯评价主要是每天记录学生课堂表现情况、发言倾听情况、作业完成情况、作业改错情况、思考创新情况等，每个月形成一张个人的习惯评价表。知识评价主要是通过每次作业完成水平的高低、每次课堂小测试分数的多少、每个具体知识点掌握的好坏为主要内容，形成一张个人的知识评价表。（表6-3）

表6-3 个人日常知识评价表

评价板块	评价内容	自评			家长评	教师评
		优秀	良好	合格		
习惯评价	课堂表现：学习热情高，主动参与，自主学习意识强					
	发言倾听：能认真倾听，发言积极					
	作业完成：能及时完成当天作业					
	作业改错：能及时订正当天作业					
	思考创新：对问题有不一样的想法					
知识评价	作业质量：作业正确率高、书写端正					
	课堂测试情况：能达到班级平均水平					
	知识点掌握：本课知识点掌握透彻					

2. 集体活动中的评价量表

集体活动的评价量表主要运用在两个方面：一是学力训练活动评价量表。教师对学生进行学力培养，并对学力进行层级划分，用学力评价审视教学。这种评价由原来教师注重知识的传授转为更加注重学生学力的提升；由注重学生单一的学习结果转为注重学生实践探索和交流的学习过程；由注重学业收获转为注重学生的态度、情感、人格、能力的发展。二是主题活动评价量表。各学科组定期开展主题活动，在活动中力求通过丰富学生的课余生活，评价学生在活动中的各种表现，把它做成一项目标明确、内容清晰的活动。（表6-4）

表 6-4　学力训练活动评价量表

学科		班级		时间		听课者		
教学内容						授课者		
评价项目	评价维度				评价等级			
					优秀	良好	合格	需努力
学习动力	学习兴趣							
	学习习惯							
	学习目标导向							
	敢于挑战困难							
	能专心做一件事							
	自信心							
学习能力	会使用工具获取知识							
	会从不同角度看问题							
	会不断验证答案的正确性							
	会追求真理，会判断包容别人的做法，会借鉴别人的做法							
	会对自己的问题进行反思和调整							
	会解决问题							
本节课亮点：					一点建议：			

3. 纸笔测试中的评价量表

评价方案不仅要重视学生的学习过程，也要重视学生数学学习习惯、学习方法、学科素养。因此，学校设计的纸笔测试重点考查学生对自我的认知、方法的习得、策略的重视、过程的重现和思维的监控。以数学学科为例，结合每个年级在数与代数、图形与几何、统计与概率、综合与实践四大领域的内容，学校梳理了7个好习惯：草稿习惯、观察习惯、细致习惯、分析习惯、规划习惯、检查习惯和书写习惯。这些习惯大多指向非知识领域，重在培养学生良好的学习习惯、学习品质，引导学生进行自我评价、自我反思、自我梳理，从具体学习内容切入，从学生平时作业切入，引导学生关注自己的学习习惯，积累学习经验，评价自己的学习过程。下面以五年级"多边形的面积"评价为例。（表6-5）

表 6-5　五年级"多边形的面积"评价量表

评价板块	评价内容	自评			家长评	教师评
		经常	偶尔	从不		
多边形的面积	能准确、规范、合理地解决和多边形面积有关的数学问题					
解题习惯	草稿习惯：你准备草稿纸了吗？					
	观察习惯：你会圈出题目中的条件和问题吗？你会重点标注题目中的关键信息吗？					
	细致习惯：你会很留意题目要求吗？你会很留意隐藏信息吗？					
	分析习惯：你会经常用线段图、示意图、列表等分析方法吗？					
解题习惯	规划习惯：你会快速判断题目属于学过的哪种类型吗？你会经常去想这道题还有其他方法吗？					
	检查习惯：你喜欢检查吗？知道常见检查方法吗？					
	书写习惯：字迹工整，大小一致，间距合理					
	书写习惯：讲究排版，靠上靠左，布局美观					
	书写习惯：图形规范，数据完整，答语清晰					
成长反思	解决问题中我最棒的地方：					
	解决问题中我不足的地方：					
附成长作品：可再找一份最满意的作业一起装进档案袋。						

童化教育，化育儿童。白鹿小学始终坚持把立德树人作为根本任务，以课程思维践行思政育人、学科育人、文化育人、活动育人的理念，根据每一个儿童成长的需要，打通学科、跨越学段、联通时空、变通角色、贯通生活，优化教学评价。在以后的教学中，白鹿小学将继续坚守儿童立场，探索课程深耕新路径，创新教学改革新方式，拓宽全面育人新空间，提升教育品质，成就美好教育新样态。

第三节　阳光下的幸福成长

——童化教育的德育评价

张家港市白鹿小学以"为了一生的幸福"为办学理念，以"爱心育人，慧心做事"为教育服务宗旨，致力培养纯洁灵动、勇敢睿智的白鹿学子。在童化教育的引领下，学校牢固树立"五育并举、德育为先"的理念，扎实有效地推进德育活动，紧扣社会主义核心价值观、"八礼四仪"等的相关课程，做好德育评价，促进儿童的生命成长。

一、评价目标

德育是导人向善的事业，是唤醒人的生命自觉、促进人的自我实现的事业。德育，乃至于一切形式的教育，最终都是为了使人成为真正的人，都是为了促进人的生命——包括精神生命和肉体生命的整全发展。德育评价作为德育工作的重要组成部分，对人的生命成长发挥着重要作用，它在评估儿童道德发展的状况、反馈儿童道德发展的问题、激励儿童道德品质的提升等方面都具有不可替代的作用。因此，对于当前的德育事业发展而言，德育评价事关德育工作的效果和质量的整体提升。

（一）德育评价要树立完整的评价目标

德育评价工作要尽力避免以割裂的、分离的逻辑来看待儿童的道德成长，而应从完整、系统的视角来看待儿童，即把儿童视为具有完整生命的道德主体，并以促进人的培养作为德育评价的核心目标。为此，德育评价必须破除科学实证主义所带来的弊端，避免用科学实证的方法来"肢解"儿童、"分裂"儿童，而是要坚持用完整性、系统性的评价理念引导儿童，来推动儿童更好地去追求真、善、美的生活，激励儿童成为健全的道德主体。

（二）德育评价要促进对道德品格的综合评价

众所周知，人的道德品格是道德认知、道德情感、道德意志、道德行为等多方面要素的综合体。对儿童的道德品格的评价不能是单向度、狭隘的片面评价，而应该是系统性、综合性的评价。因此，学校不仅需要评估儿童的道德认知，而且要全面评价儿童的道德情感、道德意志、道德行为的发展。同时，学校还要把儿童的道德认知、道德情感、道德意志与儿童的道德行为有机地结合，达成真正意义上的"知行合一"。这事实上也是以评价为引领，促进德育工作更好地回归儿童的生活世界，更好地促进作为道德实践主体的儿童整全生命的成长。

（三）德育评价要始终关注儿童道德生命成长的发展性或增值性

德育评价不是为了给出一个终结性的德育等级，从而给儿童贴上一个本不该有的道德标签。德育评价归根结底是服务于儿童的道德发展，是为了促进儿童道德生命成长。它所关注的是儿童道德成长的整个发展、增值的过程，并且全面地观察、记录这个过程，从而对儿童进行系统的、完整的评价。在开展德育评价的过程中，切忌采用简单化、片面化的评价处理方式，而要采用完整性、多样化的评价方式，全面考查和促进儿童的道德生命成长。

二、评价原则

学校德育评价是评价者依据一定的评价标准，对学校德育工作及其效果做出价值判断的过程。新时期，结合《中小学德育工作指南》等文件，根据我国中小学生发展的具体特点，在构建学校德育评价维度、指标体系时，至少要坚持以下原则。

（一）阶段性原则

2017年8月教育部印发的《中小学德育工作指南》中，明确规定了中小学德育工作的总体目标和学段（小学低年级、小学中高年级、初中学段、高中学段）目标。在构建评价的维度和指标体系时，必须体现德育目标的新变化，关注学生的阶段性变化，体现德育评价的科学性。如在形成学生良好品质方面，小学低年级学生努力做到自信向上、诚实勇敢、有责任心，小学中高年级学生努力做到诚实守信、友爱宽容、自尊自律、乐观向上。鉴于此，在确定学生道德品质评价维度和指标体系时，既要体现上述目标内容的关键词，又要建构这些关键词之间的逻辑联系。

（二）整体性原则

《中小学德育工作指南》明确强调努力形成全员育人、全程育人、全方位育人的德育工作格局，具体到学校德育的实施，强调课程育人、文化育人、活动育人、实践育人、管理育人、协同育人。这充分说明，在制定中小学德育评价维度和指标体系时，要坚持整体性原则，努力发挥德育评价促进学生全面发展的功能。德育是五育的灵魂。如，语文、道德与法治等人文学科蕴含了大量的价值观教育、革命传统教育、中华优秀传统文化教育方面的内容；体育有利于培养学生奋进向上、顽强拼搏的精神品质；美育能增强学生辨别美丑的能力；劳动教育能够帮助学生体认劳动的价值和意义，培养学生勤俭节约、艰苦奋斗、乐于奉献的劳动精神。

（三）统一性原则

德育量化评价标准针对的是学生的道德知识和道德行为，它本性上只关注学生认知、行为而不关注学生的道德情感和道德意志的发展。但是，德育评价不能只关注学生的道德认知和道德行为，也要关注学生的道德情感、道德意志的发展。因此，需要突破传统的量化德育评价方式，引进质性德育评价的理念和方式，因为质性德育评价方式在评价学生的道德情感、道德意志等方面的优势较为明显。在学校德育评价维度和指标体系建构中，要既重德育量化评价，又重德育质性评价，把两者有机结合起来。

（四）实效性原则

学校德育评价维度、指标体系的建构，要紧紧围绕党和国家的教育方针、政策和相关的文件来进行，要坚守教育的使命、理想和责任担当。以落实社会主义核心价值观为目的，通过科学、合理的德育评价指标体系来引导中小学生的道德发展，引领学校的德育工作。学校德育评价工作要充分体现党和国家的德育意图，把立德树人落实到评价的每一个维度和整个评价体系中去。

三、评价实施过程

童化教育的德育评价渗透在各类德育活动中，如九色鹿少年宫，大型艺术节童话展演，"八礼四仪"鹿鹿榜样评比，最美小白鹿常规评比，优秀班主任、优秀配班、优秀班队评比等活动，将德育评价机制融入其中，利用评价机制进行反馈，以知晓活动是否发挥了作用、学生的素养是否得到了加强，从而提升学生的思想品质，让他们的理想更加有价值。学校根据国家德育课程核心素养，制定了以下几方面的评价标准、内容、方法。（表6-6）

表6-6　德育活动评价表

评价内容	评价目标
德育素养	评价学生的品德修养和道德素质，如诚实守信、友善宽容、勤奋努力、公平正义等
社会责任感	评价学生对社会的关心和参与程度，如志愿服务、公益活动，社会实践的能力等
创新意识	评价学生的创新能力和创造性思维，包括独立思考、解决问题的能力、创新创业的能力等
文化修养	评价学生对传统文化的理解和尊重程度，包括文学、艺术、历史等方面的知识和素养
心理健康	评价学生的心理素质和情绪管理能力，如自尊自信、应对困难的能力、情绪稳定等
参与活动	评价参与班级和校园生活的态度和积极性，如班级活动的参与度、对校规校纪的遵守等
平等友善	评价学生对待他人的态度，如平等待人、友善待人、尊重他人等
爱国主义精神	评价学生对国家和社会的热爱和责任感，如爱国情怀、民族自豪感、集体主义精神等

（一）评价内容

学校基于"让儿童成为儿童"的童化教育理念及学校童化课程目标，以《小学生日常行为规范》教育为基础，以每月常规教育为抓手，加强对学生的思想道德、行为规范和礼仪常规教育，坚持"突出重点，注重实效"地开展德育工作，围绕学校童化课程建设，开展各类主题教育活动，使学生学会做人、学会求知、学会生活、学会劳动、学会健体、学会审美，努力培养文明有礼、品德优良、心理健康且富有创新精神的一代新人。

（二）评价方法

1. 班级常规周周评，月月评

每学期，学校每月结合常规教育主题，从"慧用餐""慧行走""慧劳动""慧交流""慧学习"五个方面来进行常规教育，通过具体明确每周行为习惯要求，由班主任组织全班制订考核方式，定期进行考核，确定每月每班一个"最美小白鹿"，并在升旗仪式上进行全校表彰。在考核评价的过程中，学生能够获得道德素养能力的提升，通过对本校"最美小白鹿"的量化管理，以评促学、以点带面，最大限度地激发学生内在的向上、向善的内驱力。

2. 师生榜样每学期评

思想引领行动，榜样辉耀全体。学校通过宣讲榜样事迹，每学期进行优秀班主任、优秀配班、优秀班队、"鹿鹿榜样"评比表彰，用美好激发美好，用微光汇聚微光，引领全体白鹿人修身正德、砥砺前行。

例如，"鹿鹿榜样"评比活动。学期初，学校会下发榜样申请表给每一位学生，学生根据自己的特点，申报榜样类别。学期末，先在班级中进行各类榜样一级评选，接着在年级中进行二级评选，最后进行校级的三级评选，层层竞选，最后选出校级"鹿鹿榜样"，并在六月份的童话艺术节中进行颁奖表彰。（表6-7、表6-8）

表6-7　学生、家长鹿鹿榜样评价细则

榜样类别	评选标准
学习榜样	1. 上课能认真听讲，积极举手发言 2. 所有学科的成绩均为优秀，在班级是同学学习的榜样 3. 学习态度积极向上，对学习充满了热情和挑战欲，有主动探究的欲望和勇气
阅读榜样	1. 每学期有预定的阅读目标和计划，并实施完成 2. 每天坚持课外阅读，并有做阅读记录的好习惯 3. 阅读书目多，每学期至少阅读5本及以上课外读物 4. 曾被评为市级或者校级或者班级"阅读之星"
诚信榜样	1. 不说谎话，做人诚实 2. 在班级中做事讲信用，受到教师和同学的信任 3. 在学校或者校外，有真实的诚信事迹

续表

榜样类别	评选标准
礼仪榜样	1. 尊师重道，友爱同学，进出校门能主动与教师、同学问好 2. 言行举止文明得体，看见教师或长辈能主动问好 3. 熟悉"八礼四仪"内容，并在生活中实践运用
行走榜样	1. 整队快静齐，上下楼梯靠右有序走 2. 课间不在教室里追赶，能在班级中起到榜样的作用 3. 校园内行走，时刻能做到：靠右、慢行
用餐榜样	1. 安静：进出食堂不讲话，用餐时保持安静，倒残羹时，安静有序 2. 干净：用餐过程中，能够保持桌面、地面整洁 3. 吃净：一周能在班级用餐中光盘3次及以上
劳动榜样	1. 在家里，能自己的事情自己做，坚持每天做一样家务，如扫地、洗碗、整理书桌、整理房间等 2. 在学校，能主动承担劳动任务，不怕苦，不怕脏 3. 在校外，能积极参加社会实践或志愿者活动
志愿服务榜样	1. 在友爱港城网上注册志愿者 2. 参加3种及以上类别的志愿者活动，在年级组里服务时长是最长的
榜样家长	1. 有正确的家庭教育观念，会用科学的方法教育孩子 2. 能与教师密切配合，积极支持和配合学校教育、教学工作，每学期来学校为学生服务一次（上课、分餐、服务大型活动等） 3. 能认真做好《童化家育手册》的记载（参评请提供手册），重视孩子的养成教育，积极培养孩子良好的学习和生活习惯，过积极而有意义的家庭生活

表6-8 优秀班主任、配班、班队评价细则

项目	评价细则
优秀班主任	1. 班主任工作计划制订及时，期末总结能较好地反映工作实质 2. 充分使用好《班主任手册》，能根据内容要求按时、认真填写，能做到实事求是 3. 按照少先队工作计划开展各种形式的主题活动，且每学期至少开展3次以上，并且有工作记录 4. 认真组织和指导好学生的"两操"，课间操学生齐全，班主任要跟队，且动作规范标准、整齐，无学生讲话 5. 周一的升国旗仪式、学校的各种集会活动，都能认真组织学生参加，纪律严明、秩序井然、队伍整齐 6. 配合学校组织完成各项德育活动 7. 重视家教指导工作，每学期至少召开一次家长会，定期进行家访，与家长开展正常的联系工作

续表

项目	评价细则
优秀配班	1. 教室布置要体现文化氛围，激励用语规范化，按规定出好每一期黑板报，能做到主题明确，内容具有针对性和班级特色 2. 认真组织和指导好学生的"两操"，课间操学生齐全，配班要跟队，且动作规范标准、整齐，无学生讲话 3. 周一的升国旗仪式、学校的各种集会活动，都能认真组织学生参加，纪律严明、秩序井然、队伍整齐 4. 教室布置条理化，包干区每天安排学生分工打扫，保持整洁 5. 配合学校组织完成各项德育活动
优秀班队	1. 班级同学团结友爱，互相帮助，珍惜班级荣誉，班级有较强的凝聚力 2. 大型活动要准时到场，队伍行进整齐、安静、迅速，到场后精神面貌好 3. 在文明礼仪方面要尊敬师长、团结同学，不打架、不骂人。言行文明，礼貌用语运用好 4. 课堂纪律良好，同学上课认真，积极动脑。遵守考勤制度，迟到、旷课现象少。好学好问，求知欲强，积极参加课外兴趣小组活动。同学之间能够互相帮助，共同进步 5. 班级能开展生动活泼、丰富多彩的文化、艺术、体育等活动 6. 能积极参加学校举办的各类文化、艺术、体育、娱乐活动或其他竞赛活动，成绩突出

（三）评价路径

1. 将立德树人作为学校德育评价的根本导向

学校紧扣"立德树人"这一德育评价的根本宗旨、原则，发挥德育评价的核心轴承作用。在导向上，德育评价不仅重视评优与管理，更关注诊断与发展；在评价过程中，不仅要有量化与数据采集，更要有实质性记录与分析；在评价主体上，更加注重个人、同伴、家长、社会的共同参与；在评价氛围方面，尽量避免制约、对立、竞争，更加注重关怀和对自我发展内驱力的调动。

2. 以德育实践作为学生德育评价的核心指标

衡量人的道德品行，最核心的指标是看他对德育目标的践行自觉与实践能力。只有指向行动力的德育评价才能培育出具有道德行动力的学生。德育是认知，更是有意识、有实效的行动。德育评价项目立足"内化于心、外化于行"的评价路径，设定指向德育目标实现的评价标准，使德育评价成为打通"知"与"行"的贯通式桥梁，成为推进立德树人的纽带，成为"行动德育"的实践引领路径，使德育目标能够真正落实落地、落细落心。

3. 构建多维立体德育评价内容，明确"评什么"

评价是指挥棒，对学生的德育评价，与其说是"评"不如说是"导"。在具体项目的策划实施过程中，明确学生在参与意识、参与态度、参与能力、参与效果等方面的标准，设计学生在体验参与行动之后的达成度及参与指标考核，立体构成学生德育评价的具体内容。

4. 形成多维主体评价机制，确定"谁来评"

评价的根本目的是有效反馈，良好的反馈信息需要多角度、客观采集。全面的评价需要校、家、社的横向联动，全员的广泛参与、全方位整体联动的全场域无缝衔接。要立足校、家、社多个维度，明晰各主体在评价中的责任和义务，紧扣目标方向，以立德树人为宗旨，选择德育评价内容并与措施同步形成交织的螺旋上升合力。在校、家、社协同育人中具化并落实德育目标的善知、善做、善成。

5. 梳理评价实施步骤，探索"怎样评"

人的道德品行由知、情、意、行等要素构成，德育是培养学生的知、情、意、行的过程，其中，行是知、情、意的外部表现，又是知、情、意的目的。因此，科学推动评价的过程，就是对学生道德品行的引领。在整个实施过程中充分发挥评价对行为的导向、反馈、调整作用，促进参与者反思，实现德育评价的全环境立德树人功效。

总之，童化教育的德育评价，通过澄清德育评价目标和评价内容，科学制定评价指标与评价方式，建构科学、合理、有效、多元的德育评价呈现样态，助推学校德育活动开展、助力师生的幸福成长。

第四节 彰显每个人的优势特长
——童化教育的特长发展评价

优势特长加上坚强的性格是一个人成功的基石。学校着眼于未来社会对人才的需要，本着"为了一生的幸福"的办学理念，依据学生实际和学校具体情况，深化童化课程，重视课程评价。学校充分开发和激活学生自身的各项爱好和特长，为学生提供施展和提高才能的广阔空间，使之成为具有较强的综合能力、分析理解能力和创造能力的全面发展的综合型人才。

一、评价目标

童化课程的评价目标是评估学生在童化课程中的学习效果和发展情况，以便及时调整和改进教学方法和内容。学校教育的根本任务是按照人的成长规律和教育规律培育人格健全、富有个性、适应社会发展所需要的人。从学生的角度看，学生的智能类型不同、兴趣爱好不同，志向各异，他们对教育的需求是多样的。学生特长的培育将为学生未来在大学深造、选择专业起到导航作用，对学生终身发展起着奠基的作用。因此，教育既要强调共同基础，又要满足学生多样化、个性化发展。

（一）设置符合学生的实际需求和兴趣的课程

特长发展课程应当关注学生的个体差异和需求，以符合学生实际、注重兴趣和个性为原则进行设置，提供多样化的课程内容，以满足学生不同的特长发展需求。

（二）细化特色课程建设和学生特长培育规划

学校的特色课程建设不可能一蹴而就，需要一个较长的发展过程。学校把课程建设纳入长期的发展规划，优先打造有一定基础的特色课程，使之精品化，继而以点带面、稳步推进。白鹿小学依托"为了一生的幸福"的办学理念，开发出民族器乐、书法、绘画、足球、篮球、自行车、啦啦操等精品课程，在张家港市范围内产生了一定的影响。

（三）提高学生的综合素质

特长发展课程应当关注学生的综合素质，通过培养学生的品德、思维、情感、行为、文化等，提高学生的综合素质，为他们的未来发展打下坚实的基础。为了使培育学生特长的理念落到实处，学校在开足开齐必修课的基础上，坚持特色优先的原则，将体现学校文化特色的九色鹿少年宫系列特色课程排入课表，纳入学生选修课程中。课程的实施注重操作性、实效性，以短周期的小课程为主要形式，让学生在学校特色文化的熏陶下张扬自己的个性、发展自己的特长。（表6-9）

表6-9　白鹿小学特长目标评价表

评价内容	评价目标
兴趣培养	评估学生对童化课程的感兴趣程度和参与度，了解他们是否对课程内容感兴趣，并能积极主动地参与学习活动
特长技能	评估学生在特长领域的技能水平和表现，包括音乐、舞蹈、绘画、体育等方面，以了解他们的专业知识和技能掌握程度
创造表达能力	评估学生在特长领域中的创造力和表达能力，包括艺术创作、演讲表达、写作等方面，以激发他们的创造潜能和表达能力
学习态度和自主学习能力	评估学生在特长领域中的学习态度和自主学习能力，包括学习兴趣、学习目标、学习计划和学习方法等方面，以培养他们的学习热情和自主学习能力
团队合作和领导能力	评估学生在特长领域中的团队合作和领导能力，包括合作意识、沟通能力、团队协作和领导才能等方面，以培养他们的团队合作精神和领导潜力
毅力和自信心	评估学生在特长领域中的毅力和自信心，包括面对挑战的勇气、坚持不懈的精神和自信心等方面，以帮助他们克服困难和取得进步
创新思维和问题解决能力	评估学生在特长领域中的创新思维和问题解决能力，包括独立思考、创新设计和解决实际问题的能力等方面，以培养他们的创新意识和解决问题的能力
心理健康	评估学生的心理健康状况，包括情绪管理能力、压力应对能力等方面，以了解他们的心理素质和自我调节能力

童化课程的评价目标是全面了解学生在特长领域中的发展情况和潜力，帮助他们发掘和发展自己的特长，并提供相应的指导和支持。

二、评价原则

（一）符合学生实际

课程内容和教学方法应当符合学生的实际情况和需求，关注学生的个体差异，促进学生的全面发展；课程应当注重激发学生的兴趣和个性，提供多样化的学习方式，让学生在快乐的氛围中成长；课程应当强调实践和应用，通过实践活动和实际应用，让学生更好地理解和掌握知识，提高学生的综合素质和实践能力。

（二）倡导合作和探究

课程应当倡导合作和探究，鼓励学生与他人分享和交流，培养他们的合作意识和探究精神，提高学生的社交能力和创新能力；课程应当关注学生的全面发展，不仅关注学生的学科知识，还要关注他们的品德、思维、情感、行为、文化等方面的发展，为他们未来的成长奠定坚实的基础。学校基于八条原则设计了特长评价表。（图6-4，表6-10）

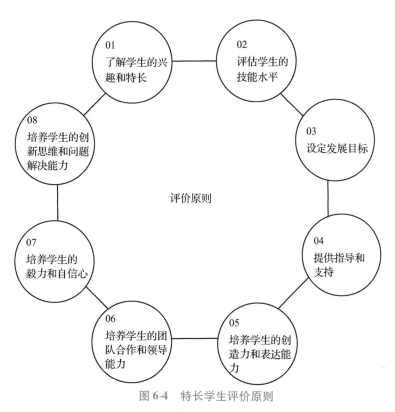

图6-4 特长学生评价原则

表 6-10 白鹿小学特长评价表

项目	内容
了解学生的兴趣和特长	需要了解学生的兴趣和特长领域，包括音乐、舞蹈、绘画、体育等方面。可以通过观察学生的表现、与学生进行交流和沟通等方式来获取信息
评估学生的技能水平	在了解学生的兴趣和特长后，需要对学生在特长领域中的技能水平进行评估。可以通过观察学生的表演、听取学生的演奏或观看学生的作品等方式来进行评估
设定发展目标	根据学生的兴趣和特长及评估结果，可以与学生一起制定发展目标。这些目标应该具体、可行，并能够激发学生的学习兴趣和动力
提供指导和支持	为了帮助学生实现发展目标，需要提供相应的指导和支持。可以包括提供专业的教学指导、安排专业的培训课程、提供学习资源和材料等
培养学生的创造力和表达能力	在特长领域中，培养学生的创造力和表达能力是非常重要的。可以通过鼓励学生进行艺术创作、演讲表达、写作等方式来培养学生的创造力和表达能力
培养学生的团队合作和领导能力	在特长领域中，团队合作和领导能力也是重要的素质。可以通过组织学生参与团队项目、培养学生的合作意识和沟通能力来培养学生的团队合作和领导能力
培养学生的毅力和自信心	在特长领域中，面对挑战和困难是常有的事情。培养学生的毅力和自信心可以帮助他们克服困难并取得进步。可以通过鼓励学生坚持不懈、给予肯定和支持等方式来培养学生的毅力和自信心
培养学生的创新思维和问题解决能力	在特长领域中，培养学生的创新思维和问题解决能力可以帮助他们在实践中不断进步。可以通过鼓励学生独立思考、提供解决问题的机会和培养学生的创新意识等方式来培养学生的创新思维和问题解决能力

基于以上原则，童化教育特长发展可以帮助学生全面发展自己的特长，并提供相应的指导和支持。

三、评价实施过程

（一）评价内容

白鹿小学依托童化教育发展理念促进学生童化教育特长发展，通过培养和发展儿童的特长和潜能，帮助他们全面成长和发展。通过兴趣、技能、创造力、实践能力、团队合作等诸多方面的培养促进学生发展特长、健康成长。（图 6-5）

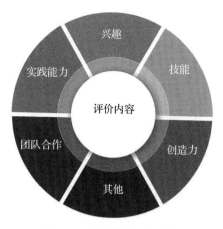

图6-5 特长学生评价内容

（二）评价方法

童化教育特长发展课程设置旨在通过多样化的学习内容和活动形式，激发儿童的兴趣和潜能，促进其全面发展。具体的课程设置可以根据儿童的年龄、兴趣爱好和发展需求进行个性化选择和调整。重要的是让儿童在学习中感到快乐和成就，培养他们的自信心和积极性。

对特长发展课程采用过程性与增值性的评价方法，对课程实施的效果进行评价，以便及时调整和改进课程，保证课程的有效性和保障学生的全面发展。

1. *课程实施情况*

通过对课程实施情况的了解和掌握，对课程实施的效果进行评价，包括课程内容、教学方法、学生参与程度、课程评价结果等。

2. *学生特长发展情况*

通过对学生的特长发展的了解和掌握，对学生的特长发展进行评价，包括学生的特长领域、特长水平、特长发展潜力等。

同时，通过对教学效果情况的了解和掌握，对教学效果进行评价，包括教学目标达成情况、教学方法运用情况等。

3. *课程反馈情况*

通过对课程反馈情况的了解和掌握，对课程进行评价，包括学生对课程的评价、家长对课程的评价、教师对课程的评价等。

综上所述，特长发展过程性评价应当以课程实施情况、学生特长发展情况、教学效果情况和课程反馈情况等为评价指标，通过定期的课程评价和反思，及时调整和改进课程实施，促进学生的全面发展。（表6-11）

表 6-11　九色鹿少年宫特色课程表

课程年级		艺术与创新	体育与运动	科学与创造
一年级	上学期	秘密花园	趣味足球	认识绿植
	下学期	佳片有约	趣味运动	培养生物
二年级	上学期	彩塑社团	趣味田径	自然笔记
	下学期	管乐社团	足球梯队	农业社团
三年级	上学期	艺术素养	篮球梯队	趣味搭建
	下学期	合唱社团	跳绳俱乐部	玩转机器人
四年级	上学期	艺术鉴赏	足球高队	拼豆豆
	下学期	走进敦煌	自行车社团	走进生命科学
五年级	上学期	名著赏析	趣味乒乓	手账制作
	下学期	英语电影赏析	小胖墩俱乐部	我与自然
六年级	上学期	丹青溢彩	啦啦操	妙笔生花
	下学期	银钩铁画	篮球俱乐部	记忆迷宫

（三）评价实施

童化教育特长发展课程是一种针对儿童个体特长和兴趣培养的课程，旨在通过提供多样化的学习机会和活动，促进儿童全面发展。

1. 教学目标评价

教学目标的达成是教学评价的基本参照。教师要根据课程标准和学生的实际发展水平，以提高学生的综合素养为根本目标，制定科学合理的教学目标，做到具体、明确、可观察、可测量。

（1）端正教学目标价值取向

教师要始终以培养和提高学生的核心素养为指向，把知识与技能作为主线，注重在实践中培养学生掌握科学的学习方法，鼓励学生参与合作与挑战。

（2）优化教学目标的达成方法

根据教学目标的设定与学生对知识、技能的实际掌握情况，教师可"因材施教"，采取师生问答、实践练习等多种方法来解决问题，以实现基础性目标和发展性目标的有机结合。

2. 教学环境评价

和谐的教学环境是激发特色课程评价、提高效率的保障，主要包括硬件设施的布置和民主、文明、和谐的软文化环境的建设，尤其要注意坚持以人为本的原则，突出营造人文关怀氛围，始终把学生放在首位。

（1）提高教学设施使用效率

教师要充分提高教室里教学设施的使用效率，通过室内计算机、投影仪等先进设施拓展学生的思维空间，帮助学生深刻理解、掌握知识与技能，最大化地拓展学生对教学主题情境的思考与再创造空间。

（2）优化教学环境设置

优质教学环境可以激发师生的高水平互动，可以让更多的学生在课堂上参与思考与表达，促进师生平等对话。

3. 教学过程评价

教学过程除了重视内容的选择与传授，还要恰当选择教学策略，力求最大限度地激发学生的学习内驱力，促进学生自我学习的发生与发展。

（1）多元化学习

童化教育特长发展课程提供多样化的学习内容和活动，包括艺术、音乐、运动、科学等领域。通过丰富多样的学习体验，儿童可以全面挖掘自己的潜能，培养多元化的技能和能力；教师不仅要关注他们在特长领域的表现，还应注重培养他们的综合素质。通过培养儿童的创造力、沟通能力、团队合作能力等，帮助他们得到全面的提升。

（2）激发兴趣和动力

童化教育特长发展课程通过提供有趣和具有挑战性的学习内容，激发儿童的学习兴趣和动力。儿童在感受到学习的乐趣和成就感的同时，也增强了自信心和积极性。通过培养他们的探究精神、学习方法和自主学习能力，帮助他们建立起持续学习的意识和能力，为未来的学习和发展打下坚实的基础。

4. 教学效果评价

教学要能够促进师生双方的教学相长。教师要坚持"以学论教"的先进教学评价理念，注重通过学生的思维表达和情绪等评估学生理解、掌握和运用知识与技能的程度。下面以体育、美术、音乐、科学的特长发展评价为例。（表6-12—表6-17）

表6-12 体育特长发展评价表

评价内容	评价标准	学习表现		状态水平描述			
				自评	组评	师评	家长评
体能	学生体能达到的水平与进步幅度	能否完成几项体能的测定	好（能）				
			一般				
			需努力				
		与前相比是否有进步	好（能）				
			一般				
			需努力				

续表

评价内容	评价标准	学习表现	状态水平描述			
			自评	组评	师评	家长评
知识与运动技能	体育与健康知识、科学锻炼方法等的掌握及进步幅度	是否认识到体育与健康对人与社会的重要性	好(能)			
			一般			
			需努力			
		是否掌握了体育与健康的一些知识	好(能)			
			一般			
			需努力			
		能否独立展示1~2个技术动作	好(能)			
			一般			
			需努力			
		课后或平时能否坚持锻炼	好(能)			
			一般			
			需努力			
学习态度与行为	体育课中学生对待学习与练习的态度及在学习和锻炼中的行为表现	能否主动、自觉地参与体育活动	好(能)			
			一般			
			需努力			
		在体育活动过程中能否全身心地投入	好(能)			
			一般			
			需努力			
		能否积极主动思考,为达到目标而反复练习	好(能)			
			一般			
			需努力			
		能否认真接受教师的指导	好(能)			
			一般			
			需努力			
意志表现、交流与合作精神	在体育学习中的情绪、自信心和意志表现,对他人的理解和尊重,交往与合作精神	是否敢于和善于克服各种困难和障碍,能战胜胆怯心理	好(能)			
			一般			
			需努力			
		练习中能否创新动作	好(能)			
			一般			
			需努力			
		能否关心和尊重他人、乐于和他人合作探索	好(能)			
			一般			
			需努力			
		能否在小组的学习和练习中负起责任	好(能)			
			一般			
			需努力			

续表

评价内容	评价标准	学习表现	状态水平描述			
			自评	组评	师评	家长评
综合等第或评语						

表6-13 美术特长发展评价表(低年段)

评价领域	评价标准	画上属于你的个性表情吧!		
		自评	组评	师评
造型表现	是否对美术课感兴趣			
	能否通过绘画的形式,大胆、自由地表现自己的感受			
	能否动脑筋用各种材料,制作简单的物体或动物形象			
	能否认识常用颜色			
设计应用	是否对学习活动感兴趣			
	能否在作业中表现大胆的想象和创新			
	能否安全地使用材料和工具			
欣赏评述	是否对自然或美术作品感兴趣			
	能否用简单的词语表达自己对自然和美术作品的感受			
综合探索	能否对身边能找到的材料进行联想			
	能否结合语文、音乐等学科内容进行大胆地创造			
	能否在活动中与同学合作,并在结束时进行收拾整理			
综合评语				

表6-14 美术特长发展评价表(中年段)

评价领域	评价标准	画上属于你的个性表情吧!		
		自评	组评	师评
造型表现	是否对美术课感兴趣			
	能否通过绘画的形式,大胆、创造性地表现自己的所见所闻			
	能否动脑筋用各种材料,制作简单的立体或半立体造型			
	能否认识原色、间色、冷暖色			

续表

评价领域	评价标准	画上属于你的个性表情吧！		
		自评	组评	师评
设计应用	是否对学习活动感兴趣			
	能否在作业中表现大胆的想象和创新			
	能否注意设计与功能的关系			
欣赏评述	是否对欣赏活动表现出一定的热情			
	能否用恰当的语言表达自己对自然和美术作品的感受			
综合探索	能否对身边能找到的材料进行联想			
	能否结合语文、音乐等学科内容进行大胆地创造			
	能否在活动中与同学良好地合作，并在结束时进行收拾整理			
综合评语				

表 6-15 美术特长发展评价表（高年段）

评价领域	评价标准	画上属于你的个性表情吧！		
		自评	组评	师评
造型表现	是否对美术课感兴趣			
	能否通过所学的美术知识大胆地表现周围的生活和环境			
	能否在造型中注意运用色彩知识			
	能否主动关注他人的作品，并进行评价			
设计应用	是否对学习活动感兴趣			
	能否在作业中有意识地运用一些形式原理			
	能否具有有序的操作方式			
欣赏评述	是否具有民族自豪感，乐于了解人类文化艺术的成就			
	能否用简单的美术术语描述对艺术作品的感受			
综合探索	能否积极地参与探究性活动			
	能否用文字、图像形式记录调查结果			
	能否积极动脑、动手，并与同学良好地合作			
综合评语				

表 6-16　特长发展评价表（音乐）

一级指标	二级指标	测评内容	测评权重	自评	互评	师评	
						随堂评价	期末评价
基础指标（上限40分）	课程学习（25分）	出勤情况(5分)	上课迟到三次计缺课1次，每缺一节课扣1分				
		课堂参与度(10分)	不遵守课堂纪律、做其他学科作业、玩玩具、小组合作学习中不积极参与等，被教师点名批评或被同学举报，每次扣1分，扣完为止				
		课堂学具准备(10分)	教师要求上课准备的课堂乐器，缺带一次扣1分，扣完为止				
	课外活动（上限15分）	主动参加学校组织的合唱、舞蹈、器乐、戏曲等艺术社团活动（选修，10分）	参加一项5分，有良好表现的 A 等 10 分，B 等 8 分，C 等 6 分，没有参加不给分。学校提供各兴趣小组名单证明				
		积极参加各级文艺演出、比赛，在各类艺术活动中有良好的表现（选修，5分）	参加一次记3分，表现优异记5分，良好记4分，一般记3分，没有参加不给分				
		认识常见的中国民族乐器和西洋乐器，并能听辨其音色（选修，3分）	A 等 3 分，B 等 2 分，C 等 1 分				
		在感知音乐的节奏和旋律的过程中，能够初步辨别节拍的不同，体验二拍子、三拍子、四拍子的律动感（选修，4分）	A 等 4 分，B 等 3 分，C 等 2 分，D 等 1 分				

续表

一级指标	二级指标	测评内容	测评权重	自评	互评	师评	
						随堂评价	期末评价
基础指标（上限40分）	课外活动（上限15分）	能够听辨旋律的高低、快慢、强弱。能感知音乐主题、区分音乐基本段落，并能够运用体态或线条、色彩做出相应的反应（选修,3分）	A等3分,B等2分,C等1分				
		能听辨音乐情绪的不同特点,并做简要描述（选修,3分）	A等3分,B等2分,C等1分				
		能够初步分辨小型的音乐体裁与形式。聆听音乐主题 并说出曲名（选修,3分）	A等3分,B等2分,C等1分				
		聆听中国民族民间音乐,了解有代表性的地区和民族的民歌、民间歌舞、民间器乐曲和以京剧为代表的中国戏曲及曲艺音乐,体验其不同的风格（选修,3分）	A等3分,B等2分,C等1分				
		聆听世界部分国家的民族民间音乐,感受不同的音乐风格（选修,3分）	A等3分,B等2分,C等1分				
	基本技能（25分）	能够随琴声视唱简单的乐谱,具有初步的识谱能力(3分)	A等3分,B等2分,C等1分				
		能用正确的姿势和呼吸方法唱歌,具有良好的唱歌习惯(3分)	A等3分,B等2分,C等1分				

续表

一级指标	二级指标	测评内容	测评权重	自评	互评	师评	
						随堂评价	期末评价
基础指标 (40分)	基本技能 (25分)	能用自然的声音、准确的节奏和音调有表情地演唱,每学年应能背唱歌曲4~6首(其中中国民歌1~2首),学唱京剧或地方戏曲唱腔片段(5分)	A等5分,B等4分,C等3分,D等2分				
		学习竖笛、口琴、口风琴或其他课堂乐器的演奏方法,参与歌曲、乐曲的表现,培养良好的演奏习惯。能够对自己和他人的演奏做简单评价。每学年能够演奏乐曲1~2首(5分)	A等5分,B等4分,C等3分,D等2分				
		能结合所学的歌曲、乐曲进行律动、集体舞、音乐游戏、歌表演等活动(3分)	A等3分,B等2分,C等1分				
		能运用音乐材料进行音乐创作实践,或根据音乐进行即兴编创表演活动(3分)	A等3分,B等2分,C等1分				
		能够主动参与综合性艺术表演活动,自信、有表情地进行表演(3分)	A等3分,B等2分,C等1分				
发展指标 (20分)		学校组织学生或学生自主参与社区、乡村文化艺术活动,学习优秀的民族民间艺术,欣赏高雅的文艺演出和展览等艺术实践活动(10分)	由学生提供资料证明(包括图片、音像、入场券、节目单等)。参加一次记2分,没有的不给分				

续表

一级指标	二级指标	测评内容	测评权重	自评	互评	师评	
						随堂评价	期末评价
发展指标（20分）		在学校现场测评或在各级各类比赛中展现的声乐、器乐、舞蹈等音乐方面的特长（10分）	学生音乐特长依据"体艺2+1"项目标准在学校现场测评，获优秀记10分、良好记8分、合格记6分，未达标者不计分。学生参加县级及县级以上教育行政部门组织的竞赛活动获一等奖记10分，二等奖记8分，三等奖记6分，优秀奖记4分，无证书不计分				

注：课外活动可有选择性地参加，基础指标的上限为40分。

表6-17 特长发展评价表（科学）

评价指标	权重/%	评价标准	自评	组评	师评	总评
学习态度	20	能自觉遵守课堂纪律，不胡乱打闹				
		能与同学团结协作，认真参与实验				
		能按时完成作业，准备好实验材料				
		能独立思考问题，做到善于发现问题，大胆提出问题，主动探索问题解决的方法				
基础知识	40	能流畅复述所学知识，运用所学知识解决身边的实际问题				
实验操作	30	方案设计科学、合理、严密				
		实验操作规范正确，爱护器材				
		观察现象全面、细致，记录及时				
探究能力	10	能发现和提出有独特见解的问题				
		能根据自己提出的问题进行大胆合理的猜想				
		实验计划设计科学、合理、严密				
		能根据实验现象得出科学、合理的结论				
		能写出简单的实验报告和探究日记				

总体而言，童化教育特长发展课程为儿童提供了一个全面发展和个性化培养的平台。通过多元化的学习内容和活动，激发儿童的学习兴趣和动力，培养他们的综合素质和终身学习能力。这种课程的评价主要体现在儿童的成长和发展上，帮助他们实现个人价值和自我成就。

第七章 童化教育的课程管理

课程管理，即课程全面质量管理，是指课程管理者通过实施计划、组织、领导和控制职能，带领课程组织成员有效地实现课程预期目标的过程。学校课程管理是以学校发展为基础，以师生发展为目标，从学校自身实际出发，对国家课程、地方课程和校本课程进行决策、规划、实施和评价的管理活动。学校课程管理不仅包括对国家课程和地方课程的管理，也包括对校本课程及潜在课程等一切在学校存在并发生作用的课程的管理，它们都是学校课程管理必须面对和直接作用的对象。

学校的童化教育课程管理坚持"面向实践、来自实践、为了实践"，关注现实的管理问题和管理行为，在管理过程中，以思想统一为根本，组织建设为保障，建章立制为关键。课程管理为学校课程实施和开发提供价值规范和行为目标导引，既因势利导，也在思想统一上下功夫；强化组织领导，各级都有责任、各级都有任务，人人成为课程建设、课程开展的主人；将规范化课程教学作为取得成效的关键所在，让制度机制在保证顺畅运行、保证成效落实的同时激发师生的强大凝聚力、创造力。

第一节 课程管理的模式指导

课程管理是制定合适的、具有一定挑战性的目标，并将目标、措施和资源等进行匹配的过程。为此，在童化教育课程管理中，学校在"以人为本"的理念下，借鉴了戴明环质量管理模式。戴明环是质量管理专家戴明所提出的，它是全面质量管理所遵循的科学程序。[1] 全面质量管理活动的全过程，就是质量计划的制定和组织实现的过程，这个过程采用了 PDCA 循环，PDCA 的含义如下：P（Plan）——计划；D（DO）——执行；C（Check）——检查；A（Action）——改善，对总结检查的结果进行处理，成功的经验加以肯定并适当推广、标准化，失败的教训加以总结，未解决的问题放到下一个 PDCA 循环里。以上四个步骤不是运行一次就结束，而是周而复始地进行，一个循环完了，解决一些问题，未解决的问题进入下一个循环，这样阶梯式上升的。PDCA 循环实际上是有效进行任何一项工作的合乎逻辑的工作程序。[2] 好的课程管理把每一个细节融入童化教育的灵魂深处，并为课程提供思考途径和实践借鉴。运用戴明环质量管理模式，旨在童化教育课程管理的循环中激发和释放童化教育背景中的人们的善性和潜能，去发挥他们的最大能量，指挥童化教育中的教师用最好的方法工作，使童化教育中的儿童的核心素养得到全面培养、全面发展，为将来的成长奠定良好的基础。（图 7-1、7-2）

图 7-1　童化教育课程管理模型

一、课程管理步骤

童化教育课程管理模型借鉴戴明环，遵循科学的程序开展全面的课程执行质量管理。全面质量管理活动的全部过程，就是课程计划的制订和组织实施的过程，整个过程按照 PDCA 循环，不停顿地、周而复始地运转。

（一）计划阶段

计划（P）阶段，即根据教育教学的要求和组织的方针，为童化教育课程提供结果建立必要的目标和过程。

1. 分析现状，找出问题

这一阶段强调的是对当前教育教学的关注、学校现状的把握和发现问题的意识。发现问题是解决问题的第一步，是分析问题的条件。课题是本次研究活动的切入点，课题的选择很重要，如果不进行调研，论证课题的可行性，就可能带来决策上的失误。首先，童化教育课题的选择基于学生学习的意义，从实用性与社会影响的角度出发，确定这能够解决现实问题或者对社会有积极的影响，有助于加深对学科本质的理解和掌握。其次，从可行性与资源可得性的角度出发，考虑到学校在时间、经费、设备等

---

[1]　W. 爱德华兹·戴明. 戴明论质量管理［M］. 钟汉清，戴久永，译. 海口：海南出版社，2003.

[2]　冈村拓朗. PDCA 循环工作法［M］. 朱悦玮，译. 北京：北京时代华文书局，2021.

方面的限制条件，确保课题能够获取必要的资源和支持，经过论证后确定是一个可以进行实际操作和研究的课题。再次，这是一个有创新点和独特性的课题，能够促使学生积极发掘自己的想象力和创造力，培养他们独立思考和解决问题的能力，有其创新性与独特性。如学校在年段童化教育调研中发现，各年段普遍存在劳动教育内容比较空泛、学生的劳动意识不够强的问题，如何更好地落实劳动教育成为学校童化教育的一个重要课题。

2. 制定目标，分析问题产生的原因

找准问题后分析产生问题的原因至关重要，运用头脑风暴法等多种集思广益的科学方法，把产生问题的所有原因通通找出来。明确了研究活动的主题后，需要设定一个活动目标，也就是规定活动所要做到的内容和达到的标准。目标可以是定性与定量相结合的，能够用数量来表示的指标要尽可能量化，不能用数量来表示的指标也要明确。目标是用来衡量实验效果的指标，所以设定应该有依据，要通过充分的现状调查和比较来获得。以如何更好地开展劳动教育问题为例，学校德育处牵头在各年段开展研究后制定了如下目标：以学校为主导，以家庭为基础，以社会为支持，实施"三化"，即"生活化"夯实劳动教育根基，让家庭在劳动教育中发挥基础性作用；"课程化"提升劳动教育品质；"基地化"丰富劳动教育形式，从而为学生的个性化发展提供更加全面的支持，促进学生的综合发展。

3. 制定对策，制订计划

一个好的方案，其中的细节也不能忽视，计划的内容如何完成好，需要将方案步骤具体化，逐一制定对策，明确回答出方案中的"六何分析法"，即为什么制定该措施、达到什么目标、在何处执行、由谁负责完成、什么时间完成、如何完成。使用过程决策程序图或流程图，方案的具体实施步骤将会得到分解。

为了让劳动教育落到实处，以《白鹿小学德育（少先队）工作计划》为例，白鹿小学校、家、社协同育人团队探索家庭、学校和社会三者之间的关系，研究校、家、社协同育人的实践和应用。通过研究，为促进学生全面发展提供更多的理论和实践支持，为家庭教育和学校教育提供更多的可行性建议和实践经验。

附：

白鹿小学德育（少先队）工作计划

（2022—2023学年第一学期）

指导思想：

以习近平新时代中国特色社会主义思想为指导，落实立德树人根本任务，发展素质教育。以儿童为中心，探索童化育人新路径、新方法，结合学校实际，以童化教育理念为引领，五育并举，协同育人，不断强化习惯养成教育和校、家、社三结合教育，增强德育工作的主动性、针对性和实效性，培养时代新人，促使学生全面健康发展。

主要目标：

1. 夯实队伍建设，优化文化育人；
2. 抓实管理细节，优化活动育人；
3. 开展课程活动，优化童话育人；
4. 做好榜样宣传，优化榜样育人；
5. 实施校、家、社共育，优化协同育人；
6. 落实安全管理，优化"五安"育人。

具体实施路径：

一、夯实德育队伍建设（略）

二、抓实常规管理细节（略）

三、开展童化课程活动（略）

四、做好榜样力量宣传（略）

五、实施校、家、社共育机制

坚持校、家、社协同育人原则，继续用好童化家育手册，认真开展各类亲子陪伴活动，通过家庭档案评比，调动家长及学生参与的积极性，倡导家长在亲子阅读、亲子劳动、亲子实践、亲子共聊、亲子创想等方面陪伴孩子，促进孩子健康成长。定期开展家长学校和家长会活动，并召开三级家委会会议，利用学校家庭教育指导师、评选的榜样家长和社会相关专业人士的力量，建立白鹿小学家庭教育讲师团队和资源库，并由鹿爸鹿妈幸福家长驿站定期组织开展家庭教育主题活动。通过鹿爸鹿妈进课堂、师生进社区、馆校研学等方式探索家校协同育人的新模式。

六、落实校园安全管理（略）

（二）执行阶段

执行（D）阶段，即按照预定的计划、标准，根据已知的内外部信息，设计出具体的行动方法、方案，进行布局。再根据设计方案和布局，进行具体操作，努力实现预期目标的过程。

对策制定完成后就进入了实验、验证阶段也就是做的阶段。为了提高工作效率，加强组织内部的沟通和协作，白鹿小学采用分级负责，根据童化教育管理组织架构，各个部门和岗位都有明确的职责和权限，每个层级的主管可以对下属的工作进行指导和全程监督，确保及时发现问题、及时管理、及时处理，并且按计划和方案实施。此外，还必须要对过程进行数据采集和记录，确保工作能够按计划进度实施。

以下为各职能科室的部分研究课题在执行阶段的具体要求。

（1）教材的选择和使用

选择适合学生年龄和程度的教材，并且根据课程要求合理安排使用教材的内容。

（2）课程目标和学习目标的设定

明确课程的整体目标及每个具体学习单元的学习目标，确保学生在课程中有明确的学习方向。

（3）教学大纲的制定

根据国家课程标准和学校的教学要求，制定教学大纲，包括每个学年和每个学科的教学内容、教学方法和评价标准。

（4）课程的层次和进度安排

根据学科知识结构和学生的学习特点，合理安排课程的层次和进度，确保学生能够逐步掌握知识和扩展知识范围。

（5）课程的教学方法和活动设计

根据学生的年龄和兴趣，选择适合的教学方法，如讲授、讨论、实验、实践等，并设计相应的课程活动，促进学生的参与和主动学习。

（6）学生评价和反馈

制定科学的评价体系，包括课堂教学评价和作业考查等，给予学生及时的学习反馈，帮助学生提高学习效果。

（7）学科教师的培训和发展

为学科教师提供培训机会，提升他们的教学能力和专业水平，使他们能够更好地实施课程管理。

（8）与家长和社区的合作

与家长和社区建立有效的沟通和合作机制，共同关注学生的学习和发展，促进家校合作。

（9）资源管理

合理配置教学资源，包括教室设施、教具、图书馆资源等，确保课程管理的顺利进行。

（10）教育政策和法规的遵守

遵守国家和地方的教育政策和法规，确保课程管理符合相关规定，并且保障学生的权益和安全。

（三）检查阶段

检查（C）阶段，即确认实施方案是否达到了目标。义务教育阶段的教育旨在全面培养儿童的综合素质，包括基础学科知识、社交能力、学习方法、创造力及体育和健康等方面的培养，这样能够帮助他们全面发展，为将来的成长奠定良好基础。课程执行是否有效、目标是否完成，需要进行效果检查后才能得出结论。以白鹿小学教师"七认真"检查为例，学校成立专门的领导小组，由校长任组长，教学副校长任副组长，教导处、各科教研组长为领导小组成员，教师"七认真"有关资料由教导处收集并组织检查工作,具体检查分三步骤进行:周查——教师自查;月查——备课组交流查;学期查——教导处检查。

"七认真"资料检查评分细则如下。(表7-1)

表7-1 "七认真"资料检查评分细则

项目	内容	分值
1. 备课 (10分)	(1)分课时备课,与上课同步。有明确的教学目标要求,有重、难点分析,有教学准备,学情分析,有教学方法	6分
	(2)教学流程(环节)清晰,有突破重难点的具体方法	2分
	(3)有板书设计及作业要求	1分
	(4)有教学反馈记录,包括教与学两方面	1分
2. 作业批改 (5分)	(1)课内外作业适量(一至二年级不布置书面家庭作业,三至六年级作业完成时间不超过1小时)	1分
	(2)课内外作业全批全改,质量较高,要落批改日期(一项不达要求扣0.5分,扣完为止)	3分
	(3)有较详细的记录,每周至少2次	1分
3. 辅导 (5分)	(1)辅导对象全面(按优、中、差分类辅导,每项记0.5分)	1.5分
	(2)每周至少辅导一次(每次记0.5分)	2分
	(3)辅导记录详细,效果好	0.5分
	(4)无记录记0分	1分
4. 发展性评价 (10分)	(1)单元检测与教学同步,有成绩记载、试卷分析、讲评教案(每项记1分),期中、期末教学水平检测有分析材料	5分
	(2)多元评价。对学生综合素质评价采用多元评价(有相关记录记2分;评价全面且方式多样记3分)	5分
5. 校本教研 (10分)	(1)学校或教研组统一组织的教研活动,教师认真参加且完成规定交办任务(缺一次扣1分,迟到一次扣0.5分)	3分
	(2)主动要求上公开课、示范课或学校统一安排的公开课(每次加记0.5分)	3分
	(3)在校本教研等专题培训会上做主要发言(每次加记0.5分)	2分
	(4)在区级及以上层次的活动中进行经验或成果的交流或获奖(每次加记0.5分)	2分

续表

项目	内容	分值
6. 校本科研（10 分）	（1）有课题实验方案、阶段实验计划、阶段总结、过程材料者可得此分数（酌情记分）	
	（2）市级及以上组长 2 分，主研人员 1.5 分；区级组长 1.8 分，主研人员 1.3 分。校级组长 1 分，主研人员 0.5 分（此项以最高级别计分，不累计记分）	2 分
	（3）凡在有邮发刊号的学术刊物上发表教育教学论文、在报纸杂志上发表宣传学校的新闻报道可加分，其中国家级、市级、区级分别计 2 分、1 分、0.5 分	2 分
	（4）凡经教育主管部门文件通知，经学校统一推荐参加竞赛并获得证书者，国家级、市级、区级分别计 2 分、1.5 分、1 分（此项以最高级别计分，不累计记分）	2 分
	（5）组织学生参加竞赛辅导获奖。国家、市、区级分别记 1、0.8、0.5 分	1 分
	（6）指导本校教师参加技能大赛（上课、说课和演讲）获指导教师奖（以证书为据），国家、市、区级分别记 1、0.8、0.5 分	1 分
	（7）学校组织的赛课、说课、演讲、"下村小献课"等竞赛活动获奖者加 0.5 分（每个奖项有多作者的，自行协商好后报学校记分，学校教师在外校获奖的，学校不予认定）	2 分

将采取的对策进行确认后，对采集到的证据进行总结分析，把完成情况同目标值进行比较，看是否达到预定的目标。如果没有出现预期的结果，应该确认是否严格按照计划实施，如果是，就意味着对策失败，那就要重新进行最佳方案的确定。

（四）改善阶段

改善（A）阶段，即总结经验，确定为解决的问题或新发现的问题开展下一轮研究。

1. 总结经验

对已被证明的有成效的措施，要进行标准化处理，制定成工作标准，以便以后的执行和推广。总结课题研究经验需要全面、准确地概括研究的主要内容和收获，突出研究的创新性和贡献，同时对研究的不足之处提出改进建议。

研究目的和重要性：总结研究课题的背景和目的，说明为什么选择该课题进行研究，以及研究的重要性和意义。

研究方法和设计：概述研究过程中采用的方法和设计，包括实验、调查、文献综述等。重点介绍研究方法的选择原因和研究设计的合理性。

数据收集和分析：总结数据的收集过程和数据分析方法，说明数据的来源和收集方式，以及分析方法的选择与使用。强调数据的可靠性和分析方法的合理性。

结果和讨论：阐述研究结果和讨论的部分，对研究结果进行客观描述和详细解释，并结合相关理论和前人研究进行讨论。指出研究的优点、局限性和未来研究的方向。

学习和成长：总结在课题研究中所获取的知识和经验，强调自己在研究过程中的成长和克服的困难。提及自己在研究中遇到的问题和解决方法，以及对未来研究的启示。

改进建议：提出对课题研究的改进建议，包括研究方法的改进、数据收集的改进、研究设计的改进等。指出改进建议的合理性和可行性。

心得体会：在总结的最后，可以加上一些感悟和体会，包括对课题研究的感情和自己的成长体验，同时感谢导师和团队成员的支持和帮助。

2. 问题分析

在课题执行中及时发现问题并进行调整是非常重要的。调整应该根据具体问题的性质和原因进行，寻找解决方案，并在实践中进行改进。通过不断的调整和改进，可以提高课题的执行效果，提升学生的学习质量。问题不可能在一个 PDCA 循环中全部解决，遗留的问题会自动转进下一个 PDCA 循环，如此，周而复始，螺旋上升。（图 7-2）

图 7-2　童化教育课程管理步骤

确定问题的具体性质：仔细分析并确认问题的具体性质和原因。例如，问题是否来自教师的教学方法、学生的学习情况、教材的内容或者其他因素。

寻找解决方案：根据问题的性质，寻找相应的解决方案。可以与其他教师、教育专家或学校管理层进行讨论，寻求他们的建议和意见。

调整课题计划：根据找到的解决方案，对课题计划进行调整。可能需要重新制定教学目标、设计新的教学方法或更换教材内容。

提供教师培训和支持：如果问题是由教师的知识、能力或经验不足导致，可以提供教师培训和支持，帮助他们提高教学技能和知识水平。

实施调整方案：根据调整后的课题计划，重新进行教学活动。在实施过程中，密切关注学生的学习情况和反馈意见，及时进行调整和改进。

评估调整效果：在一段时间后，对调整后的课题执行效果进行评估。可以通过学生的学习成绩、表现和问卷调查等方式进行评估。根据评估结果，再次进行调整和改进。

二、童化教育课程管理特点

学校课程管理的特点决定了学校课程管理的基本原则和方法，童化教育课程管理模式整个循环的过程为：分析现状，发现问题，从问题的定义到初步制订行动计划；接着分析教育问题中各种影响因素，找出产生问题的主要原因，针对主要原因，提出解决的措施并执行；然后通过检查执行结果是否达到了预定的目标，把成功的经验总结出来，制定相应的标准，做标准化处理和进一步推广，同时把没有解决或新出现的问题转入下一个 PDCA 循环去解决。四个步骤不是运行一次就结束，而是周而复始地进行，一个循环完了，解决一些问题，未解决的问题进入下一个循环，这样阶梯式上升的。在确定过程中主要从育人性、系统化、生成性、灵活性、数据驱动、持续改进等方面考虑其可行性和有效性。

第一，学校清晰地认识到课程管理是对育人工作的管理，管理模式围绕课程育人的设计而展开，管理的大政方针、规章制度、措施和手段等都把育人工作放在第一位。

1. 坚持人本化育人

当前，立德树人是我国学校教育的根本任务，这体现了党和国家对学校教育的功能定位，同时也是解决现实教育问题的需要。学校聚焦学生的全面发展，通过道德的涵养和全人的培育，提升学生的综合素质，为此带来课程育人功能的重要转变，即走向人本化育人，教育中注重培养具有高尚的道德情操和扎实的科学文化素质、既有中华文化底蕴又具有国际视野的新时代国家栋梁，这体现了鲜明的民族性和时代感，并锚定中国学生发展"核心素养"这一概念，不同于单纯地获得知识或培养技能，而是将习得的知识与技能转化为各种做事的能力，即素养。

2. 坚持特色化育人

第一，中共中央、国务院印发了《深化新时代教育评价改革总体方案》，要求"树立科学成才观念。坚持以德为先、能力为重、全面发展，坚持面向人人、因材施教、知行合一，坚决改变用分数给学生贴标签的做法，创新德智体美劳过程性评价办法，完善综合素质评价体系"。文件拉开了我国人才评价和教育评价深度改革的序幕，必将给人才培养带来新的挑战。而对于学校课程而言，课程育人功能的发挥需要从每个学生的不同特征出发，培养有个性、能创造的新时代人才，从而走向特色化育人。童化教育课程的特色化育人表现为推动课程建设，增加课程的丰富性和选择性，拓展课程的育人价值。学校基于办学实际，积极推动课程创新，包括重建课程结构、丰富课程类型、增加课程门类，为学生发展提供更多的机会。

第二，由于课程管理过程的复杂性和情境的多变性，会时时遇到新问题、新情况，解决新问题、处理新矛盾就要在管理方法上寻求突破，童化教育课程管理模式具备生成性、灵活性，遵循从实践中来、到实践中去的逻辑理论，坚持以现实的课程问题为中心的管理理念，能够适应不同类型和规模的课程，以满足不同需求和目标，更好地提升学校课程管理和课程实施水平。

给予任课教师自主权，教师可以根据学生的学习情况和反馈，灵活调整课程内容和教学方式。例如，教师可以根据学生的兴趣爱好和学习能力安排相关的课外活动或实践项目，以增加学生的参与度和提升学习效果。

实行弹性学习模式，课程管理提供多种学习模式，如面授课程、在线学习、混合学习等，以适应学生的不同学习需求和时间安排。学生可以选择适合自己的学习方式，并根据个人情况进行自主学习。

采取多样化的评估方式，课程管理可以采用多种评估方式，如考试、作业、项目等，以适应不同学生的学习风格和能力特点。学生可以根据自己的兴趣和潜力选择适合自己的评估方式，以展现自己的优势与特长。

调整和更新校本课程，课程管理可以根据社会发展和科技进步的需要，及时更新和调整校本课程内容和教材，以满足时代的需求和学生的发展需要。如引入新的学科知识、技能和方法，培养学生的创新思维和实践能力。

第三，鼓励教师、学生和家长之间的合作和沟通，形成有效的教育联盟，共同促进课程的成功实施。通过开展校、家、社合作，学校、家长和社区可以共同为学生的教育成长提供更好的支持和环境，实现优质教育的目标。

建立校、家、社三方互动的沟通渠道，通过家长会、学生社团、学校网站等多种方式，及时发布教学内容、课程安排、学生表现等信息，以便家长了解学校教育情况，同时也方便家长与学校进行交流。

鼓励家长参与课程设计，可以邀请家长代表参与课程评审或编写教材，使课程更贴近学生和社会实际，提高其实用性和吸引力。

组织家访活动，邀请社区的专家、艺术家、企业家等作为客座教师，给学生提供实践机会和职业指导，拓宽学生的视野。

学校可以组织学生参与社会实践活动，与社会组织、企业合作，让学生亲身体验社会生活，增强社会责任感和实践能力。

第四，在课程管理过程中能获取准确信息和高质量的可用数据，并基于数据分析和评估，以科学的方式评估课程的效果和改进方向，具体包括在执行过程中注重收集与课程管理相关的各种数据，例如学生评估结果、课程内容和教学材料等。在检查环节为了确保数据质量，管理成员会整理和清洗数据，包括去除重复数据、填补缺失值、解决数据不一致问题等。接着使用合适的工具和技术，对数据进行分析，从而帮助发现关键问题、趋势和模式。根据数据分析结果，制定决策和改进措施。在实施决策和改进措施后，继续监测和评估课程的效果。这可以通过再次收集和分析数据来实现。根据评估结果，可以做出进一步的调整和改进。在整个数据分析评估的过程中，注重提高工作效率，通过合理分配资源、优化流程等方式，确保课程的高效运行。

三、童化教育课程管理反思

课程管理模式如果运用恰当，将为管理工作提供很多便利。例如，它可以帮助识别出课程管理中可能存在的问题,并采取相应的改进措施,以提高课程的质量和效果;它可以在具体工作中起到较大的指导作用。但在使用过程中要分阶段注意一些问题。

1. 制订计划阶段

课程管理者应该对自己的工作目标做出承诺,有一个清醒且坚持的认识,否则,计划很难得到有效实施。比如,分析课程目标和内容是否与学生需求匹配,课程管理者需要反思课程的目标和内容是否与学生的需求相一致。这需要考虑是否提供了足够的实践机会和案例分析,以及是否提供了适当的技能培养和知识传授。

2. 沟通与辅导阶段

目标确定以后,课程管理者应该自己做自己的辅导员和教练员,帮助自己厘清工作思路。适当的时候要和教师、专家进行沟通,保证自己的工作目标能达成甚至超越,使自己的能力在过程中得到有效的提高,为更高的目标做好准备。比如,反思教学方法和资源是否有效,反思教学方法和资源是否能够激发学生的学习兴趣和动力。这需要考虑是否利用多种教学方法和资源,如讲座、小组讨论、案例分析、实践活动等,以满足不同学习风格和需求的学生。

3. 检查与反馈阶段

正确认识该课程有哪些优点,还存在哪些不足和有待改进的弱项。同时也可以与团队教师反馈在完成目标中遇到的困难,向课程专家提出在以后的工作中希望得到的指导和帮助。比如,反思评估方式和反馈机制是否合理,这需要考虑是否提供了多样化的评估方式,如考试、论文、项目评估等,以及及时、具体和个性化的反馈,以帮助学生提高学习成效。比如,反思师资力量和支持体系是否充足,这需要考虑是否有足够多的经验丰富的教师和教学助理,以及能给予学生学习支持的教育机构和教学资源。

4. 诊断与提高阶段

检查结束时,应该及时发现存在的不足并加以调整,使之不断得到改善和提高;同时,根据反馈的结果,制订改进计划,对自己在知识、技能和经验等方面存在的不足,制订发展计划,放入下一个 PDCA 循环加以改进。比如,反思课程管理的流程和沟通机制是否畅通,这需要考虑是否有清晰的课程管理流程和规定,以及学生、教师和管理者之间的沟通是否及时、有效和双向。

随着童化教育课程的推进,在课程管理模式运用的过程中学校也发现了一些问题,主要体现为教师甚至管理团队仅仅关注完善现有工作,会导致惯性思维,习惯按流程工作。为了克服这些惯性思维,要求课程管理者应该持开放的心态,不断关注教育的最新动态和研究成果,灵活调整和创新课程,以适应学生的需求和教学的变化。同时,鼓励教师采用多种教学方法,激发学生的学习兴趣和发展潜能。

第二节 课程管理的制度保障

2023 年 5 月，教育部印发《关于加强中小学地方课程和校本课程建设与管理的意见》（以下简称《意见》）。《意见》提出要遵循"整体设计，协同育人；因地制宜，体现特色；以管促建，提升质量"的基本原则。《意见》提出强化五项管理制度。一是审议审核制度；二是建立地方课程和校本课程建设的分级管理、备案制度；三是课程教学管理制度；四是专业支持制度；五是课程监测修订制度。《意见》要求各中小学要在学校党组织统一领导下，切实履行校本课程建设与管理的责任，严把政治关和科学关，确保课程协同育人。

学校课程管理是课改工作的重中之重，是落实国家课程政策，提高学校整体质量，促进全体学生全面发展的关键。2022 年，"童化课程实践建构"获评江苏省课程与文化建设项目，为实现学校童化课程项目建设目标，学校结合本校实际情况，特制定相关课程管理制度（后附学校课程管理制度），以此推进校本课程管理工作的科学化、规范化、制度化。

一、目标和意义

学校课程管理对于促进学校课程建设，建构现代学校课程体系，提升教育教学质量，发展学生核心素养具有重要作用，对于建立健全现代学校管理制度、促进学校内涵的发展有着积极意义。学校在原有课程基础上，结合"双减""增质"时代需求，聚焦立德树人根本任务，力图通过建构童化课程体系、童趣课堂教学方式、童化育人生态、童化教育社圈，形成学校童化育人文化。

1. 推进素质教育改革，促进学生主动发展

童化教育课程倡导在实现国家课程标准的前提下，进行学校一级的课程创新，提高课程的适应性。童化课程面向全体学生，尊重学生的经验、需要和兴趣，不同于一般课堂教学的内容、方法和评价。这种尊重学生选择权的多样化课程，既能激发学生兴趣，又能满足学生多样化发展的需要。

2. 提升教师课程意识，促进教师专业发展

童化课程的开发和实施，促使教师成为课程的管理者、决策者，成为课程实施的主体。从被动执行到主动参与的改变，不仅有利于教师课程开发和实施能力的提高，还有利于教师形成开放、民主、科学的课程意识，不断提升其专业发展水平。

3. 实现学校课程创新，形成学校办学特色

童化教育课程管理扩大了学校在课程上的自主权，使学校可以因地制宜地进行课

程创新，实现课程基础性和独特性的统一，进而形成办学特色，提高办学品位。

4. 优化教育资源配置，构建优秀校园文化

童化教育课程开发能够有效地实现国家、地方、学校和社区教育资源的重组，使闲置的学校教育资源得到应用，实现教育资源的优化配置与共享，促使各种教育资源实现增值效应。此外，童化教育课程开发在产生新的课程产品的同时，也必然伴随着相应的文化建构，不断催生积极向上的特色显著的校园文化。

二、指导思想和原则

通过童化教育课程的开发和实施，加强学校课程的综合性、丰富性、独特性，加强课程内容与现代社会、学生生活的联系，倡导教师和学生主动参与，改进教和学的方式。同时建立评价指标多元、评价方式多样，既关注结果，更重视过程的评价体系。

1. 坚持以学生发展为本

充分考虑学生的需要、兴趣和经验，科学设计课程和教学方案，合理组织教学内容，积极探索自主、合作的学习方式，实施发展性评价，促进学生全面主动发展。

2. 坚持权利和责任相统一

一方面，严格执行国家基础教育课程计划和课程标准，严格执行教育行政部门的有关规定；另一方面，按照童化教育课程开发的要求形成课程开发方案和计划，并报教育行政部门备案。

3. 坚持科学统筹三级课程

正确处理好国家、地方和校本三级课程的关系。要统筹管理三级课程，避免国家课程对其他课程的挤占，保证童化教育课程的合理比例，充分发挥它们对学生发展的不同价值。

4. 坚持因地制宜内外结合

充分利用和开发校内外课程资源，立足学校的现有条件，最大限度地挖掘、利用校内的人力（包括学生）、物力、财力，努力把蕴藏在师生中的生活经验、特长爱好等转化为课程资源。同时，充分发挥、利用和拓展校外的课程资源，注重实践基地的作用，注意发挥家长与社区资源的作用，积极开展与校外机构的合作。

三、课程管理系统保障

为了保证国家基础教育的课程质量，使得国家课程与地方课程能有效实施，校本课程得以合理开发，学校课程管理须给予人员、组织、设备与经费、制度等方面的保障。这是一个完整的系统，学校必须建好这个系统。

第一是人员定位。学校课程管理涉及校长、教师、学生及其家长，校长是主要决策者和责任人，中层行政班子承担学校课程管理、常规工作，包括课程实施与开发的

组织、安排、指导、协调等工作。学校应充分调动师生及家长的积极性，家长及社区人员有课程管理的知情权、评价权和建议权，并有责任为学校提供各种资源上的支持。

第二是组织保证。学校可以设立课程管理审议委员会，负责审议课程开发中的重大决策。这个委员会一般由校长、教师代表、学生及家长代表和社区相关人员构成。其中要有一半席位是学生代表和教师代表，也可邀请教育专家参与。委员会主任一般由民主选举产生，要在此基础上明晰责任。还要充分发挥校务委员会、教导处、教研组对课程管理的应有作用。

第三是设备和经费支持。学校应加强对图书馆、实验室、专用教室等设施的建设，合理配置各种教学设备，为校本课程的实施提供必要的物质保障。学校要设立专项资金，用于课程管理，专项基金主要应用于课程实施与开发、教师培训、设备配置与对外交流等方面。

第四是制度保障。学校课程管理的基本制度可以包括课程审议制度、教学管理条例、校内课程评价制度、教师教育培训制度、校内课程管理岗位职责及激励制度等。学校各类人员应严格执行各项管理制度，定期检查制度的执行情况，不断完善制度，以确保校本课程的有效实施。

下面再具体介绍学校童化教育课程的相关管理制度。

一是课程行政管理制度。为了确保课程质量管理的全面，课程管理者通过实施计划、组织、领导和控制职能，制定课程行政管理制度。

1. 成立课程管理领导小组，组长由校长担任，副组长由副校长担任，组员由中层干部、学科领衔人担任。
2. 校长领导规划学校课程，各条线开展工作过程中，协助推行课程计划，进行课程研究与常规管理工作，管理好课程资源库。
3. 监督评估课程实施过程，收集信息，为客观反映学校课程实施情况做好日常的积累工作。

二是课程开发审议制度。为了促进童化教育课程顺利开展，确保既有效果又有效率地实现课程预期目标，课程管理者制定校本课程开发审议制度。

1. 优化课程审议，在每一个主题实施时要进行课程前审议、课程中审议、课程后审议活动。
2. 课程小组与教师根据教材和学生情况筛选主题，从主题目标、教学内容的筛选和补充、家长社区资源的利用、环境预设等进行深入的研讨，制定学习活动计划表，由校长、中层领导审阅通过，各班教师根据计划表安排本主题教学内容。
3. 在实施过程中明确分工、优化合作、发挥集体智慧、做到资源共享，及时调整，优化课程实施过程。

4. 实施后对值得分享和感到困惑的教学活动进行再次审议，提出需要改进或努力的地方，以推动下一轮主题的实施。

三是课程实施管理制度。为确保校本课程的有效开设，依据学科特点，学校组织相应的活动团队，制定相应的管理制度，保证活动定时、定人、定点，为课程实施提供时空保障。

1. 定期组织课程组成员进班观摩教师活动，依据当前的研究重点了解教师实践中的问题与需求。依托教代会、学校考核小组等，建立检查评价制度，定期检查各部门课程计划落实情况，及时分析评价。

2. 每月一次课程小组例会，共同分享课程进程中的新发现，协商解决问题的途径、方法。就课程运作过程中存在的问题、面临的困难、需要解决的难点等方面进行汇总、交流，共同研究，思考相应的解决策略。

3. 根据会议反馈与商议结果，围绕"学校课程实施方案"的执行情况，由组长撰写课程实施阶段性分析报告。

4. 课程阶段性分析报告在全体教师会议上宣传，硬件设施环境方面的问题采用购买材料、添置硬件、规划空间等方法解决，如暂时不能解决的，则列入规划中。教育教学理念、方法方面的问题采用专题辅导、现场答疑、业务培训、教学示范、协调教育资源等方法来解决，以调整、补充、替换为手段，实现课程实施的不断推进。

5. 建立由教工、家长、社工、专家组成的监督小组，重视多方面的反馈评价，根据实际情况及时加以调整，以保证课程计划的有效改进和落实。

6. 课程实施中期开展家长对学校工作、教师工作要求的问卷调查，撰写童化教育课程质量分析报告，各条线部门根据质量分析报告中尚存在的问题，对下阶段工作提出调整意见。

总之，学校课程建设的整体规划和实践推进中，课程管理是重要的环节。深化学校课程改革，学校必须努力实现由教学中心的管理向课程中心的管理转型，健全课程管理制度，构建专业的高效的课程管理机制。在学校课程管理中，要关注学生发展、教师发展、学校发展，要在课程管理的运行中做到目的明确，并内化成为学校及全体师生的自觉行为。

附：

张家港市白鹿小学童化教育课程管理制度

一、指导思想

学校的课程改革工作全面贯彻党的教育方针，认真贯彻落实国务院《关于基础教育改革与发展的决定》精神，按照《基础教育课程改革纲要（试行)》提出的改革目标、任务和要求。为进一步推进学校校本课程的开发和建设，加强学校校本课程的管理，提高校本课程的教学质量，根据文件精神，结合我校办学理念和学校课程建设规划，以课程改革为契机，更新教育观念，优化教育资源，提升学校文化品位，全面提高教育教学质量。经学校行政班子研究决定，特制定童化教育课程管理制度，请遵照执行。

二、目标任务

1. 探索与童化教育课程相适应的管理模式和教学模式，全面提高教育教学质量和水平，为学生的终身发展奠基，适应素质教育高速发展需要和学校发展需要。

2. 探索童化教育课程管理运作规范，形成国家、地方、学校三级课程管理工作机制，提高学校开发课程资源的能力，形成有校本特色的学校课程方案及管理工作机制。

3. 改革教学评价与考试制度，形成学生学业成绩与成长记录相结合的综合评价制。

4. 建立校本教研制度，促进教师专业发展，使学校成为教师终身学习的学习型组织，实现教师教学方式和学生学习方式的转变，建立新型师生关系，形成民主、开放、高效的校本教研新机制。

三、组织领导

实施和管理学校课程，既有决策问题，又有执行问题，必须明确和理顺两者关系，建立有效的组织管理网络，进行明确的职责分工，保障学校课程管理的顺利进行。学校特成立童化教育课程管理领导小组。

组长：祁仁东校长。

副组长：程言峰、丁向华、李骏、丁艳、柯晓莉、周晓明副校长。

组员：中层行政人员，各学科领衔人。

校长（包括分管校长）负责有关学校课程的决策问题。中层组织主要负责执行问题。基层组织主要负责具体实施。校长室明确各部门在课程执行力上的监管分工。对各部门的课程管理流程进行监管，各部门不定期向校长室进行课程执行情况汇报，以便校长室能及时了解课程执行过程中的问题、不足和亮点经验。

四、课程管理

(一) 组织管理

学校建立校长、教师、学生及家长等共同参与的校本课程管理机制，分工协作，形成合力，为童化教育课程开发提供组织保障和领导保障。成立以校长为组长的童化教育课程管理领导小组，主要负责校本课程开发过程中的重大决策，负责制定《童化教育课程开发方案》及相配套的各项制度，检查与督导童化教育课程实施的执行情况。课程小组具体负责童化教育课程的实施、检查与评估，协调各教研组与年段的工作，反映课程实施中出现的问题及教师的教学需求，为课程建设决策提供依据。教师发展中心负责对教师童化教育课程的校本培训，总务处负责场地的安排和相关设备的配置；年段负责课程实施的组织工作，如学生的报名情况、人员上的协调均衡等；教研组负责教学工作，如执教者的选定落实、课程内容的确定、教学活动的检查、反馈和评估等。

（二）课程小组管理

在童化教育课程的开发与实施中，要有效执行上级部门颁发的课程改革相关文件精神，确保课程计划与课程标准的严肃性。结合学校实际，研究学生多样化发展的需要，开发或选用适合本校特点的、可供学生选择的童化教育课程。要合理安排课程，优化教学过程，提高课程的适应性。要满足教师专业发展的需要，提供必要的培训，给教师创造开发课程的机会，并建立教师、学生及其家长、社区人士参与校本课程管理的长效机制。

1. 童化教育课程的实施与管理由课程小组具体负责。课程小组应根据学校年度校本课程实施方案，制订童化教育课程实施计划，规划开设课程，制定选课菜单，指导各年段制订实施计划。

2. 组织做好选课指导，落实对班主任和任课教师所负责具体任务的指导工作。各班指导学生明确选课的原则，了解各门校本选修课程的内容。在学生完成选课后，及时统计选课以便对全校课程进行统筹规划，并向全体学生公布。

3. 根据学生选课情况，确定童化教育课程的开设课程、开课时间及场地安排，编排课程表，编制学生名单和成绩登记卡，并协调总务处落实相关设备的配置工作。

4. 依据学校教学常规工作的要求，加强对童化教育课程选修课活动过程的师生双向评价，做好对开设校本选修课程教师的指导与测评，通过听课、召开学生座谈会、问卷调查、考查等形式进行教学检查。在教研和检查的基础上，由学校及时调整设课计划，修订教学内容和要求。

5. 组织童化教育课程教研活动。每学期召开一次童化教育课程研讨会，展示优秀教师的成功经验、学生的学习成果，解决存在的问题，及时总结童化教育课程的实施情况。

6. 建立并逐步完善童化教育课程资源库，为校本课程的开发与研究提供各种充分的条件，校本课程的资源供师生共享。学校网站开设专门的童化教育课程网页，收集整理校本课程资料；各教研组资料库设有专门校本课程模块，存放教师的相关资料；教师负责把自己承担的教学内容、资料上传到相关资料库。

(三) 教师的管理

1. 开设童化教育选修课程的教师应有明确的教学目标和教学内容,必须有自编教材或引用的教材,学段结束后应向教务处提交自编教材和教学情况总结,并记入教师档案。

2. 教师必须有教学计划、有教学进度,并按时向课程小组提交该课程教学进度表。教学过程中应按照教学进度表进行教学,由于实际情况修改教学计划时,须经课程小组同意后方可执行。

3. 教师应做好各项开课常规工作,必须认真备课,写好教案,期中、期末交教学处检查,平时随机抽查教案。必须努力探讨校本选修课教学方法,应及时听取童化教育课程委员会和学生意见,以取得满意的教学效果。

4. 教师不得无故停止童化教育课程选修课、活动课;如有特殊情况须停课者,必须事先报教学处批准,否则以旷工处理。

5. 教师必须做好学生出勤记录,如有学生缺席,应在课后将缺席名单及时报班主任和教务处。活动课结束后教师须认真填写活动记录,并指导学生做好课程的记录。

6. 教师应根据学校要求做好每位学生课程学习中的过程性记录和结果性评价,应保存学生的作品、资料,在课程结束后交给课程小组,做好归档工作(教案和课程资料、学生评价等)。

7. 开设童化教育课程选修课的教师必须教育学生注意活动的安全,爱护活动地点设施设备,做好清洁卫生工作。

8. 课程小组负责组织检查童化教育课程选修课、活动课开设情况,负责管理和填写好校本选修课资料,并召开学生座谈会听取意见,凡不符合要求的教师,则取消该课程。对校本选修课开设工作突出者,在年度考核中给予加分。

9. 教师开发、开设童化教育课程情况应记录在教师业务档案中,教师的校本课程开发、开设能力列入学校对教师考核的条件和教师职称评定的条件之一,教师开发、开设校本课程的数量和质量直接和教师的绩效工资挂钩。

10. 学校鼓励教师通过进修、培训、自学等方式拓展自己的童化教育选修课程教学经验。

(四) 学生管理

1. 学生根据自身发展需要在学校公布的童化教育课程拟开设目录中自主选择课程,选择确认后不得更改。若学生所选校本课程因学校因素未能开课,学校将通知学生重新选择。一般课程的选课学生人数少于10人,学校将不安排该课程,每门课程人数一般不多于40人。

2. 学生应按照学校安排在指定时间到指定教室处上课,认真参加童化教育选修课程的学习,不得随意缺课,否则不能取得该课程的学分。

3. 若学生中途需要退出该课程而选修其他课程,必须向学校以书面形式提出申请，经同意后可以改选课程，但只得一门课程的学分。

4. 学生应做好童化教育选修课程学习记录，积极参与课程的建设，有权向任课教师提出合理的建议和要求，达到出勤率的要求并参加该课程的考核，经校学分认定小组认可，可获得该校本课程的学分并记录归档。

5. 学生拥有课程评价权，每学期结束前，课程小组将安排学生代表进行课程评价，让学生代表对自己选择的校本课程及任课教师进行打分。课程小组将根据评价结果做好调查分析并及时反馈给任课教师，向任课教师提出改进建议和要求。

张家港市白鹿小学童化教育课程开发实施管理制度

一、童化教育课程开发管理制度

1. 童化教育课程开发应该按照校本课程开发的原则、途径和程序进行。

2. 在开发前要进行前期调研工作，调查学校师生的课程开发趋向，调查主要采用问卷、采访等方式。

3. 在前期调研的基础上，由学校课程管理委员会拟定童化教育课程总体开发方案。

4. 教师编写童化教育课程文本应该向学校课程管理委员会提交新的校本课程门类申报方案并制定校本课程纲要，再进行课程文本的编写。

5. 成立童化教育课程评审委员会，对校本课程文本进行审议，讨论确定该门类校本课程的可行性和有效性，并及时对校本课程的实施过程、方法进行探究，对课程内容、教学时间和方法等进行调整。

6. 童化教育课程各门类任课教师应该具备与该课程相关的专业素质，在自主推荐与学校统筹安排结合的基础上，分工到人，责任到位。力求课程实施顺利进行，确保校本课程的质量与数量。

二、童化教育课程备课管理制度

1. 每学期第一周进行学校童化教育课程教学例会，由担任校本课程教学任务的教师制订学期教学计划，并上交课程小组。

2. 任课教师必须认真完成编写活动设计、课堂教学、课后小结等工作。

3. 活动设计中要确立活动目标，突出学习方法的指导，制订活动方案，突出学生活动。

4. 课堂教学以学生活动为主。培养学生探索精神，发展动手动脑及合作能力。

5. 担任童化教育课程教学任务的教师每月集中进行一次集体备课。

三、童化教育课堂教学管理制度

1. 童化教育课程小组负责学校童化教育课堂教学管理和评价工作。

2. 教学中要积极运用现代教育技术，采用灵活多样的教学方法，有效利用学校课程资源开展教学活动。

3. 教师应认真执行课程计划，严格按照课表上课。
4. 教师在童化教育课堂教学中要进行多元化的校本课程评价。
5. 成立童化教育课程教研组，确定教研组长。由教研组长组织教师定期开展教研活动。
6. 每学期定期开展童化教育教研组活动，交流讨论校本课程经验。
7. 如课堂教学需在校外进行，教师必须事先上报学校并负责学生活动中的安全。
8. 将定期组织学生进行学法交流活动，展示交流，汇报学习成果。

四、童化教育课程的评价制度

1. 童化教育课程的任课教师要认真做好校本课程评价工作，对学生参与校本课程的学习情况做出适当的并能体现课程特点的评价。结合学生自评、师评一同进行，并定期将评价情况反馈给学生和家长。
2. 童化教育课程实施小组成员每月要对校本课程的任课教师的活动设计方案、校本课程实施情况等进行综合评价。
3. 童化教育课程实施小组定期对评价方案进行研究、探讨，结合教学实际、学生实际不断修订完善评价方案。
4. 每学年童化教育课程管理委员会将组织有关人员对已有校本课程进行绩效评估，对校本课程文本进行修订、完善，使之成为正式教材。从学生、家长、社会、效益和学校规划及培养目标等多角度出发对课程的进一步实施和开展提出改进方案。

第三节　关注课程管理监督

课程管理监督是指对课程管理过程的监督和指导，它确保学校的课程体系和教学方案有效实施，并促进课程的质量和效果的持续改进，旨在通过有效的课程管理监督，提升课程的质量和效果，促进教育教学的改善和发展，同时监督也能够提供有关课程管理和教学改进的数据和信息，为教育决策提供支持。

一、童化教育行政管理理念

童化教育行政管理的理念是以学生为中心，以教育质量为核心，以教师发展为重点，以管理创新为动力，以资源配置为保障，全面推进教育现代化和科学化。具体来说，童化教育行政管理的理念包括以下几个方面：

1. 学生为中心

童化教育行政管理将学生放在教育的核心位置，关注学生的全面发展和个性化需求，为学生提供优质的教育服务。

2. 教育质量为核心

童化教育行政管理将教育质量作为核心目标，通过制定和实施教学评估、课程监督等措施，提高教育质量，确保教育机构的教学水平和教学质量符合相关标准和要求。

3. 教师发展为重点

童化教育行政管理注重教师的专业发展和成长，为他们提供专业培训和发展机会，提高教师的专业素养和教学能力。

4. 管理创新为动力

童化教育行政管理鼓励学校各部门进行管理创新，推动教育管理的现代化和科学化。通过引入先进的管理理念和技术手段，提升管理效能，推动教育机构的可持续发展。

5. 资源配置为保障

童化教育行政管理负责合理配置教育资源，确保资源的有效利用和公平分配。通过制定和实施资源管理政策、优化资源配置机制等措施，提高资源利用效率，满足学校各部门的需求。

通过实现以上理念，童化教育行政管理可以促进童化教育的良性发展，提高教育质量，为学生提供更好的教育服务。

二、童化教育行政管理目标

童化教育行政管理的目标是确保童化教育的正常运营和发展，为学生提供优质的教育服务。具体来说，童化教育行政管理的目标包括以下几个方面。

1. 教育质量保障

童化教育行政管理致力提高教育质量，确保教学水平和教学质量符合相关标准和要求。通过制订和实施教学评估、课程监督等措施，促进教育质量的提升。

2. 学生发展支持

童化教育行政管理关注学生的全面发展，致力提供良好的学习环境和资源支持，帮助学生实现个人潜能的最大化。通过制订和实施学生发展规划、心理健康支持方案等措施，促进学生的全面成长。

3. 教师专业发展

童化教育行政管理致力提升教师的专业素养和教学能力，为他们提供专业培训和发展机会。通过制订和实施教师培训计划、专业交流活动等措施，促进教师的专业成长和提高教学质量。

4. 教育资源配置

童化教育行政管理负责合理配置教育资源，确保资源的有效利用和公平分配。通过制订和实施资源管理政策、优化资源配置机制等措施，提高资源利用效率，满足学校各部门的需求。

5. 教育管理创新

童化教育行政管理鼓励各部门进行管理创新，推动教育管理的现代化和科学化。通过引入先进的管理理念和技术手段，提升管理效能，推动童化教育的可持续发展。

通过实现以上目标，童化教育行政管理可以促进各部门良性发展，提高教育质量，为学生提供更好的教育服务。

三、童化教育行政管理

（一）童化教育行政管理组织架构（图7-3）

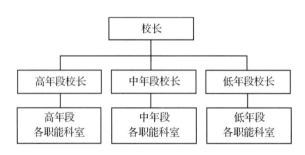

图7-3 行政管理组织架构

1. 校长

校长主要负责童化教育的日常行政管理工作，包括人事、财务、后勤、安全等方面的管理。

2. 年段校长

年段校长主要负责各年段童化教育的日常行政管理工作，包括人事、后勤、安全等方面的管理。

3. 职能科室

（1）教学科研处

教学科研处主要负责童化教育的教学管理工作，包括课程设置、教学计划、教学质量监控等方面的管理。

（2）德育处

德育处主要负责童化教育的学生管理工作，包括日常管理、活动开展、学生评价等方面的管理。

（3）教师发展中心

教师发展中心主要负责童化教育的研发工作，包括课程研发、教学方法研究、教材编写、成果推广等方面的管理。

（4）总务处

总务处主要负责童化教育各项活动的后勤保障。

（5）信息中心

信息中心主要负责童化教育的技术支持工作，包括信息技术支持、网络安全管理等方面。

（二）童化教育行政管理协作方式

学校童化教育行政管理以级部管理开展，组织架构中各个部门之间需要进行有效的协调合作，以确保机构的正常运营。以下是一些常见的协调合作方式。

1. 沟通与协商

各部门之间需要保持良好的沟通和协商，及时交流信息、解决问题，确保各项工作的顺利进行。

2. 跨部门会议

定期召开跨部门会议，让各部门负责人和相关人员共同参与讨论，分享信息、协调工作，确保各项决策和计划的一致性和协同性。

3. 信息共享

建立信息共享机制，确保各部门之间及时获取所需的信息，避免信息孤岛和信息滞后。

4. 流程优化

各部门之间需要共同优化工作流程，明确各自的职责和工作流程，减少重复劳动和资源浪费，提高工作效率。

5. 跨部门项目管理

对于涉及多个部门的重要项目，可以设立跨部门项目组，明确项目目标、任务分工和时间节点，确保项目顺利推进。

6. 相互支持与协助

各部门之间应该相互支持和协助，共同解决问题，确保正常运营。

通过以上的协调合作方式，童化教育行政管理组织架构中的各个部门可以有效地协同工作，确保童化教育正常运营和发展。

（三）童化教育课程管理监督的内容

关注童化教育课程管理监督是非常重要的，它可以确保教育质量和学生权益得到有效保障。童化教育课程管理监督主要包括以下几个方面。

1. 课程设置

监督学校教学科研处合理设置童化教育课程，确保课程内容与学生需求相匹配，同时符合上级教育部门的要求和标准。

2. 教学质量

监督教师的教学质量，包括教学方法、教学资源的使用等，确保教学过程中的有效性和高质量。

3. 学生评价

监督学生对童化教育课程的评价,了解学生对课程的满意度和改进意见,以便及时调整和改进课程内容和教学方式。

4. 教材选择

监督学校选择或编写合适的童化教育教材,确保教材内容准确、科学、全面,并符合教育部门的要求。

5. 考试评价

监督童化教育考试评价制度,确保考试的公平性和科学性,防止作弊和舞弊行为的发生。

通过对课程管理监督的关注,可以提高教育质量,促进学生全面发展。

(四)童化教育课程管理监督的实施方式

课程管理监督的具体实施方式可以包括以下几个方面。

1. 监督检查

校长室可以定期进行监督检查,对学校的课程管理情况进行评估和审核。包括对课程设置、教学质量、考试评价等方面进行检查,以确保学校的课程管理符合规定和标准。

2. 评估评价

通过对学生、家长和教师的评估评价,了解他们对课程管理的满意度和意见建议。可以通过问卷调查、访谈等方式收集反馈信息,以便及时调整和改进课程管理的措施和方法。

3. 专家指导

邀请教育专家或相关领域的专业人士,对学校的课程管理进行指导。他们可以提供专业的建议和意见,帮助学校改进课程设置、教学方法等,提高课程管理的水平。

4. 数据分析

通过收集和分析相关数据,了解课程管理的实施情况和效果。可以利用教育信息化技术,对学生的学习情况、教师的教学效果等进行数据分析,以便及时发现问题并采取相应的措施。

5. 经验交流

组织年段和学科间的经验交流和分享,让各年段或学科之间相互借鉴和学习。可以通过举办研讨会、培训班等形式,促进教师和管理人员之间的交流和合作,提高课程管理的水平。

四、童化教育教学管理

（一）童化教育教学管理组织架构（图7-4）

图7-4 教学管理组织架构

1. 学校领导团队

学校领导团队包括校长、年段校长和各级行政管理人员，负责学校的整体管理和决策。他们制订学校的发展战略、教学计划和管理政策，协调各部门的工作，确保学校的正常运行。

2. 教学科研处

教学科研处负责学校的教学管理工作，包括课程设置、教学计划、教材选用、教师培训等。他们与教师密切合作，协调教学资源，监督教学质量，推动教学改革和创新。

3. 班级管理团队

班级管理团队由班主任和年级组长组成，负责具体的班级管理工作。他们关注学生的学习和成长，组织班级活动，与家长沟通，解决学生的问题和困扰。

4. 教师团队

教师团队作为教学的主体，教师团队负责具体的教学工作。他们根据学校的要求，制订教学计划，备课、授课，评价学生的学习情况，并与家长进行沟通和交流。

以上是童化教育教学管理的组织架构，在实际运行中，各个部门之间需要密切合作，形成一个有机的教学管理体系，共同促进童化教育的发展和实施。

（二）童化教育课程管理监督方法

在童化教育中，课程管理监督是确保教育质量和学生发展的重要环节。以下一些操作方法可以有效进行童化教育课程管理监督。

1. 设立课程目标

明确各年级每个课程的目标和学习成果，确保课程内容与儿童的发展需求相匹配。

2. 制订教学计划

根据课程目标和学习内容，制订详细的教学计划，包括每节课的教学内容、教学方法和评估方式等。

3. 选择合适的教材和资源

根据课程目标和学生需求，选择适合的教材和教学资源，确保教材内容与儿童的认知水平和兴趣爱好相符。

4. 培训和支持教师

提供教师培训和支持，使他们具备童化教育的理念和方法，并能够有效地实施课程管理和监督。

5. 定期评估和反馈

定期对课程进行评估，了解学生的学习情况和进展，并及时给予反馈。可以通过考试、作业、项目展示等方式进行评估。

6. 学生参与和反馈

鼓励学生参与课程管理和监督，听取他们的意见和建议，了解他们对课程的评价和需求。

7. 教学质量监控

建立教学质量监控机制，定期进行教学观摩、课堂访问和教师评估，确保教学质量和教师的专业发展。

8. 与家长沟通

与家长保持良好的沟通，及时向他们反馈学生的学习情况和课程进展，征求他们的意见和建议。

五、童化教育德育活动行政管理

（一）童化教育德育活动行政管理组织架构（图7-5）

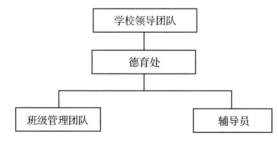

图7-5 德育活动组织架构

1. 学校领导团队

学校领导团队包括校长、副校长和各级行政管理人员，负责学校的整体管理和决策。他们制订学校的发展战略、德育活动计划和管理政策，协调各部门的工作，确保学校的德育活动顺利进行。

2. 德育处

德育处负责学校的德育活动行政管理工作,包括德育活动的策划、组织、实施和评估。他们与教师密切合作,制订德育活动计划,培训教师,监督德育活动的质量和效果。

3. 班级管理团队

班级管理团队由班主任和年级组长组成,负责具体班级的德育活动行政管理工作。他们关注学生的德育发展,组织班级德育活动,与家长沟通,解决学生的德育问题和困扰。

4. 辅导员

辅导员作为学生德育的指导者和支持者,辅导员负责指导学生的德育发展,提供个性化的德育辅导和支持。他们与学生建立良好的关系,开展个别或小组辅导活动,帮助学生解决德育方面的问题。

以上是童化教育德育活动行政管理的一般组织架构,在实际运行中,各个部门之间需要密切合作,形成一个有机的德育活动行政管理体系,共同促进童化教育德育目标的实现。

(二)童化教育德育活动行政管理中评价学生的方法和指导原则

评价学生是童化教育德育活动行政管理中非常重要的一环。以下是一些评价学生的方法和指导原则。

1. 多元化评价

采用多种评价方式,包括观察记录、作品展示、口头表达、小组合作等,综合考查学生的各方面能力和表现。

2. 个性化评价

根据学生的个体差异和特点,采用个性化的评价方法,关注每个学生的成长和进步,注重发现和发展学生的潜能。

3. 综合评价

综合考虑学生的学业成绩、学习态度、参与度、创新能力等方面的表现,全面评价学生的综合素质和能力。

4. 目标导向评价

根据教育目标和课程要求,设定明确的评价标准和指标,帮助学生明确学习目标,并通过评价激励他们积极学习和提高。

5. 及时反馈

及时向学生提供评价结果和反馈意见,帮助他们了解自己的优势和不足,并提供具体的改进建议,促进学生的自我反思和成长。

6. 鼓励和激励

在评价过程中,注重给予学生积极的鼓励和激励,强调他们的优点和进步,激发他们的学习动力和自信心。

7. 公正公平

评价学生应当公正公平,避免主观偏见和歧视,确保每位学生都能够公平地接受评价,并得到公正的待遇。

8. 持续跟踪评价

评价学生应当是一个持续的过程,通过定期的跟踪评价,了解学生的发展情况,及时调整教学策略和评价方法。